JN025815

Ending Too Big to Fail
How Bail-in and TLAC work in Japan, U.S., U.K., and Europe?

巨大銀行の破綻処理

ベイルアウトの終わり、
ベイルインの始まり

小立 敬 [著]
Kei kodachi

一般社団法人 金融財政事情研究会

はじめに

　2020年に入って新型コロナウイルス感染症（COVID-19）の世界的流行
（パンデミック）が発生し、COVID-19の封じ込めのために世界各地でロック
ダウンが行われた。全世界のありとあらゆる経済・社会活動は停止し、世界
経済・社会は深刻なダメージを負うこととなった。IMFのチーフエコノミ
ストは世界のGDPに与える累積的な経済損失が12.5兆ドルにのぼると推計
している。

　COVID-19のパンデミックの影響から短期間に需要が消失し売上げが大き
く減少したことで、多くの企業はキャッシュフローが枯渇しファイナンスの
問題に直面した。そのため、クレジットラインを含む銀行の信用供与に対す
る需要が短期間で急速に増加する一方、信用供与のタイト化によって企業の
資金調達の困難さも増すこととなった。特にレバレッジド・ローンやハイ・
イールド債といったリスクの高い債務は、急速にスプレッドが拡大した。

　また、COVID-19のパンデミックは世界の金融・資本市場にも大きな影響
をもたらした。株式やコモディティを含むリスク資産の価格は大幅に下落
し、その下落幅は2008年に始まったグローバル金融危機の際の最悪期の半分
程度にまで達し、市場のボラティリティはグローバル金融危機の間に経験し
た水準に達した。ボラティリティの急上昇を受けて流動性や安全性の観点か
ら米国債や金といった安全資産に向かう質への逃避も生じた。市場の混乱を
受けて中央銀行による緊急的な流動性供給が行われ、銀行に信用供与を促す
ために金融当局はマクロプルーデンス政策をそれまでの引締めから緩和に転
換するなど、各国政府は政策を総動員して非常時対応にあたった。このよう
な政策対応もあって市場の混乱は終息し、足元では落ち着きを取り戻してい
るようにみえる。

　一方、COVID-19のパンデミックの影響を受けた金融システムについて
は、今後、信用リスクの上昇から銀行セクターのバランスシートが毀損する

リスクに留意する必要はあるものの、グローバル金融危機と比べるとおおむね健全性を維持した状態で推移している。その背景として、グローバル金融危機の教訓をふまえて主要先進国・新興国で構成されるG20の枠組みのもとで行われた国際的な金融規制改革の成果が指摘されている。特に銀行セクターに関しては、バーゼル委員会（BCBS）のバーゼルⅢを通じて自己資本規制や流動性規制の強化が行われており、グローバル金融危機以前と比べると強靱性を確保し、市場ストレスへの耐性を強化しているように思われる。

　また、G20の枠組みのもとで行われた国際的な金融規制改革においては、大銀行のトゥー・ビッグ・トゥ・フェイル（too big to fail）、すなわち金融機関が大きすぎてつぶせないという問題を終焉させるため、システミック・リスクを生じることなく巨大で複雑な金融機関の秩序ある破綻処理を実現するための枠組みの整備が進められてきた。この点について金融安定理事会（FSB）は、COVID-19のパンデミックによって金融システムがテストされ、破綻処理の実行可能性に関する継続的な作業の重要性が確認されたと述べており、パンデミックのなかで金融システムが健全性を維持していることについて金融機関の秩序ある破綻処理の枠組みの有効性を認めている。

　本書は、G20の枠組みのもとで進められてきた金融機関の秩序ある破綻処理の枠組みを整理することを試みたものである。特に破綻がシステミック・リスクを生じさせうるシステム上重要な金融機関（SIFIs）の秩序ある破綻処理を実現するための破綻処理ツールとしてベイルイン（bail-in）に焦点を当てている。

　グローバル金融危機時には危機の震源となった欧米を中心として公的資金を使った金融機関の救済、いわゆるベイルアウト（bail-out）が行われ、国によっては大きな財政負担が生じることとなった。金融セクターに対する公的資金の投入は世論の反発を招き、金融セクターが成功した場合にはその利益は金融セクターによって刈り取られる一方、金融セクターの失敗のコストは市民が負担することになったといった批判が行われた。こうした批判に応じるものとして金融機関のトゥー・ビッグ・トゥ・フェイルを解決するために

開発されたのがベイルインである。ベイルインは株主や債権者の負担のもと、元本削減およびエクイティ転換を通じてSIFIsの秩序ある破綻処理を実現することを目指している。

　グローバル金融危機を経て現在はベイルインの時代が到来したといえよう。巨大で複雑な金融機関であってもベイルアウトによる救済は行われず、ベイルインを適用して株主や債権者の負担のもとで破綻処理が行われることが原則となっている。かつて投資家はトゥー・ビッグ・トゥ・フェイルを背景に大銀行が発行する金融商品を評価する際に暗黙の政府保証を考慮することが一般的であり、銀行の社債や資本商品の格付にも暗黙の政府保証を反映した格付が与えられていた。しかしながら、現在では、格付会社は多くの法域の銀行の格付について政府支援の前提を取り除いている（ただし、日本については、預金保険法の公的資本増強が望ましいアプローチであると認識されている）。また、クレジット・デフォルト・スワップ（CDS）のリスクに対するセンシティビティやシニア債であるTLAC債のイールドは劣後債と類似してきており、FSBは投資家がSIFIsのリスクやベイルインの可能性をプライシングに反映するようになってきているとしている。

　このようにグローバル金融危機後に導入されたベイルインによって、グローバルな金融システムのパラダイムはグローバル金融危機前から大きくシフトした。本書では、パラダイム・シフトをもたらしたベイルインを含めてトゥー・ビッグ・トゥ・フェイルの終焉を目指す秩序ある破綻処理の枠組みに関する新たな国際基準を確認する。そのうえで日米欧の国際基準をふまえた具体的な制度設計とともに、ベイルインを伴う破綻処理のプロセスを具体的に整理した破綻処理戦略を確認し、また金融機関に破綻時の損失吸収力および資本再構築力の維持を求めるTLACという新たな規制の枠組みを整理するものである。

本書の構成
　序章では、グローバル金融危機の発生によりトゥー・ビッグ・トゥ・フェ

イルの問題に焦点が当てられた結果、G20の枠組みのもとで秩序ある破綻処理の枠組みの整備を図るための国際基準が策定されるまでの経緯を振り返る。また、ベイルインに加えて、破綻処理計画や破綻処理戦略、さらにはTLACといった秩序ある破綻処理の枠組みを構成する重要な要素に関してそれらの概念や役割を確認する。

　第1章においては、金融機関の破綻処理制度の新たな国際基準として位置づけられたFSBの「主要な特性（Key Attributes）」の概要を紹介する。特にSIFIsの秩序ある破綻処理を実現するための破綻処理ツールとして開発されたベイルインの機能・役割について整理する。また、グローバルなシステム上重要な銀行（G-SIBs）の望ましい破綻処理戦略とともに、G-SIBsに適用されるゴーンコンサーン・ベースの損失吸収力および資本再構築力の維持を求めるTLACについて解説している。

　第2章では、米国の秩序ある破綻処理の枠組みである、ドッド＝フランク法で導入された「秩序ある清算に係る権限（OLA）」という破綻処理手続を概観し、OLAのもとで破産管財人に任命される連邦預金保険公社（FDIC）が構想する米国のG-SIBsを対象とする破綻処理戦略であるシングル・ポイント・オブ・エントリー（SPE）について整理する。また、米国のG-SIBsに要求されるゴーンコンサーン・ベースの損失吸収力および資本再構築力に関する規制の枠組みとして、TLACとともに米国独自の長期債務（LTD）の枠組みについても紹介する。

　第3章は、欧州連合（EU）における域内共通の金融機関の秩序ある破綻処理の枠組みである「銀行再建・破綻処理指令（BRRD）」の枠組みとともに、ユーロ圏の加盟国で構成される銀行同盟（Banking Union）における破綻処理の枠組みを整理している。また、EUのG-SIBsを対象とするTLACに加えて、G-SIBsを含むあらゆる金融機関を対象とするゴーンコンサーン・ベースの損失吸収力および資本再構築力の確保を図るMRELの枠組みを確認する。

　第4章では、英国の秩序ある破綻処理の枠組みを確認する。英国はすでに

EU共通の枠組みであるBRRDを国内法化しており、国内法化されたBRRD
の枠組みのもと、破綻処理当局であるイングランド銀行（BOE）が金融機関
の規模に応じて異なる破綻処理戦略を策定している。なかでも英国の
G-SIBsの破綻処理戦略としてSPEベイルインという破綻処理戦略を具体的
に確認する。なお、英国はEU離脱後もすでに導入されたBRRDの枠組みを
維持する方針である。

第5章は、日本の秩序ある破綻処理の枠組みである。2013年の預金保険法
改正によって市場型システミック・リスクに対応する新たな破綻処理の枠組
みが導入され、ベイルインについても預金保険法に規定された。また、
TLACの国内適用にあわせて金融庁が明らかにしたG-SIBsを含むTLAC対象
金融機関の破綻処理戦略としていわゆる日本版SPEを紹介する。

第6章は、BRRDのもとで事実上のベイルインを適用して破綻処理が行わ
れたスペインのバンコ・ポプラールの破綻処理の事例について、ユーロ圏の
破綻処理当局である単一破綻処理理事会（SRB）が公表する資料をもとに分
析を行った。破綻処理ツールの選択や複数回に及ぶバリュエーションの実施
を含む破綻処理のオペレーションに焦点を当てて、初めての本格的なベイル
インの適用事例から破綻処理の実行可能性を確保するための論点の整理を試
みている。

第7章では、主に米国、EU（英国を含む）、そして日本において国際基準
をふまえながら整備された秩序ある破綻処理の枠組みの制度比較を行ってい
る。FSBの主要な特性は破綻処理制度のコンバージェンスを目指している
が、各国・地域の枠組みおいては秩序ある破綻処理の実現を図る観点から独
自の措置が講じられていることに加えて、制度間にも相違があることを明ら
かにする。

終章においては、預金保険法改正を含めて秩序ある破綻処理の枠組みが日
本においてひとまず整備された一方で、将来のシステミック・リスク、金融
危機に備える観点からその実行可能性をさらに向上していくため、欧米の措
置も考慮に入れながら日本の現行の枠組みに対して将来的な課題を提示して

いる。

　秩序ある破綻処理の枠組みは、バーゼルⅢのようなプルーデンス規制とは異なり、基準を適用すればそれで完了するというものではない。将来起こりうる金融危機に備えて、システミック・リスクの顕在化を避けるためにその枠組みが常に実行可能であることが必要である。そのためには、具体的なオペレーションを含め秩序ある破綻処理の枠組みの実行可能性について事前に十分な検証を行い、必要な見直しを行ってより洗練された枠組みを構築していくことが必要ではないだろうか。

　最後に、本書は筆者の日本銀行のプルーデンス・ウィングでの経験と金融庁における金融危機対応業務の経験に加えて、株式会社野村資本市場研究所における調査研究活動をベースに執筆したものである。野村資本市場研究所には執筆の機会を与えてくれたことに謝意を表したい。また、本書の刊行時期は当初の予定から大幅にずれてしまったが、本書の企画段階から支援していただいた金融財政事情研究会の花岡博氏にはこの場を借りて感謝の意を記したい。

　なお、本書は筆者の個人的見解に基づいて執筆したものであり、ありうべき誤りは、すべて筆者個人に帰する。

　2021年1月

　　　　　　　　　　　　　　　　　　　　　　　小　立　　敬

目　次

第2章

米国における秩序ある破綻処理の枠組み

第3章

EUの秩序ある破綻処理の枠組み

第4章

英国の秩序ある破綻処理の枠組み

第5章
日本の秩序ある破綻処理の枠組み

終章

秩序ある破綻処理の枠組みの実現に向けて

序 章

金融危機後の秩序ある
破綻処理制度の整備

第 1 節 グローバル金融危機とTBTF

2007年に始まるグローバル金融危機の結果、トゥー・ビッグ・トゥ・フェイル（too big to fail；TBTF）、すなわち、金融機関が大きすぎてつぶせない状況をいかに解決するかが国際的に最も重要な政策的課題の1つとなった。

2008年11月に金融危機への対応と再発防止を図るため、主要な先進国および新興国で構成される新たな枠組みとして、ワシントンDCでG20（Group of Twenty）[1]による金融・世界経済に関する首脳会合（Summit on Financial Markets and the World Economy）、すなわちG20ワシントン・サミットが開催された。G20ワシントン・サミットを契機にその後金融危機の再発防止を目的とする国際的な金融制度改革がほぼ10年にわたって行われてきた。G20の枠組みのもとで行われてきた金融制度改革では、銀行の自己資本、流動性、レバレッジ規制の強化を図るバーゼルⅢの導入や店頭デリバティブ市場改革、シャドーバンキング監督・規制の強化、中央清算機関（central counterparty；CCP）を含む金融市場インフラ（financial market infrastructure；FMI）の強化といった包括的な改革が実施された。

なかでもTBTFの終焉（ending TBTF）は優先すべき政策目標の1つとして掲げられ、その破綻が金融システムに重大な負の影響を及ぼしうる金融機関として、「システム上重要な金融機関（systemically important financial institutions；SIFIs）」を対象により厳格なプルーデンス規制を適用する一方で、SIFIsを破綻処理（resolution）[2]することを可能にするためのさまざまな取組みが行われてきた。

---

1 カナダ、フランス、ドイツ、イタリア、日本、英国、米国のG7に加えて、アルゼンチン、オーストラリア、ブラジル、中国、インド、インドネシア、韓国、メキシコ、ロシア、サウジアラビア、南アフリカ、トルコ、欧州連合（EU）・欧州中央銀行（ECB）を加えた20カ国・地域を表す。

規模が巨大であり事業や組織の構造が複雑な金融機関が経営破綻の危機に陥った場合に、一般の事業法人と同様に通常の法的倒産手続を適用して金融機関を清算・解体すれば、オンバランスやオフバランスのさまざまな金融取引の結果として生じる相互連関性（interconnectedness）から、危機の波及や破綻の連鎖が生じ、金融システム全体が危機に陥る可能性がある。このようなシステミック・リスクの顕在化を回避するべく、政府や中央銀行は、公的資本増強を含む公的資金による金融機関の救済、いわゆるベイルアウト（bail-out）を行わざるをえなくなり、その結果、納税者資金（taxpayers' money）を損失の危険にさらすことになる。すなわち、納税者負担を生じることがTBTFによって生じる重大な問題として認識されている。金融危機の結果、金融セクターの成功の便益は、その少数の者（金融機関）によって刈り取られる一方、金融セクターの失敗のコストをわれわれ全員（国民）で負担することは受け入れがたいという認識が生まれた[3]。

　また、TBTFの問題が解決されておらず、巨大で複雑な銀行がTBTFであると市場参加者がとらえている場合には、銀行が経営破綻の危機に陥ると破綻処理が回避され、ベイルアウトされる蓋然性が高いと認識されることにより、市場参加者は当該銀行のデフォルト・リスクを過小評価することになる。デフォルト・リスクが当該銀行の評価やプライシングに適切に反映されなければ、当該銀行の資金や資本の調達に際して、本来よりも有利なコストで調達することが可能になる。また、ベイルアウトの可能性があることは、銀行に対して過度なリスク・テイクのインセンティブを与えることとなる。このようなTBTFの存在は、巨大で複雑な銀行に「暗黙の補助金（implicit subsidy）」を与え、金融市場や市場参加者にモラルハザードをもたらすこと

2　本書では、国際的に用いられているレゾリューション（"resolution"）の訳語として「破綻処理」の語を当てている。一般にレゾリューションは、金融機関を対象とする特別な手続として、後述するベイルイン（bail-in）、ブリッジバンクへの破綻金融機関の資産・負債の承継、不良資産の買取りを含む幅広い概念としてとらえられている。

3　2009年11月にセント・アンドリュースで開催されたG20財務大臣・中央銀行総裁会議におけるゴードン・ブラウン英首相（当時）の発言。HM Treasury（2009）, p 4.

が懸念されている[4]。金融危機の際に行われた公的資金によるベイルアウト
は、暗黙の補助金が明示的な補助金となったものである[5]。

　TBTFそのものはグローバル金融危機の前から議論されてきた。たとえ
ば、米国において1984年に内部管理の問題から融資が焦げ付き経営危機に陥
ったコンチネンタル・イリノイ銀行（Continental Illinois National Bank and
Trust Company）の事例がTBTFの代表例として取り上げられることが多い。
経営危機に陥った同行に預金のヘアカット（預金カット）を伴うペイオフ方
式を適用して清算すると他の金融機関に与える影響が大きいとの判断から、
連邦預金保険公社（Federal Deposit Insurance Corporation；FDIC）はオープ
ン・バンク・アシスタンス（open bank assistance）の措置[6]を同行に適用し
て救済を図り、同行の業務は継続されることとなった。

　また、TBTFは、銀行セクターだけでなく、銀行以外のノンバンク金融機
関あるいはシャドーバンキングにおいても生じる。米国のヘッジファンドで
あるロング・ターム・キャピタル・マネジメント（Long-Term Capital Man-
agement；LTCM）は、1997年に始まるアジア通貨危機、それに続くロシア
危機の影響を受けて、資産運用が困難な状況に陥り、連邦準備制度理事会
（Federal Reserve Board；FRB）[7]のイニシアティブのもと、1998年9月に複数

---

4 IMFによれば、当時、年間100億から200億ドルの補助金の効果があると指摘されてい
　る。IMF (2014).
5　FSB (2020a), p 12.
6　オープン・バンク・アシスタンスは、破綻のおそれのある預金保険対象機関に対して
　FDICが直接融資、金銭贈与、預金、資産買取りまたは債務引受のかたちで支援を行い、
　破綻を避けながら業務を継続させることをねらいとしている。1991年の連邦預金保険公
　社改善法の成立によって、最小コスト原則が導入されたことを背景に当該措置は講じら
　れなくなったが、2008年のグローバル金融危機の際にシティグループおよびバンク・オ
　ブ・アメリカに対して、オープン・バンク・アシスタンスの措置が講じられた。もっと
　も、2010年のドッド＝フランク法のもと、同措置は廃止されている。
7　連邦準備制度（Federal Reserve System）は、12の連邦準備銀行（Federal Reserve
　Bank）で構成され、その最高意思決定機関が連邦準備制度理事会（Board of Governors
　of Federal Reserve System）であり、公開市場操作の政策決定機関として連邦公開市場
　委員会（Federal Open Market Committee；FOMC）がある。米国の中央銀行制度を
　正確に表現するには、これらを厳密に使いわける必要があるが、本書では特に断りのな
　い限り、FRBの通称を用いる。

の銀行から救済融資を受けてベイルアウトされた。LTCMの救済は当時、コンチネンタル・イリノイ銀行以来のTBTFの再来であると議論された[8]。

　金融危機の歴史において、TBTFを最も鮮明に世界レベルで認識することになったのが、グローバル金融危機の際のリーマン・ブラザーズ（Lehman Brothers）の破綻である。サブプライム問題に始まる金融危機のなか、投資銀行である同社は経営危機に陥り、同社の持株会社（Lehman Brothers Holdings）が2008年9月15日に連邦倒産法（U.S. Bankruptcy Code）第11章に規定する倒産手続であるチャプター11（Chapter 11）を申請した[9]。そのことをきっかけとして、金融市場では資金の出し手がいなくなり市場流動性が蒸発する事態に陥った。金融市場はパニックの状態となり、金融仲介の機能が不全となったことで、その影響は実体経済にまで及び、かつてない世界規模の金融・経済危機に発展することとなった。そうした状況を受けて国際通貨基金（International Monetary Fund；IMF）は、米国および欧州の大手金融機関についてソルベンシーの懸念が高まっており、グローバルな金融システムがメルトダウンの危機に瀕していると警告していた[10]。

　それ以前の2008年3月には、米国の投資銀行であるベア・スターンズ（Bear Stearns）が流動性の危機に陥ったことから、当局支援のもと、JPモルガン・チェース（JP Morgan Chase）が同社を吸収合併していた。当局がリーマン・ブラザーズとは異なる対応をとったため、同社の運命はリーマン・ブラザーズとは大きく異なる結果となった。また、リーマン・ブラザーズの破綻の影響を受けて経営危機に陥った米国の保険会社のAIGもリーマン・ブラザーズがチャプター11を申請した翌日にFRBの救済融資を受けてベイルアウトされている。

8　Dowd（1999），p 10.

9　なお、リーマン・ブラザーズの証券子会社は、証券投資者保護公社（SIPC）の管理のもと、清算型手続であるチャプター7を申請した。

10　"IMF warns of financial meltdown," Reuters, October 12, 2008 (available at: https://www.reuters.com/article/us-financial3/imf-warns-of-financial-meltdown-idUSTRE49A36O20081011).

リーマン・ブラザーズの破綻を機に広がった金融危機の収束を図るため、米国では、2008年10月に成立した緊急経済安定化法（Emergency Economic Stabilization Act of 2008）に基づいて財務省が導入した問題資産買取プログラム（Troubled Asset Relief Program；TARP）のもとで措置された資本買取プログラム（Capital Purchase Program）によって、大手の銀行持株会社19社に対して約1,600億ドルの公的資本増強が行われた。TARPによる公的資本増強のほかにも、連邦準備法（Federal Reserve Act）のもとでFRBがさまざまな流動性ファシリティを提供している。

　また、金融危機の大きな影響を受けた欧州連合（European Union；EU）においても、多額の公的資金が金融セクターに投入されている。具体的には、2008年から2011年の間にEU加盟国は、EU全体のGDPの36.7％に相当する総額4.5兆ユーロの公的資金を利用することにコミットした[11]。そのうち銀行の資本増強に対して5,980億ユーロの公的資金が使われている。最も多く公的資金が手当されたのが銀行に対する債務保証であり、3.3兆ユーロの規模が用意された。

　このように金融危機の震源となった欧米を中心として、公的資本増強による金融機関のベイルアウトに加えて、金融市場の安定化を図る流動性ファシリティの導入を含む中央銀行による非伝統的な金融政策を含め、中央銀行や金融・財政当局は政策を総動員して危機対応に当たることとなった。

　リーマン・ブラザーズの破綻に際しては、米国では連邦倒産法のもとで持株会社や証券子会社が法的整理に付され、英国では欧州において事業を展開していた英国法人に対して管財手続が適用され[12]、また、日本法人に対しては民事再生法が適用される[13]といったようにそれぞれの法域で持株会社および子会社の清算・解体が行われた。リーマン・ブラザーズではグループ内に

11　Liikanen, et al.（2012），p 21.
12　英国法人であるリーマン・ブラザーズ・インターナショナル（ヨーロッパ）に対しては、英国において管財手続が適用された。
13　日本法人であるリーマン・ブラザーズ証券は2008年9月16日に東京地方裁判所に民事再生法を申請した。

1,000社を超える多数の子会社が存在し、組織構造やグループ内取引が複雑であったことから、同社の管財人が清算開始後にグループ内外の取引関係を把握し、対処するのに多くの時間と手間がかかった。チャプター11を適用したリーマン・ブラザーズの清算は、本書執筆時点ではまだ終了していない。

リーマン・ブラザーズの経験から、クロスボーダーで活動する巨大で複雑な金融機関に対して各法域においてそれぞれ異なる倒産手続を適用すると、金融機関はフランチャイズ・バリューを失うとともに、市場の混乱から市場参加者の資産の投売りを招くことが明らかになったため、各国・地域で調和のとれた破綻処理を実行する必要性が認識されることとなった。そこで、金融危機後には、特にSIFIsについて、公的資金によるベイルアウトを回避して納税者負担を避け、それと同時に金融市場の混乱を予防しシステミック・リスクを抑制しながら、「秩序ある破綻処理（orderly resolution）」を行うための枠組みを整備することが国際的に目指されることとなった。

第 2 節 ┃ 秩序ある破綻処理の枠組みの整備

2008年11月に初めて開催されたG20ワシントン・サミットにおいては、G20首脳によって合意されたサミット首脳宣言のなかの「行動計画」において、大規模かつ複雑なクロスボーダーの金融機関の秩序ある清算（orderly wind-down）が可能となるよう破綻処理制度（resolution regime）および倒産法（bankruptcy laws）をレビューすることが盛り込まれた[14]。また、2009年4月に開催された第2回のG20ロンドン・サミットにおいては、クロスボーダー銀行の破綻処理に関する国際的な枠組みを整備する取組みがG20首脳に

---

14 Declaration, Summit on Financial Markets and the World Economy, November 15, 2008 (available at: https://www.mofa.go.jp/policy/economy/g20_summit/2008/declaration.pdf).

よって支持された[15]。

　こうしたG20サミットの要請のもと、バーゼル銀行監督委員会（Basel Committee on Banking Supervision；BCBS、以下「バーゼル委員会」という）に設置されたクロスボーダー銀行破綻処理グループ（Cross-border Bank Resolution Group）は、2010年3月にクロスボーダー銀行の破綻処理に関する検討を行った結果として報告書を策定した[16]。当該報告書は、各国当局が破綻処理にかかわるツールや手段についてコンバージェンス（収れん）を図るべきことを含め、10の勧告を行っている（表序‒1）。

　バーゼル委員会の勧告を受けた金融安定理事会（Financial Stability Board；FSB）は、各国・地域の金融機関（銀行およびノンバンクを含む）の破綻処理制度に必要不可欠な中核的な要素を定めたものとして、「金融機関の実効的な破綻処理の枠組みの主要な特性（Key Attributes of Effective Resolution Regimes for Financial Institutions）」と題する文書[17]（以下「主要な特性」という）を2011年10月に策定した。主要な特性は、調和を図りながらクロスボーダーの金融機関を破綻処理するために、各法域が法改正を通じて主要な特性に規定されたツールおよび権限を自法域の枠組みに適用することで、破綻処理制度の国際的なコンバージェンスを図ることを目的としている。

　その後、FSBは、2011年11月に開催されたG20カンヌ・サミットに向けて、グローバルなシステム上重要な金融機関（global systemically important financial institutions；G-SIFIs）に起因するシステミック・リスクとモラルハザードに対応するため、主要な特性を含む包括的な政策パッケージを提出し、G20首脳によって承認された（以下、「SIFIs政策パッケージ」という）[18]。主要な特性は、SIFIs政策パッケージにおいて「破綻処理制度の新たな国際基準（new international standard for resolution regimes）」として位置づけら

---

15 Declaration on Strengthening the Financial System, London Summit, 2 April 2009 （available at: https://www.imf.org/external/np/sec/pr/2009/pdf/g20_040209.pdf）.
16 BCBS（2010）.
17 FSB（2011a）.
18 FSB（2011b）.

表序-1 クロスボーダー銀行破綻処理グループの勧告

勧告1：各国当局の実効的な破綻処理権限

　各国当局は、金融安定の維持、システミック・リスクの最小化、消費者の保護、モラルハザードの制限、市場効率性の向上に役立つような秩序ある破綻処理を実現するため、危機に陥っているあらゆる金融機関に対処できる適切な手段を有するべきである。そのような枠組みは、危機または破綻処理が金融システムに与える影響を最小化し、またシステム上重要な機能の継続を促すものである。各国の破綻処理の枠組みを改善する手段には、ブリッジ金融機関の設立、資産・負債・業務の他の金融機関への移転、請求権の処理について適切な場合に実行される権限が含まれる。

勧告2：金融グループの調和のとれた破綻処理のための枠組み

　各国は、その法域において、金融グループおよび金融コングロマリットを構成するリーガル・エンティティの調和のとれた破綻処理を行うための枠組みを設けるべきである。

勧告3：各国の破綻処理手段の収れん

　各国当局は、複数の法域において活動する金融機関の調和のとれた破綻処理を促進するため、勧告1および2で示す方向に、自国の破綻処理手段の収れんを図るべきである。

勧告4：各国の破綻処理がクロスボーダーでもたらす効果

　クロスボーダーの破綻処理において各国当局間のより良い調整を促すため、各国当局は、危機管理および破綻処理手続・手段の相互承認を促す手続を推進させることを検討すべきである。

勧告5：グループ構造・業務の複雑性・相互連関性の低減

　監督当局は、危機時にグループ構造や個別金融機関の破綻処理がどのように行われるのかを理解するため、関連する母国およびホスト国の破綻処理当局と緊密に協力すべきである。各国当局は、金融機関のグループ構造が複雑すぎるため、秩序ある、かつ費用節減的な破綻処理が行えないと考える場合には、資本規制や他の健全性規制を通じて、効果的な破綻処理を容易にするような組織構造の簡素化を促すための適切な規制上のインセンティブを金融機関に与えることを検討すべきである。

勧告6：秩序ある破綻処理のための事前計画

すべてのシステム上重要なクロスボーダー金融機関およびグループの危機管理計画は、深刻な金融ストレスまたは金融の不安定性に対応し、金融機関および（または）グループの構造および業務の規模、複雑さに応じて、事業の継続を維持し、主要な機能の頑健性を促進し、必要な場合には迅速な破綻処理を促す計画であるべきである。そうした頑健性および破綻処理の危機管理計画は、当局による監督の定期的な構成要素であるべきであり、クロスボーダーの依存度、破綻処理される金融機関の法的隔離の影響、当局による介入や破綻処理の権限行使の可能性が考慮されるべきである。

勧告7：クロスボーダーの協力と情報共有

　クロスボーダー金融機関の実効的な危機管理および破綻処理においては、規制、監督、流動性供給、危機管理、破綻処理について、異なる当局のそれぞれの責任を明確に理解することが必要である。主要な母国・ホスト国当局は、国内法令および政策と整合的なかたちで、平時における危機管理計画の策定、ストレス時の危機管理・破綻処理のため、必要な情報の適時の作成と共有を確実に行えるようにする取決めに合意すべきである。

勧告8：リスク削減メカニズムの強化

　各国は、金融機関の危機や破綻処理時に、システミック・リスクを削減し、重要な金融・市場機能の頑健性を高めるリスク削減手法の利用を促進すべきである。こうしたリスク削減手法には、法的拘束力のあるネッティング合意、担保化、顧客資産の分別管理が含まれる。デリバティブ契約のよりいっそうの標準化、標準化された契約の取引所取引への移行、そのような契約の清算機関を通じた清算・決済、取引情報蓄積機関を通じたOTC契約の報告による透明性の向上を通じて、リスク削減による追加的な利益が得られるであろう。そのようなリスク削減手法は、破綻処理手段の実効的な実施を妨げるものであってはならない（勧告9参照）。

勧告9：契約関係の移転

　各国の破綻処理当局は、健全な金融機関、ブリッジ金融機関または他の公的機関への特定の金融契約の移転を完了するため、契約上の早期解約条項が即時に発動することを一時的に遅らせる法的権限を有するべきである。契約が移転されない場合には、当局は、契約の解除、ネッティング、差入担保の実行に対する契約上の権利が保持されることを確保すべきである。市場機能の継続性を促進するため、必要な場合には、解約条項の発動を短期間遅らせることを許容するような関連法の改正がなされるべきである。こうした権限は、取引所、清算機関および中心的な市場インフラの安全で秩序ある業務を損なわないように

行使されるべきである。当局は、危機時に伝播のリスクを低減するような方法
で、そのような移転を行えるような標準的な契約条項の策定を行うようISDA
のような業界団体に働きかけるべきである。

勧告10：出口戦略と市場規律
市場規律を回復し、金融市場の効率的な運用を促すため、各国当局は、公的介入の出口のための明確な選択肢または原則を検討し、計画に取り入れるべきである。

（出所）　BCBS（2010）より筆者作成

れている。

　SIFIs政策パッケージにおいては、主要な特性に加えて、①グローバルな
システム上重要な銀行（global systemically important banks；G-SIBs）に特定
された銀行に追加的な損失吸収力（loss absorbing capacity）、いわゆる資本
サーチャージを要求すること、②(i)G-SIFIsのレゾルバビリティ（resolvabili-
ty）、すなわち破綻処理の実行可能性を評価すること（レゾルバビリティ・ア
セスメント）、(ii)G-SIFIsの再建・破綻処理計画（recovery and resolution
plan；RRP）を策定すること、(iii)G-SIFIsの母国当局とホスト国当局が危機
時の協力方法の明確化を図る金融機関固有のクロスボーダー協力に関する取
決めを策定すること、③SIFIsに対してより密度の高い実効的な監督を行う
ことが示された。

　G-SIBsとは、グローバルにシステミック・リスクをもたらしうる大規模
かつ複雑な銀行であり、バーゼル委員会が定めるシステム上の重要性を評価
する指標として、①総資産（size）、②相互連関性（interconnectedness）、③
代替可能性（substitutability）、④グローバルな（法域にまたがる）業務（glob-
al（cross-jurisdictional）activity）、⑤複雑性（complexity）という5つの指標
に関して定量化されたスコアリングによって選定される。カンヌ・サミット
以降、FSBによってG-SIBsのリストの公表が行われており、毎年11月にリ
ストが更新され、30社前後が指定されている[19]（表序-2）。G-SIBsに指定
されると、G-SIBsが属するバケットに応じてコモンエクイティ・ベースで

表序－2　G-SIBsリスト（2020年11月現在）

バケット	銀行名	母国
5 (3.5%)	（該当なし）	―
4 (2.5%)	（該当なし）	―
3 (2.0%)	シティグループ（Citigroup）	米国
	HSBC	英国
	JPモルガン・チェース（JP Morgan Chase）	米国
2 (1.5%)	バンク・オブ・アメリカ（Bank of America ）	米国
	中国銀行（Bank of China）	中国
	バークレイズ（Barclays）	英国
	BNPパリバ（BNP Paribas）	フランス
	中国建設銀行（China Construction Bank）	中国
	ドイチェ・バンク（Deutsche Bank）	ドイツ
	中国工商銀行（Industrial and Commercial Bank of China）	中国
	三菱UFJ FG（Mitsubishi UFJ FG）	日本
1 (1.0%)	中国農業銀行（Agricultural Bank of China）	中国
	バンク・オブ・ニューヨーク・メロン（Bank of New York Mellon）	米国
	クレディ・スイス（Credit Suisse）	スイス
	ゴールドマン・サックス（Goldman Sachs）	米国
	BPCE（Groupe BPCE）	フランス
	クレディ・アグリコール（Groupe Crédit Agricole）	フランス
	INGバンク（ING Bank）	オランダ
	みずほFG（Mizuho FG）	日本
	モルガン・スタンレー（Morgan Stanley）	米国

	ロイヤル・バンク・オブ・カナダ（Royal Bank of Canada）	カナダ
1 (1.0%)	サンタンデール（Santander）	スペイン
	ソシエテ・ジェネラル（Société Générale）	フランス
	スタンダード・チャータード（Standard Chartered）	英国
	ステート・ストリート（State Street）	米国
	三井住友FG（Sumitomo Mitsui FG）	日本
	トロント・ドミニオン（Tronto Dominion）	カナダ
	UBS	スイス
	ウニクレディト（UniCredit）	イタリア
	ウェルズ・ファーゴ（Wells Fargo）	米国

(注) 各バケットにおけるカッコ書の数値は、各バケットに含まれるG-SIBsに対して要求される、いわゆるG-SIBsサーチャージを表す。
(出所) FSB（2020b）より筆者作成

　リスク・アセット比で通常は1.0%から2.5%（最大3.5%）の水準が要求される追加的な損失吸収力、いわゆるG-SIBsサーチャージが要求される[20]。

　一方、各国国内の金融システムに影響を生じうる銀行については、各国当局の裁量のもと、国内のシステム上重要な銀行（domestic systemically important banks：D-SIBs）として指定される。G-SIBsとD-SIBsをあわせてシステム上重要な銀行（systemically important banks：SIBs）と呼ばれることもある。

　このようなFSBの取組みと並行して、各国・地域においてもSIFIsの秩序ある破綻処理を行うための法制度が整備されてきた。米国では、2010年7月に金融の安定を促進し、TBTFの終焉を図り、ベイルアウトから納税者を保

19　FSB（2020b）.
20　バーゼルⅢの自己資本比率では、コモンエクイティTier1比率で4.5%、Tier1比率で6.0%、総自己資本比率8.0%の最低基準が設定されている。さらに、規制資本バッファーとしてG-SIBsサーチャージ以外に2.5%の資本保全バッファー、各国当局の裁量によって0%から2.5%の範囲で設定されるカウンターシクリカル・バッファーがある。

護し、消費者保護を図ることを目的とするドッド＝フランク・ウォールスト
リート改革および消費者保護法（Dodd-Frank Wall Street Reform and Consum-
er Protection Act）が成立した（以下「ドッド＝フランク法」という）。ドッド
＝フランク法において、銀行持株会社、証券会社、保険会社を含むノンバン
ク金融会社（nonbank financial company）を対象とする秩序ある破綻処理を
図る法制度として「秩序ある清算に係る権限（Orderly Liquidation Authori-
ty；OLA）」が手当された。また、EUでは、域内共通の銀行の破綻処理制度
を整備する「銀行再建・破綻処理指令（Bank Recovery and Resolution Direc-
tive；BRRD)」が2014年 7 月に成立している[21]。

　さらに、日本でも、主要な特性をふまえて2013年に預金保険法が改正さ
れ、従前から手当されている預金取扱金融機関（銀行を含む）の破綻処理の
仕組みに加えて、「金融機関等の資産および負債の秩序ある処理に関する措
置」が整備され、公的資本増強をも選択肢に含む特定第 1 号措置と、秩序あ
る清算を前提とする特定第 2 号措置が手当された。

第 3 節 ベイルインとTLAC

1 ベイルインとは

　国際的な破綻処理の枠組みや各国・地域の破綻処理制度を整備するなか

---

[21] Directive 2014/59/EU of the European Parliament and of the Council of 15 May
2014 establishing a framework for the recovery and resolution of credit institutions
and investment firms and amending Council Directive 82/891/EEC, and Directives
2001/24/EC, 2002/47/EC, 2004/25/EC, 2005/56/EC, 2007/36/EC, 2011/35/EU,
2012/30/EU and 2013/36/EU, and Regulations（EU）No 1093/2010 and（EU）No
648/2012, of the European Parliament and of the Council.

で、TBTFの終焉を目的とし、SIFIsの秩序ある破綻処理を実現するために新たに開発された破綻処理ツールが「ベイルイン（bail-in）」である。ベイルインとは、バーゼルⅢにおける規制上の自己資本である普通株式等Tier1あるいはコモンエクイティTier1（common equity Tier1；CET1）、その他Tier1（additional Tier1；AT1）、Tier2に加えて、無担保・無保証の債務を対象に、元本削減やエクイティへの転換を図る破綻処理ツールである。納税者負担のもとで実行されるベイルアウトにかわるものとして、ベイルインは、破綻金融機関のきわめて重要な機能（Critical function）の継続性を確保するために債権者等によってファイナンスされる破綻処理手法であり、納税者負担を回避して金融機関の株主・債権者に損失負担を求めることを目的としている。各国政府は、ベイルアウトからベイルインへ（from bail-out to bail-in）と政策をシフトすることが求められている。

　ベイルインには、大きく分けると2つのアプローチがある[22]（図序－1）。まず、破綻金融機関を清算しつつ、システム上重要な機能を承継する新たな承継会社、または民間の金融機関に承継する前に一時的に破綻金融機関の機能を承継するブリッジバンクもしくはブリッジ金融機関に対して資本増強（capitalising）を行うアプローチである。この場合、破綻金融機関のエンティティ（法人）は閉鎖され清算されることになることから、クローズド・バンク・ベイルイン（closed bank bail-in）として位置づけられている。

　もう1つのベイルインのアプローチが、破綻金融機関の再建を図るべく、少なくとも金融機関としての業務継続に必要な自己資本を確保することを目的として、破綻金融機関の資本再構築（recapitalising）を図るものであり、オープン・バンク・ベイルイン（open bank bail-in）として位置づけられる。オープン・バンク・ベイルインの場合には、既存エンティティは清算されず、金融機関として業務を継続しながら再生される。

　たとえば、EUのBRRDには、破綻処理ツールの1つとしてベイルイン・

22　FSB（2018a），p 5.

図序-1 ベイルインに係る2つのアプローチ

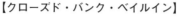

【クローズド・バンク・ベイルイン】

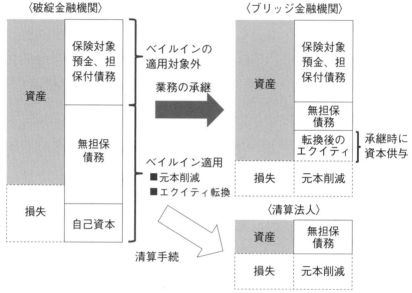

〈破綻金融機関〉

資産

| 保険対象預金、担保付債務 |
| 無担保債務 |

損失 | 自己資本 |

ベイルインの適用対象外

業務の承継

ベイルイン適用
■元本削減
■エクイティ転換

清算手続

〈ブリッジ金融機関〉

資産

| 保険対象預金、担保付債務 |
| 無担保債務 |
| 転換後のエクイティ |

損失 | 元本削減 |

承継時に資本供与

〈清算法人〉

資産 | 無担保債務 |
損失 | 元本削減 |

【オープン・バンク・ベイルイン】

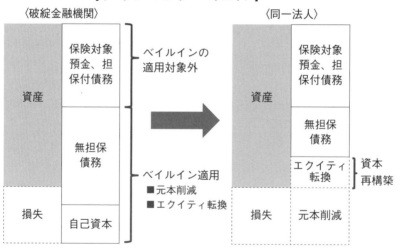

〈破綻金融機関〉

資産

| 保険対象預金、担保付債務 |
| 無担保債務 |

損失 | 自己資本 |

ベイルインの適用対象外

ベイルイン適用
■元本削減
■エクイティ転換

〈同一法人〉

資産

| 保険対象預金、担保付債務 |
| 無担保債務 |
| エクイティ転換 |

損失 | 元本削減 |

資本再構築

（出所） 筆者作成

16

ツールが規定されている。ベイルイン・ツールは、オープン・バンク・ベイルインとクローズド・バンク・ベイルインの２つのアプローチに対応しており、制度上、両者の選択が可能な仕組みとなっている。

2 破綻処理戦略、破綻処理計画

　オープン・バンク・ベイルインを採用するか、クローズド・バンク・ベイルインを採用するかは、各国・地域の破綻処理制度に加えて、各国・地域の破綻処理当局（resolution authority）がどのようなプロセスに従って金融機関の秩序ある破綻処理を実現していくかをあらかじめ想定した破綻処理戦略（resolution strategy）によっても異なる。破綻処理当局は一般に、少なくともG-SIBsを対象として、金融機関の「望ましい破綻処理戦略（preferred resolution strategy）」を事前に定めている。

　G-SIBsの秩序ある破綻処理を実現するためには、ベイルインをはじめとする破綻処理ツールやその他の破綻処理権限を含む破綻処理に関する法制度が整備されているだけでは必ずしも十分ではなく、実際に破綻処理を実行する局面において破綻処理を行うためのツールや権限をどのように適用するかが重要である。そのため、破綻処理戦略は、金融危機後に整備された秩序ある破綻処理の枠組みにおける重要な要素として位置づけられている。破綻処理戦略は、次に述べる破綻処理計画（resolution plan）の根幹をなすものとしても位置づけられており、G-SIBsを対象とするゴーンコンサーン・ベースの損失吸収力であるTLAC（後述）を適用する際の前提にもなっている。

　また、金融危機後の秩序ある破綻処理の枠組みに不可欠の要素としてあげられるのが、生前遺言を意味するリビング・ウィル（living will）、すなわち破綻処理計画である。破綻処理計画は、リーマン・ブラザーズの破綻を受けて英国において検討が始まり、その後各国でも採用され、国際的な秩序ある破綻処理の枠組みにも導入されたものである。

　リーマン・ブラザーズ・グループの英国法人であったリーマン・ブラザー

ズ・インターナショナル（ヨーロッパ）(Lehman Brothers International (Europe)；LBIE) は、米国持株会社が米国において連邦倒産法を申請した際に、英国の裁判所から管理を命ずる処分が下り、清算手続が開始された。当時、同社グループはグループ内に多数の子会社が存在し、グループ子会社間のヘッジ取引を含む多様で複雑な金融取引がグローバルに行われていた。このため、LBIEの管財人がグループ内外の取引関係を把握するために多くの時間と手間がかかることとなった。LBIEのカウンターパーティにとっては、金融取引の決済の継続の問題も含めて清算プロセスにおいて契約上、ポジションや取引の位置づけが不確かなものとなったことから、多くの混乱が生じたようである。こうした経験から当時、LBIEの管財人であったPWCは、大規模な金融機関の破綻処理を行うための事前準備の必要性を指摘するとともに、破綻処理のための計画策定を金融機関に事前に義務づけることを主張していた[23]。

このような経緯を経て、当時、英国の金融監督当局であった金融サービス機構（Financial Service Authority；FSA) は、金融機関が破綻に至る前に自ら再建を図るための再建計画（recovery plan) とともに、破綻処理計画の策定を定めることとなった。一方、米国においては、ドッド＝フランク法によってSIFIsに対して厳格なプルーデンス規制（enhanced prudential standard) が適用されることとなり、厳格なプルーデンス規制のなかでSIFIsに破綻処理計画の策定が義務づけられた。また、EUのBRRDにおいても、再建計画と破綻処理計画の策定が求められている。そして、FSBの主要な特性においても、G-SIFIsを対象としてRRPを策定することが求められることとなり、秩序ある破綻処理の枠組の重要な一部を構成することとなった。

---

23 「リーマン破綻1年超—リーマン英現法破産管財担当トニー・ロマス氏に聞く」『日本経済新聞』2009年10月8日。

3 TLAC

　SIFIsの秩序ある破綻処理を実現する主たる破綻処理ツールとして各国・地域でベイルインが整備されるなかで、ベイルインの実行可能性を確保する観点から、実質破綻時（point of non-viability；PONV）、あるいはゴーンコンサーン・ベースの損失吸収力および資本再構築力を平時から金融機関に要求する新たな規制も導入されている。G-SIBsを対象に2019年から国際基準として適用が始まった総損失吸収力（total loss absorbing capacity）、すなわちTLACがその代表である。TLACの適用によって、G-SIBsが破綻したときでも損失吸収力および資本再構築力が確保され、ベイルインの実行可能性はより高まることが期待される。ベイルインが秩序ある破綻処理の実現を図るツールであるのに対して、TLACは秩序ある破綻処理の実現を損失吸収力という量的な面から支える規制として位置づけることができる。

　FSBが2013年7月に公表した破綻処理戦略の策定に関するガイダンスでは、金融機関の資本再構築または秩序ある清算を支えるためには、G-SIBsのグループ内において適切な場所（location）に手当された十分な額の損失吸収力または資本再構築力が利用できることが重要であるとされた[24]。その後、2013年9月に開催されたG20サンクトペテルブルク・サミットに提出されたFSBの報告書において、TBTFの終焉を図る措置の1つとして破綻処理における損失吸収力の十分性に関する規制であるGLAC（gone concern loss absorbing capacity）という制度の提案を行うことが必要であるとの考えが示された[25]。FSBはその後、2015年11月に、破綻処理の際の損失吸収力および資本再構築力をG-SIBsに要求する新たな国際基準として、「グローバルなシステム上重要な銀行の破綻時の損失吸収力および資本再構築に係る原則（Principles on Loss Absorbing and Recapitalisation Capacity of G-SIBs in Resolu-

---

24　FSB（2013a）, p 7.
25　FSB（2013b）, p 5.

tion）」と題する最終文書[26]を公表し、GLACから変更したTLACという名称のもとでゴーンコンサーン・ベースの損失吸収力に関する新たな規制を最終化させた。すべてのG-SIBsは、リスク・アセット比18％、レバレッジ比率エクスポージャー比6.75％の水準に設定されたTLAC最低基準を常に維持しなければならない。

ゴーンコンサーン・ベースの損失吸収力を金融機関に求める議論の口火を切ったのは英国である。金融危機の反省をふまえた銀行規制のあり方について政府の諮問を受けた独立銀行委員会（Independent Commission on Banking；ICB）が2011年9月に公表した報告書は、システム上重要な銀行を対象に規制資本に加えてベイルイン可能な債務で構成されるPLAC（primary loss absorbing capacity）という新たな規制を導入し、破綻時の損失吸収力および資本再構築力であるPLACをリスク・アセット比で17％以上とすることを提唱した[27]。

また、EUのBRRDは、ベイルインの実行可能性を確保する観点から、自己資本および適格債務に関する最低要件（minimum requirement for own funds and eligible liabilities）、いわゆるMRELを金融機関に求めている。MRELの特徴としては、TLACと異なり所要水準は一律には定められておらず、個々の金融機関のリスク・プロファイル等に応じて所要水準が設定されることがあげられる。

さらに、米国においては、G-SIBsの破綻処理戦略を検討する際、その実行可能性を確保する観点から、FRBがベイルイン可能な無担保債務に関して最低発行規制を課すことが議論されていた。現在、米国のG-SIBsに対しては、国際基準であるTLACに加えて、米国独自の破綻時の損失吸収力および資本再構築力に関する規制基準として、長期債務（long-term debt；LTD）に関する最低基準も設定されている。

---

[26] FSB (2015).
[27] ICB (2011). なお、PLACは、2013年金融サービス（銀行改革）法（Financial Services (Banking Reform) Act 2013）によって法制化されている。

このようにベイルインの実行可能性を確保する観点から、金融危機の影響が深刻であった欧米を中心にゴーンコンサーン・ベースの損失吸収力としてFSBによるTLAC以外にも独自の規制が手当されている。

第 1 章

秩序ある破綻処理の枠組み
に関する国際基準

第 1 節 | FSBの主要な特性の概要

1 主要な特性の目標

　金融安定理事会（FSB）が2011年10月に策定した破綻処理制度の新たな国際基準である「金融機関の実効的な破綻処理の枠組みの主要な特性」、いわゆる「主要な特性（Key Attributes)」がG20カンヌ・サミットにおいてG20首脳により承認された[1]。主要な特性は、トゥー・ビッグ・トゥ・フェイル（TBTF）の終焉を図る観点からシステム上重要な金融機関（SIFIs）の秩序ある破綻処理を実現するための破綻処理ツールとして新たに開発されたベイルインを規定している。

　主要な特性はその前文において、主要な特性が実現を目指す実効的な破綻処理制度（effective resolution regime）のあり方を示している。すなわち、実効的な破綻処理制度の目的として、清算手続における債権等の優先順位（hierarchy of claims）に従って、株主および無担保・無保証の債権者が損失を負担できる仕組みを通じて、金融システムの深刻な混乱を回避し、納税者を損失の危険にさらすことなく、一方で重要な経済機能を保護しながら、金融機関の破綻処理を可能にすることである。主要な特性は、納税者負担を回避し、システミック・リスクを抑止しながら、秩序ある破綻処理を実現することを目標としている。すなわち、G20の枠組みのもと、TBTFの終焉を図る

1　なお、主要な特性はその後、付属文書（annex）を拡充してアップデートされている。2014年のアップデートでは、付属文書に関して、①主要な特性の適用に関する一般ガイダンス（添付Ⅰ）と、②セクター固有のガイダンス（添付Ⅱ）という2つの添付文書（appendix）に再構成された。FSB, "Key Attributes of Effective Resolution Regimes for Financial Institutions," 15 October 2014 (available at: https://www.fsb.org/wp-content/uploads/r_141015.pdf).

ために国際的に実現を目指すべき制度を示したものである。

　そのうえで前文は、以下のとおり、実効的な秩序ある破綻処理制度についてより具体的な目的を掲げている。

① 　システム上重要な金融サービスおよび支払・清算・決済機能の継続性を確保すること

② 　必要に応じて、関係する保険制度と調和を図りながら、当該保険制度の対象となる預金者、保険契約者、投資者を保護し、分別保管された顧客資産の迅速な返還を確保すること

③ 　債権等の優先順位をふまえながら、金融機関のオーナー（株主）および無担保・無保証の債権者等に損失を割り当てること

④ 　公的支払能力支援（public solvency support）に依存せず、公的支払能力支援が利用できるという期待を醸成させないこと

⑤ 　不必要な価値の減失を回避し、それにより母国およびホスト国における破綻処理の全体的なコスト、他の目的に一致している限りにおいて債権者等の損失の最小化を図ること

⑥ 　迅速性および透明性に加えて、法律および手続の明確性および秩序ある破綻処理の事前の計画策定を通じて、可能な限りの予見可能性を提供すること

⑦ 　破綻処理前、破綻処理の間の国内および関係する海外の破綻処理当局の間の協力、情報交換および協調のための義務を法律において手当すること

⑧ 　存続不能となった金融機関が秩序ある方法で退出できるようにすること

⑨ 　信頼性を有し、それにより市場規律を向上させ、市場ベースの解決を図るインセンティブを与えること

　このように主要な特性は、実効的な秩序ある破綻処理制度としてシステム上重要な金融サービスや支払・清算・決済機能の継続性を確保することを掲げている。SIFIsの破綻処理を行った結果、金融・経済活動にとって必要不

可欠な機能に支障が生じるようなことになれば、金融セクターだけでなく実体経済にも重大な影響を及ぼすおそれがある。破綻処理制度として必要不可欠な機能の継続性が確保されるものでなければ、破綻の際の重大な影響を避けるために、当局がベイルアウトを選択する可能性が残ることとなり、TBTFの問題は解決されないことになる。

　また、清算手続における債権等の優先順位をふまえて株主・債権者に損失を割り当てること、その際に金融機関の支払能力、すなわちソルベンシー（solvency）に対する公的支援に依存しないことを求めている。TBTFの終焉を図る観点から、公的資金による金融機関のベイルアウトにかえて金融機関の既存の株主や債権者に損失を割り当てる方針であることが明らかである。その一方で、不必要な価値の減失を避けながら、破綻処理コストや債権者の損失の最小化を図ることも掲げられている。株主・債権者に損失負担を求めながら、金融機関のフランチャイズ・バリューを喪失することなく、破綻処理コストの最小化を追求することも求められている。

　さらに、秩序ある破綻処理の実現には、破綻処理の迅速さや透明性の確保が必要になるとともに、破綻処理に関する法制度や手続の明確化を図りつつ、破綻処理計画を通じて予見可能性を確保することも重要である。そのことにより秩序ある破綻処理の枠組みに対して市場参加者の信頼が得られれば、SIFIsが破綻した場合の市場参加者の混乱を抑制することが期待される。

　そのうえで、存続不能な金融機関が秩序ある方法で退出できるようにし、金融機関がソルベンシー（支払能力）に対する公的支援が利用できるとの期待を醸成させないことも求めている。ベイルアウトに対する市場参加者の期待を削ぐことで、TBTFに起因する市場参加者のモラルハザードを防止し、市場規律の向上を図ることがねらいである。

　主要な特性の前文は、実効的な秩序ある破綻処理制度が目指す目的を掲げたうえで、それを実現するための具体的な破綻処理措置として、存続不能な金融機関、存続可能となる合理的な見込みのない金融機関に対して、①シス

テム上重要な機能の継続を確保するための措置、すなわち安定化オプション（stabilisation option）とともに、②清算オプション（liquidation option）として金融機関を清算する措置の2つの選択肢を手当するように求めている。

安定化オプションには、①直接的にまたはブリッジ金融機関（bridge institution）を通じた、金融機関の持分または金融機関の事業の一部または全部のサードパーティに対する売却・譲渡、②「きわめて重要な機能（critical function）」の提供を継続する金融機関に対して、公式に命じられた債権者が負担する資本再構築（officially mandated creditor-financed recapitalisation）が含まれる。前者は破綻金融機関の事業の譲渡を含む従来から存在する一般的な破綻処理ツールである。後者は金融危機以降に開発されたベイルインを指している。

一方、清算オプションは、保険対象となる預金者および保険契約者、その他のリテール顧客を保護しながら、金融機関の秩序ある閉鎖（closure）や解体（wind-down）を図ることを指している。実効的な秩序ある破綻処理制度に関する上記の目的においては、関連する保険制度と調和を図りながら、当該保険制度の対象となる預金者、保険契約者、投資者を保護し、分別保管された顧客資産の迅速な返還を確保することが掲げられ、特に清算オプションにおいては、預金保険制度、保険契約者保護制度および投資者保護制度といった従来からのセーフティネットとの連携が求められる。

主要な特性は前文の最後に、複数の国で活動する金融機関について調和のとれた破綻処理を促すため、各法域は、主要な特性に規定されたツールや権限を自法域の枠組みに導入するために必要な法改正を通じて、破綻処理制度のコンバージェンスを図ることを追求すべきであるとしている。すなわち、主要な特性は、クロスボーダー金融機関の破綻に際してTBTFを終焉させる観点から、ベイルアウトに依存することなく、納税者負担を回避し、破綻金融機関の株主・債権者の負担のもと、システム上重要な金融サービスおよび支払・清算・決済機能の継続性を確保しながら、クロスボーダーで秩序ある破綻処理を実現するべく、各国・地域が主要な特性に規定される破綻処理権

限や破綻処理ツールを自法域に適用することによって、破綻処理制度のコンバージェンスを図ることを最終的なゴールとするものであるととらえることができる。

　主要な特性については、2013年9月のG20サンクトペテルブルク・サミットにおいて、その完全実施に必要ないかなる改革をも実施するというコミットメントがあらためて確認されており、当該コミットメントのもと、G20各国は2015年末までに自法域の法制度に主要な特性を適用させるための法改正を行うことが求められた[2]。

2　主要な特性の概要

(1)　主要な特性の範囲

　破綻処理制度の新たな国際基準である主要な特性は、実効的な秩序ある破綻処理制度に必要な要素として、①対象範囲、②破綻処理当局、③破綻処理権限、④相殺（set-off）、ネッティング、担保、顧客資産の分別管理、⑤セーフガード、⑥破綻処理中の金融機関のファンディング、⑦クロスボーダーの協力のための法的な枠組みの要件、⑧危機管理グループ（Crisis Management Group；CMG）、⑨金融機関固有のクロスボーダーの協力に関する取決め、⑩レゾルバビリティ・アセスメント、⑪再建・破綻処理計画（RRP）の策定、⑫情報へのアクセスおよび情報共有という項目を立ててさまざまな要件を定めている[3]。

　これらの項目のうち、主にベイルインを実行する際にかかわる項目に焦点を当てながら、主要な特性の具体的な内容について確認する。

2　FSB（2013b）, p. 11.

⑵ 対象金融機関

　実効的な秩序ある破綻処理制度の対象となる金融機関として、破綻したときにシステム上重要またはきわめて重要な金融機関（systemically significant or critical financial institution）があげられている[4]。この場合の金融機関とは、預金取扱金融機関（銀行を含む）に限られておらず、保険会社も該当しており、ノンバンク金融機関についても金融機関に含まれると解される[5]。また、支払・清算・決済システムを含む金融市場インフラ（FMI）についても、破綻処理の枠組みを整備するよう求めている[6]。

　さらに主要な特性は、金融持株会社に加えて、金融グループまたはコングロマリットの事業にとって重要な非規制対象のグループ内エンティティ、外国金融機関の支店にも対象を拡大すべきであるとする。主要な特性は金融グループの破綻処理に際して、個々の法人ごと、すなわちリーガル・エンティティ・ベースで破綻処理を行うのではなく、グループを一体的に破綻処理することを企図している。

　また、破綻処理の枠組みとして少なくともG-SIFIsについては、グループ・ベースの破綻処理計画を含むRRPの策定が求められ、破綻処理の実行

3　なお、2014年にアップデートされた現行の主要な特性の付属文書としては、主要な特性の適用に関する一般ガイダンスである添付Ⅰにおいて、⒜破綻処理のための情報共有（Ⅰ-付属文書1）、⒝金融機関固有のクロスボーダー協力に関する取決めにおける不可欠な要素（Ⅰ-付属文書2）、⒞レゾルバビリティ・アセスメント（Ⅰ-付属文書3）、⒟RRPの不可欠な要素（Ⅰ-付属文書4）、⒠早期解約権の一時的なステイ（Ⅰ-付属文書5）が掲載されている。一方、セクター固有のガイダンスとして添付Ⅱには、⒜金融市場インフラ（FMI）およびFMI参加者の破綻処理（Ⅱ-付属文書1）、⒝保険会社の破綻処理（Ⅱ-付属文書2）、⒞破綻処理における顧客資産の保護（Ⅱ-付属文書3）が定められている。
4　KA1.1.（主要な特性の1.1項を表す。以下同じ）
5　主要な特性には金融機関（financial institution）の定義は設けられていないが、保険会社については、付属資料のセクター別ガイダンスのなかで保険会社の破綻処理が規定されている。また、G-SIFIsに関する検討では、グローバルなシステム上重要なノンバンク金融機関（systemically important non-bank non-insurer financial institutions；NBNI G-SIFIs）を特定するための議論が行われていた。
6　KA1.2.

可能性を当局が評価するために定期的に実施されるレゾルバビリティ・アセスメントの対象となり、金融機関固有のクロスボーダー協力に関する合意の対象となっている[7]。

(3) 破綻処理当局

　主要な特性は、破綻処理当局として破綻処理権限を行使する責任を担う単一または複数の行政当局（administrative authority or authorities）を指定することを各法域に求めている[8]。すなわち、実効的な秩序ある破綻処理制度においては、一般に厳格な手続を要する司法当局（裁判所）ではなく、行政当局に対して破綻処理権限を行使する責任を課すことで、より迅速な破綻処理を実現しようとしているものとうかがわれる。破綻処理当局には、以下の責務が求められる[9]。

① 金融の安定を追求するとともに、システム上重要な金融サービス、支払・清算・決済機能の継続性を確保すること
② 必要に応じて、関連する保険制度と連携を図り、保険制度が対象とする預金者、保険契約者および投資者を保護すること
③ 不必要な価値の減失を回避し、国内およびホスト国の法域における破綻処理にかかる全体コストと債権者への損失を最小限に抑えるように努めること
④ 破綻処理措置が他の法域の金融の安定に与える潜在的な影響を十分に考慮すること

(4) 破綻処理権限（ベイルインを含む）

　主要な特性は、実効的な秩序ある破綻処理制度における破綻処理の開始要

7　KA1.3.
8　KA2.1. なお、単一の法域で破綻処理当局が複数存在する場合には、各々の義務、役割および責任を明確にするとともに、同じ金融グループの金融機関を破綻処理する場合には当局間の破綻処理の調和を図る主導的な当局を特定することを求めている。
9　KA2.3.

件について、金融機関がもはや存続不能となった場合または存続不能になる
おそれがある場合（no longer viable or likely to be no longer viable）であって
存続可能となる合理的な見込みがないときに、破綻処理が開始されるとす
る[10]。そのうえで、金融機関が債務超過（balance-sheet insolvent）になる前、
かつエクイティが完全に毀損（wipe out）する前に、適時かつ早期に破綻処
理が開始できるようにするべきであるとする。すなわち、金融機関のフラン
チャイズ・バリューが失われる前に、より早期のタイミングで破綻処理を開
始することを求めている。

　また、主要な特性は、破綻処理当局が有するべき一般的な破綻処理権限と
して、①金融機関を支配および管理し、管財人を通じて破綻処理を行うこ
と、②経営者を更迭および交替させること、③破綻処理のなかでサービスお
よび機能の継続性を確保すること、④資産・負債を譲渡すること、⑤一時的
なブリッジバンクおよび資産管理会社を設置し運営すること、⑥早期解約権
（early termination）の行使を一時的にステイ（停止）すること、⑦破綻金融
機関のきわめて重要な機能の継続性を支えるべく債権者等によってファイナ
ンスされるベイルインを実施することを含む権限を規定している[11]（表1 -
1）。

　主要な特性が定める一般的な破綻処理権限は、各法域の実効的な破綻処理
制度において破綻処理当局が有するべき最低限の権限を定めているものとと
らえることができる。これらの権限は、破綻処理制度のもとで、破綻金融機
関の株主、債権者あるいは債務者の同意を得ることなく実行できるものでな
ければならない。

　秩序ある破綻処理の実現を図る主たる破綻処理ツールであるベイルインに
関しては、①システム上重要な機能を提供してきた存続不能となったエン
ティティに対する資本再構築、または②存続不能となった金融機関を閉鎖し
つつ、システム上重要な機能を承継したブリッジ金融機関もしくは新設エン

10　KA3.1.
11　KA3.2.

表1−1　破綻処理当局が有する一般的な破綻処理権限

権限
(i)　上級管理職および取締役の解任および交替、ならびに変動報酬（ボーナス）の返還（claw-back）を含む責任ある者からの金銭の回収
(ii)　金融機関またはその事業の一部の継続的かつ持続可能な存続可能性を回復することを目的として、金融機関の支配および管理を行う管財人を任命すること
(iii)　契約の終了、契約の継続または譲渡、資産の購入または売却、負債の償却、金融機関のオペレーションの再構築または解体に要するその他の措置を講じる権限を含めて、金融機関を運営し破綻処理すること
(iv)　破綻処理されるエンティティ、承継者または譲渡されたエンティティに対して不可欠なサービス・機能の提供の継続を同一グループ内の会社に求めることにより、破綻処理に残されたエンティティが当該サービス・機能を承継者または譲渡されたエンティティに一時的に提供すること、またはグループ外のサードパーティから必要なサービスを調達することを可能にすること
(v)　合併・承継、重大な事業のオペレーションの売却、資本再構築、事業または資産・負債のリストラクチャリングおよび処分を行うためのその他の措置の実施に必要な株主承認を含め、破綻金融機関の株主の権利を制限すること
(vi)　同意およびノベーション（当事者交替）の要件にかかわらず、資産・負債、預金債務および株式の所有権を含む法的権利および義務をソルベントな（支払能力のある）サードパーティに譲渡または売却すること
(vii)　破綻金融機関における特定のきわめて重要な機能および存続可能なオペレーションの運営を承継し継続させるため、一時的なブリッジ金融機関を設立すること
(viii)　独立の資産管理会社（たとえば、ストレス下にある金融機関もしくは別に免許を有するエンティティの子会社として、または信託会社、資産運用会社として）を設立し、当該ビークルに不良債権またはバリュエーションが困難な資産を管理・削減するために移管すること
(ix)　不可欠な機能の継続性の確保または確保に資する手段として、(a)存続不能となった、これまで当該機能を提供してきたエンティティに対する資本再構築（recapitalising）、または(b)存続不能な金融機関の閉鎖後に（残余事業を終了し金融機関を清算）、当該機能を承継する新設のエンティティまたはブリッジ金融機関に対する資本増強（caplitalising）によって、破綻処理においてベイルインを実行すること

⑽	金融機関の破綻処理開始のトリガーとなりうる、または破綻処理権限の実行にかかわる早期解約権の行使を一時的にステイすること
⑾	無担保債権者および顧客への支払を停止するモラトリアムを適用し（CCPへの支払および資産の移管、支払・清算・決済システムにかかわる支払および資産の移管を除く）、金融機関の資産を差し押さえるまたは現金・財産を取り立てる債権者の措置を停止し、適格なネッティングおよび担保契約の執行を保護すること
⑿	保険対象預金の適時の払戻しまたは譲渡、迅速な（たとえば、7日以内の）取引口座および分別管理された顧客資産へのアクセスとともに、破綻金融機関の全部または一部を閉鎖し、秩序ある解体を実行すること

（出所）　FSB（2011a）より筆者作成

ティティに対する資本増強という2つのスキームが規定されている。前者が金融機関を閉鎖しないオープン・バンク・ベイルインであり、後者が金融機関の閉鎖を伴うクローズド・バンク・ベイルインとして整理されている[12]。主要な特性はベイルインについてこのように2つのスキームを整理したうえで、破綻処理におけるベイルインとして以下の権限を定めている[13]。

① 清算手続における債権等の優先順位をふまえた方法により、金融機関のエクイティまたは持分にかかわるその他の資本商品、無担保・無保証の債権等を損失吸収に必要な程度まで元本削減（write down）する権限

② 清算手続における債権等の優先順位をふまえた方法により、無担保・無保証の債権等の全部または一部を破綻処理中の金融機関（または破綻処理における承継者、同じ法域の親会社）のエクイティまたは持分にかかわるその他の資本商品に転換する権限

③ 破綻処理開始時に、破綻処理の開始前においてトリガーが引かれていない偶発転換商品[14]または契約上のベイルイン商品を転換し、上記①および②に沿って当該商品を取り扱う権限

12　FSB（2018a）, p 5.

13　KA3.5.

14　いわゆるCoCo債（contingent convertible bond）が含まれる。

すなわち、ベイルインとは、損失吸収に必要な程度までエクイティおよび無担保債務の元本削減を行う権限に加えて、元本削減後に残った無担保債務については、破綻金融機関の資本再構築を行うため、またはブリッジ金融機関や新設エンティティに対する資本増強を行うため、エクイティに転換する権限であると整理される。

(5) 早期解約権の一時的なステイ

デリバティブ契約を含む特定の金融取引契約においては、一般に破綻処理の開始をトリガーとする早期解約条項[15]が定められている。そのため、実効的な秩序ある破綻処理を実現する観点から、金融機関が破綻したときにはカウンターパーティによる無秩序な解約や債権・債務を打ち消すクローズアウト・ネッティング（一括清算）の発生を防ぐことが求められる。

この点について主要な特性は、破綻処理の開始および破綻処理権限の行使については適切なセーフガードを講じたうえで、破綻処理の開始および破綻処理権限の行使が法的または契約上の相殺権の発動のトリガーとならないよう、また、破綻金融機関のカウンターパーティによる期限の利益喪失条項（contractual acceleration）の発動、または早期解約権行使のイベントに該当しないようにすることを求めている。そのうえで、破綻処理の開始または破綻処理権限の行使に伴う期限の利益喪失または早期解約権の行使がなお執行可能な場合には、破綻処理当局はそれらの権限を一時的にステイする権限を有するべきとし、一方でたとえば2営業日以内として厳格にステイの期間を制限することを求めている[16]。

その際、支払が行われない、期日までに担保をデリバリーまたは返却でき

---

15 国際スワップデリバティブ協会（ISDA）のマスター・アグリーメントでは、通常時には事前通知によって契約を解消し、ネッティングして清算することができるが、一定の債務不履行事由（event of default）が発生した場合には自動的に契約を期限前終了とすることができる特約を選択できることになっている。
16 KA4.3. なお、I-付属文書5において一時的ステイに関してより具体的な要件を定めている。

ないなどその他のデフォルト・イベントが発生した場合の早期解約権の行使には影響を与えないよう、金融契約の完全性（integrity）を保護し、カウンターパーティに不確実性が生じないよう適切なセーフガードを設けることを求めている。

(6)　NCWO、法的救済措置

　主要な特性は、債権等の優先順位に従って破綻処理権限を執行することが求められるとし、特にエクイティが最初に損失を吸収し、さらに劣後債務（規制資本商品を含む）が完全に元本削減されるまでシニア債権者に対して損失が求められることはないとする。ただし、金融機関の破綻による潜在的なシステミック・リスクを回避するため、または全体としてすべての債権者等の利益を最大化するために必要な場合には、同じクラスの債権者をパリパス（pari passu）に取り扱わないことも必要であるとする。すなわち、債権の公平性という一般原則から乖離する柔軟性も求めている[17]。

　そのうえで、倒産法制のもとで金融機関が清算された場合に債権者が受け取ったであろう最低額を受け取れないときには、債権者は補償を受ける権利を有するとする[18]。いわゆるNCWO（no creditor worse off）、またはNCWOL（no creditor worse off than in liquidation）と呼ばれるセーフガードである[19]。この点に関して日本の民事再生法には清算価値保障原則[20]がある。清算価値保障原則とは、一般に再建型手続において、債権者に対して破産手続が実施されていた場合に配分されたであろう価値（清算価値）を分配しなければな

17　KA5.1. たとえば、ベイルインの対象となる債務が、預金（リテール預金、中小企業の預金）を含むその他の債務と同順位であるときには、厳格なパリパス原則からの逸脱も必要となることが想定される。

18　KA5.2.

19　本書ではNCWOの略語を用いる。

20　民事再生法174条2項4号のもと、清算価値保障原則が再建計画の認可要件となっており、再建型倒産手続の実務においては、原則として手続開始時の解体処分価値をもとに財産の評価が行われ、これを参考に清算価値が算定されている。棚橋洋平「事業譲渡による再建における清算価値保障原則の意義(1)―米国における清算価値保障原則の生成と展開を参考に」『法学会雑誌』59巻1号、2018年7月、179頁。

らないことを指すとされる。主要な特性が求めるNCWOは清算価値保障原則に相当するものであろう。

　主要な特性は、破綻処理当局による破綻処理と司法当局の関係についても触れている。具体的には、破綻処理当局は、憲法で保護された法的救済措置とデュープロセスのもと、必要なスピードと柔軟性をもって破綻処理権限を行使する能力を有する必要があるとしている。そのうえで破綻処理措置の適用に際して裁判所の命令が依然として必要な法域においては、破綻処理当局は、破綻処理計画のプロセスにおいてその点を考慮に入れ、裁判所の手続に要する時間が破綻処理措置の実効的な適用に影響を与えないようにする必要があると述べる。さらに、破綻処理制度を規定する法律は、法的権限の範囲内で誠実（in good faith）に行動する破綻処理当局の措置の実施を制約したり、否認したりする可能性のある司法措置を規定すべきではないとし、そのかわりに正当な理由があれば補償による救済措置を提供すべきとする[21]。主要な特性は、破綻処理制度の法的安定性を確保する一方で、経済的な補償によって解決することを求めている。

(7)　破綻処理中の金融機関のファンディング

　主要な特性は、破綻処理中の金融機関のファンディング（資金調達）のための費用負担について、納税者による負担を否定し、株主および債権者が負担すべきものとしているが、それで十分でなければ金融業界に損失負担を求める考えを示している[22]。

　まず、金融機関の破綻処理を行う手段として、当局が国有化（public ownership）やベイルアウト資金に依存する事態を避けるために、立法その他の政策で対応することを求めている。そのうえで、金融機関の不可欠な機能を維持するための一時的なファンディングが秩序ある破綻処理を実現するために必要な場合には、破綻処理当局または一時的なファンディングを提供する

21　KA5.5.
22　KA6.1-6.5

当局は、その費用について、①株主および無担保債権者、②必要に応じてより広範に金融システムの損失負担によって回収することを求めており、民間資金による預金保険基金もしくは破綻処理基金、一時的な資金提供に伴って生じるコストを業界から事後的に回収するための資金調達メカニズムを設置することとしている。

さらに、主要な特性は、TBTFのモラルハザードを防ぐためにより厳格な要件を提示する。すなわち、当局による一時的なファンディングの提供は、モラルハザードのリスクを最小限に抑えたうえで、①一時的ファンディングの提供が金融システムの安定を支えるために必要であり、秩序ある破綻処理の目的を達成するために最善の破綻処理オプションの適用を可能にするものであって、民間のファンディングが利用できないまたは民間のファンディングでは当該目的を達成できないことについての認定に基づいて実施され、②その費用負担については、まずはエクイティ保有者、その次に無担保・無保証債権者による損失負担、そして事後的な評価に基づく保険料その他の仕組みを通じた金融業界に対する損失の割当てによってまかなうことが求められる。

ただし、主要な特性は、限定的な場合において一時的な国有化を容認している。すなわち、ラスト・リゾート（last resort）、つまり最後の手段として、かつ金融システムの維持という包括的な目的のために、恒久的な解決策として民間セクターの承継者への売却・合併を模索しながら、きわめて重要な機能を維持するために金融機関を一時的に国有化・管理下に置く権限を有する国があるとし、当該権限を備えている国には、国が被った損失を無担保債権者等、必要に応じてより幅広く金融システムから回収することを求めている。公的資金によるベイルアウトが行われた場合であっても、それに伴う費用については、株主・債権者、必要に応じて金融業界に負担させることが必要となる。

⑻　国際協調の枠組み

　主要な特性は、実効的な秩序ある破綻処理を実現するため、自国の破綻処理手続が外国の破綻処理手続の障害とならないようにすることを求めている。具体的には、各法域の法律や規制は、他国における公的な介入、または破綻処理もしくは倒産手続が開始された際に、自動的に破綻処理のトリガーを引くような条項を含んではならないとする[23]。ただし、実効的な国際協調および情報共有がない場合であって、国内の安定性の実現に必要なときは、各国が裁量的な措置を講じる権限を留保すべきとする。ただし、裁量的措置を講じる際には破綻処理当局に他の法域の金融の安定に与える影響を考慮することを求めている。

　また、クロスボーダーの金融危機への備えを向上させ、危機管理と破綻処理を支えるという目的のもと、すべてのG-SIFIsの母国および主要なホスト国の当局は、個々のG-SIFIsに対応して危機管理グループ（CMG）を組織化している[24]。CMGは、母国および破綻処理にとって重要なグループ子会社のホスト国の監督当局、中央銀行、破綻処理当局、財務省および保険制度にかかわる公的機関で構成され、当該金融機関が金融システムにとって重要な位置づけを有するその他の法域の当局と緊密に協力を図ることになる。また、CMGは、CMG内の情報共有およびCMGに参加していないホスト国当局との情報共有を図り、G-SIFIsのRRPをレビューし、レゾルバビリティ・アセスメントを実施する役割も担う。

　さらに、少なくともG-SIFIsについては、母国当局とホスト国当局の間で金融機関固有のクロスボーダー協力に関する合意を締結することが求められている[25]（表1－2）。

23　KA7.2.
24　KA8.1.
25　KA9.1.

表1-2　金融機関固有のクロスボーダー協力に関する合意

(ⅰ)　CMGを通じた協力の目的とプロセスを確立すること
(ⅱ)　危機前（すなわち再建・破綻処理計画の策定段階）および危機の間の当局の役割と責任を明確化すること
(ⅲ)　CMGに参加していないホスト国当局との共有を含め、各法域における情報共有の法的根拠および情報共有の機密性を保護するための措置を明確に参照しつつ、危機前および危機の間の情報共有のプロセスを設けること
(ⅳ)　親会社または持株会社、および本合意の範囲内にある重要な子会社、支店、関連会社を含む、金融機関の再建・破綻処理計画の策定における調和のプロセス、および当該プロセスの一部として金融機関が関与するプロセスを設定すること
(ⅴ)　レゾルバビリティ・アセスメントを実施する際の母国およびホスト国の当局間の調和のプロセスを設定すること
(ⅵ)　金融機関に影響を与える重大な負の変化があった場合、重大な行動に出る前にまたは危機時の措置を講じる前に、母国当局がホスト国当局に適時に通知し、協議するための合意された手続を含むこと
(ⅶ)　金融機関に影響を与える重大な負の変化があった場合、裁量的行動に出る前にまたは危機時の措置を講じる前に、ホスト国当局が母国当局に適時に通知し、協議するための合意された手続を含むこと
(ⅷ)　ブリッジ金融機関およびベイルイン権限の使用に関することを含め、特定の破綻処理措置のクロスボーダーの適用に関する適切なレベルの詳細な情報を提供すること
(ⅸ)　G-SIFIsの全体的な破綻処理戦略の頑健性をレビューするため、母国および関連するホスト国の当局の高官を含め、少なくとも年次で会議を開催すること
(ⅹ)　破綻処理戦略を適用するためのオペレーション計画について、適切な上級幹部による定期的な（少なくとも年次の）レビューを提供すること

（出所）　FSB（2011a）より筆者作成

3 ベイルインに関するオペレーション

　主要な特性は、秩序ある破綻処理を実現する主たる破綻処理ツールとして
ベイルインを規定する一方で、その具体的なオペレーションに関しては規定
を設けていない。そこで、FSBは2018年6月に「ベイルイン実行に関するプ
リンシプル（Principles on Bail-in Execution）」というベイルインのオペレー
ションにかかわるガイダンスを策定している[26]。ガイダンスは、①ベイルイ
ンの範囲、②バリュエーション、③転換メカニズム、④証券法および証券取
引所規則、⑤破綻処理に関するガバナンス、⑥破綻処理のコミュニケーショ
ンという項目をあげて、ベイルインを実行する際の論点や課題を提示してい
る（表1－3）。

　たとえば、ベイルインを実行する前提として、破綻金融機関の資産・負債
の価値を把握するためにバリュエーションを行うことが必要になる。ガイダ
ンスは、ベイルインを実行する際には異なるバリュエーションを行うことが
必要になるとして、3つのバリュエーションに整理する。

① 破綻処理前のバリュエーション……破綻処理戦略および破綻処理措置
に利用され、破綻処理の開始要件または規制資本商品に係る契約上の元
本削減またはエクイティ転換の要件[27]を満たしているかどうかを決定す
るために損失を推計する。

② ベイルインに関するバリュエーション……債権者が権利のかわりに受
け取る証券の価値を計測し、元本削減率および証券の転換比率を決定す
る。

（i） オープン・バンク・ベイルインの場合……損失の程度を測るための

26　FSB（2018a）.

27　バーゼルⅢの自己資本比率においては、自己資本のうちその他Tier1資本商品および
Tier2資本商品に関しては原則として実質破綻時（PONV）において、元本削減および
エクイティ転換が行われる特約条項を具備していることが求められている。

表1-3　ベイルイン実行に関するプリンシプル

プリンシプル1：ベイルイン範囲に関する事前の透明性
各法域の破綻処理制度は、ベイルイン権限が適用できる金融商品および債務の範囲を明確にすること
プリンシプル2：ベイルイン範囲からの債務の裁量的除外
ベイルイン範囲からの裁量的な除外や同順位債権者のパリパス（公平）の扱いからの乖離は、差別的であってはならず、主要な特性をふまえた破綻処理の目的にかなうため、金融機関の破綻が金融システムに与える潜在的な影響に対処するため、または全体としてすべての債権者の価値を最大化するために必要な場合にのみ適用すること
プリンシプル3：ベイルイン範囲に関する情報の要件
事前の破綻処理計画の策定の一部として、当局は、どの金融機関の金融商品および債務がベイルイン範囲に含まれるのかを決定するために必要な情報へのタイムリーなアクセスが確保されていること。情報は、とりわけ金融機関の金融商品および債務の種類、性質および価値を確立するため、ベイルイン処理の法的執行力または効果に影響する可能性のある要素を理解するために必要である。当局は、テクノロジー・インフラを含め、当該情報をタイムリーに提供することを支える適切な能力を金融機関が備えていることを確保すること
プリンシプル4：金融機関によるベイルイン範囲に含まれる金融商品の事前のディスクロージャー
当局は、G-SIBsに対して、適切な場合にはベイルインが優先的な破綻処理戦略となっているその他の金融機関に対して、ベイルインが適用される金融商品および債務の金額、満期および構成に関して市場参加者に事前に開示することを求めること。G-SIBsの開示は、TLAC基準に規定された要件に従うこと
プリンシプル5：バリュエーション・プロセスにおける母国当局およびホスト国当局の役割
危機管理グループ（CMG）の母国当局およびホスト国当局は、破綻処理戦略および破綻処理制度の要件を考慮しながら、バリュエーション・プロセスの過程における協調および協議、評価者の特定およびバリュエーション手法に関することを含め、バリュエーションの全体的なアプローチおよびそれぞれの役割および責任について明確な共通理解を有すること

プリンシプル6：適時かつ頑健なバリュエーションを支える金融機関の能力

当局は、経営情報システムおよびテクノロジー・インフラを含め、十分な粒度のバリュエーション・データをタイムリーに提供し、合理的期間内にバリュエーションを行うことを可能にするために金融機関が適切な能力を備えていることを確保すること。当該能力は、事前の破綻処理計画の策定において評価対象となる

プリンシプル7：バリュエーションの方法および前提条件

バリュエーション手法およびその前提条件は、当局による金融機関の破綻処理戦略と整合的であり、可能な限り、母国とホスト国の法域間で、また異なる破綻処理のケースにわたって整合的なものとすること。バリュエーションは、現実的かつ信頼性のある前提に基づいて、市場環境および想定される株主からの措置を考慮するものであること

プリンシプル8：バリュエーション・プロセスの透明性

当局は、市場に対して全体的なバリュエーションの枠組みとプロセスを事前に開示すること。可能かつ適切な場合であり開示が破綻処理目的を混乱させない場合には、評価者の特定、評価基準、バリュエーションの結果に関する情報を含め、破綻処理における金融機関の実際のバリュエーションに関する情報を事後的に開示すること

プリンシプル9：ベイルイン転換メカニズムの整備

事前の破綻処理計画の策定の一部として、破綻処理グループの母国当局はCMGと協議のうえで、信頼性のある転換の仕組みを整備し、市場インフラの関与が必要な場合にはそのプロバイダーを関与させること

プリンシプル10：ベイルイン転換メカニズムのディスクロージャーおよび特定

破綻処理グループの母国当局は、転換を図る措置の信頼性および予見可能性を向上するため、予想される転換の仕組みを市場に事前に開示すること。転換の仕組みは、可能な場合には既存の市場のテクノロジーおよび慣行を利用し、市場および規制の要件を考慮しながら、債務の元本削減および転換、証券もしくは取引可能な証書の発行または証券の移転にかかわるオペレーションを可能にすること。必要な場合には、当局は、取引所におけるタイムリーな非上場化、停止、キャンセル、取引中止、その他の証券の取扱いに対応し、それとともに上場および再上場、新たな証券、取引可能な証書、暫定的な権利の取引の承認にも対応すること

プリンシプル11：証券法および証券取引所規則の事前の特定

母国破綻処理当局は、開示および上場の要件を含め、ベイルイン期間におい
て破綻処理中の金融機関またはベイルイン処理の関係者に適用される証券法お
よび証券取引所の要件を特定すること。母国破綻処理当局は、関係する市場当
局、破綻処理当局および証券取引所と協働および協議を図りながら、それらの
要件を特定すること

プリンシプル12：ベイルイン期間中のディスクロージャー要件の遵守

ベイルイン期間において、金融機関は証券法および上場規則に基づく開示要
件を遵守し続けることが求められる。ベイルインに係る転換の仕組みを整備す
ることの一部として、母国破綻処理当局は、関係する市場当局、破綻処理当局
および証券取引所との協議のもと、それらの要件を金融機関がどのように遵守
するかを検討すること。母国破綻処理当局は、破綻処理開始前に生じるベイル
イン実施の可能性に関係する開示要件のインプリケーションを検討すること。
当該義務が破綻処理措置にかかわるものである場合、母国当局は金融機関、市
場当局または証券取引所と協調すること。母国破綻処理当局は、開示要件の遵
守がベイルインの適用に影響を与える場合には、開示要件の一時的な免除の利
用可能性、状況に応じた開示の延期の可能性について、市場当局と協議を図る
こと

プリンシプル13：ベイルイン期間中の証券の上場および取引のステータス

ベイルインの転換の仕組みを設計および適用する際、母国破綻処理当局は、
関係する市場当局、破綻処理当局、証券取引所および市場インフラと事前に協
調し、ベイルイン期間に想定される金融機関の証券の上場および取引のステー
タスを決定しておくこと。母国当局の転換の仕組みが、母国における金融機関
の証券の上場または取引の承認の中止、キャンセルまたは停止を必要とするも
のである場合は、当該措置がタイムリーに効力をもつために、母国当局は必要
な権限を有するか、母国破綻処理当局を承認する法的な仕組みを手当するこ
と。金融機関が他の法域で上場している場合、当該権限の使用は、ホスト国当
局、ホスト国における関係する市場当局、証券取引所および市場インフラと協
調すること

プリンシプル14：発行、登録および上場の要件

破綻処理計画の策定の一部として、母国破綻処理当局は、関係する市場当
局、破綻処理当局および証券取引所と協議のうえ、ベイルイン処理にかかわる
金融機関および関係者がどのように証券法および証券取引所規則を遵守するか
を検討すること。それには、新たな証券の発行、登録もしくは上場、または上

場廃止された証券の再上場が含まれる。母国破綻処理当局は、ベイルインの実行を容易にするため、可能であれば、登録もしくは上場手続の迅速化、目論見書もしくはその他の登録要件の免除といった措置の利用を検討すること。手続の迅速化または免除を利用する場合、ベイルイン期間の終了時点で金融機関の財務状況および見通しに関する完全な開示を提供する必要性を損ねることがないこと

プリンシプル15：ベイルイン期間中の金融機関の経営および統制

事前の破綻処理計画の策定の一部として、破綻処理当局は、(i)ベイルイン期間における金融機関の経営者の責任および破綻処理当局、破綻処理管財人および金融機関の経営者によって行使される権限およびガバナンスの権利、(ii)ベイルイン期間における金融機関の支配について明確化すること

プリンシプル16：経営者の交替および指名

破綻処理当局は、新たな経営者の候補者がどのように特定、選出および指名されるかについて事前に定めること。破綻処理当局、および経営者の交替および新たな経営者の選出、承認、指名にかかわる当局は、緊密に協調し、当該更迭または交替させるための手続を確立すること

プリンシプル17：新たなオーナーおよび経営者への支配権の譲渡

母国破綻処理当局は、(i)ベイルインの転換の結果として新たな所有権を確立し、(ii)すべてのガバナンスおよび支配に関する権利が新たなオーナーによって行われる状態に移行するための、明確な仕組みを整備すること。当該仕組みは、破綻処理当局および（または）破綻処理管財人による支配を実行するための一般的な要件および時間軸を含めて、市場参加者に透明性を提供する観点から市場に開示すること

プリンシプル18：規制上の承認および免許の協調

破綻処理計画の策定の一部として、CMGにおける母国当局およびホスト国当局は、ベイルイン処理を適用するために母国およびホスト国に求められる監督上および規制上の承認および認可を特定すること。CMGの当局は、必要な情報および手続を特定し、可能な限り手続の迅速化または事前審査の措置を講じること。それには、必要な承認および認可をタイムリーに得ることを確実にするため、とりわけ破綻処理当局およびその他の関係当局が緊密に協力し、手続を整備することが含まれる

プリンシプル19：コミュニケーション戦略およびCMGの協調

破綻処理計画の策定の一部として、破綻処理当局は、信頼の醸成、債権者お

および市場への破綻処理のインプリケーションに関する情報提供、波及効果の抑制、不確実性の回避を目的として、ベイルイン期間における債権者および市場との包括的なコミュニケーション戦略を策定すること。コミュニケーション戦略の整備は、母国破綻処理当局に主導され、法域間の一貫した債権者および市場とのコミュニケーションを確保するため、CMGの当局と協調すること

プリンシプル20：コミュニケーションの伝達

破綻処理当局は、コミュニケーションを伝達するため破綻処理中の金融機関のコミュニケーションに関するインフラを活用し、債権者および市場とのコミュニケーションの手続、ベイルイン期間におけるコミュニケーションの伝達を支えるために必要なリソースを考慮すること

プリンシプル21：ベイルイン期間中のコミュニケーション

母国破綻処理当局は、他の関係当局と協調しながら、破綻処理開始後に実行可能になった時点で破綻処理措置に関して正式なアナウンスをすること。母国破綻処理当局の市場に対する最初のコミュニケーションは、コミュニケーションが一貫しないものとなるリスクを緩和し、その後の追加的なアナウンスを抑制するため、明確かつ頑健な情報を提供すること。関連するホスト国当局は、母国破綻処理当局のアナウンスメントにあわせてそれに対応するアナウンスメントを検討し、母国当局およびホスト国当局はそれぞれの責任に応じてそれぞれのアナウンスメントのタイミングおよび内容を調和させること

(出所)　FSB（2018a）より筆者作成

　　　資産・負債のバリュエーション、ベイルインされた債権者および株主へのエクイティまたはその他の持分商品の配分を決定する転換比率を算出するために新たなエクイティの市場価値を評価するバリュエーション

(ⅱ)　クローズド・バンク・ベイルインの場合……ブリッジ金融機関に承継されたエンティティの財務諸表を最終化するための資産およびビジネスラインのバリュエーション、ベイルインされた債権者への配当の基礎となる新しい金融会社の企業評価

③　ノー・クレジター・ワース・オフ（NCWO）に関するバリュエーション……NCWOのセーフガードを適用することを目的として、破綻処理において株主および債権者が実際に受け取った価値と比較するため、仮

に倒産法が適用された場合に株主および債権者が受け取ったであろう価値を評価する。

　また、ベイルインを実行する際にエクイティに転換することを想定すると、具体的にどのようなメカニズムによってエクイティへの転換を行うかを事前に定めておく必要がある。そこでガイダンスは、母国当局が次の論点や課題を特定することを求めている。

① 証券の上場または取引の中止、キャンセルまたは一時停止……オープン・バンク・ベイルインでは、破綻処理開始直後に証券の上場、取引の認可について中止、キャンセルまたは一時停止を行う必要が生じる。そのため、当局は既存の市場のネットワークおよび手続を活用し、適時、上場または取引を中止、キャンセルあるいは一時停止することが求められる。

② 処理中の未決済取引……市場取引時間外に破綻処理を公表し、市場への影響を抑制するとともに、当局に金融機関を安定化させるために可能な限り時間を与えることが重要であるが、破綻処理措置がいつ公表されるかにかかわらず、処理中（たとえば、未決済）の取引が生じる可能性がある。そのため、転換メカニズムにおいては未決済取引に対応することが求められる。

③ 権利に関する取引……ベイルインの最終条件を決定するためのバリュエーションは、それを終えるまでに数カ月を要する可能性がある。ベイルインの最終条件を決定するまでの間、ベイルインの対象となった金融商品および債務について、たとえば、債権者がポジションを解消するために取引を継続させることが望ましい場合がある。ベイルインの対象者に対して、取引可能な証書や暫定的な株式を発行したり、既存証券の取引継続を図ったりする必要性を想定することが求められる。

④ エクイティの受渡し……ベイルインされた債権者への株式のデリバリー（受渡し）に際しては、債権のファイリング（債権者登録）または債権者が自ら債権を証明する手続を通じて、かつての債権の保有者を特

定する必要がある。一方、破綻処理開始直後に転換が行われる場合には、支払代理人または証券預託機関による市場ネットワークを通じて、ベイルインされた債権者に直接、受け渡す必要がある。

⑤　調整メカニズム……破綻処理開始直後に転換が行われるとき、たとえば最終的なバリュエーションの結果、完全に損失が把握されたときには事後的な調整が必要になることが想定される。その場合は、NCWOのセーフガードおよび債権者の優先順位に応じて損失が配分されるよう損失率または転換比率を調整する必要があり、必要に応じてベイルインされた債権者に対して補償を行うこともある。

⑥　未請求のエクイティ……転換の際には必ずしもすべての債権者が特定されるわけではないことから、未請求の債権者が残る可能性がある。そこで転換メカニズムにおいては、当初の転換期間を超えて未請求のエクイティにも対応できる仕組みを講じる必要がある。

第2節 | 破綻処理計画、破綻処理戦略

1 再建・破綻処理計画（RRP）

主要な特性は、破綻した場合に金融システムにとって深刻またはきわめて重要な影響を与えるG-SIFIsを対象に再建計画および破綻処理計画を策定するプロセスを各法域が設けることを求めたうえで、G-SIFIsに加えて母国当局が破綻時に金融の安定性に影響をもたらすと判断したその他の金融機関についても、頑健で信頼性のあるRRPを策定することを求めている[28]。

28　KA11.1.

再建計画では、金融機関が深刻なストレスを抱えた場合に財務基盤の強化と存続可能性を回復するものとして、①金融機関固有のストレスおよび市場全体のストレスを含む多様なシナリオに対処する信頼性のあるオプション、②資本不足および流動性の問題に対処するシナリオ、③さまざまなストレス・シナリオのもとで再建オプションをタイムリーに適用することを確実にするためのプロセスを規定することが求められる[29]。

　一方、破綻処理計画は、深刻な混乱や納税者負担を生じることなく、金融機関の破綻処理を実行可能なものとすることを目的として、システム上重要な機能を保護する破綻処理権限を実効的に使用することに資するものとして位置づけられる。破綻処理計画には、当局の幹部によって承認された破綻処理戦略と破綻処理計画を適用するためのオペレーション計画が含まれる。破綻処理計画においては、以下の項目を特定することが必要になる[30]。

①　継続性がきわめて重要と判断される金融機能、経済機能
②　それらの機能を維持するため、または秩序ある方法によって解体するために適切な破綻処理オプション
③　金融機関の事業のオペレーション、組織構造およびシステム上重要な機能に関するデータ要件
④　実効的な破綻処理に対する潜在的な障害、それらの障害を緩和するための措置
⑤　保険対象の預金者、保険契約者を保護するための措置、分別保管された顧客資産の迅速な返還
⑥　破綻処理プロセスからの出口のための明確なオプションまたは原則

　また、破綻処理計画の策定にあたって金融機関は、危機の状況および破綻処理のもとでも提供されるサービスが維持できるようサービス・レベル契約

29　KA11.5. なお、Ⅰ-付属文書4において再建計画に関するより具体的な要件が定められている。
30　KA11.6. また、Ⅰ-付属文書4において破綻処理計画に関するより具体的な要件が定められている。

（service level agreement）を締結するとともに、再建または破綻処理にかかわるイベントによってサービス終了のトリガーが引かれることがないよう、また、ブリッジ金融機関またはサードパーティの承継者に契約が引き継がれるようにすることを求めている。

　G-SIFIsの母国当局は、CMGのすべてのメンバーと調和を図りながら、グループの破綻処理計画の策定を主導することになる。CMGに参加するホスト国当局または自国において金融機関がシステム上の重要性を有するホスト国当局は、RRPにアクセスすることが認められる。RRPは、少なくとも年次で定期更新され、金融機関の事業または組織構造に重大な変化があった場合にもRRPは更新されて、CMGにおいてレビューされる。

2　破綻処理戦略

(1)　SPEとMPEの2つのアプローチ

　CMGにおいて策定される破綻処理戦略は、破綻処理計画の主要な要素として位置づけられるものであるものの、主要な特性では破綻処理戦略について具体的な規定や要件は定められていない。そのため、FSBがRRPに関して策定するガイダンスのなかに実効的な破綻処理戦略に関するガイダンスが存在する[31]。当該ガイダンスは、RRPの策定に関して不可欠な要素を規定した主要な特性の付属文書（I-付属文書4）を補完するものとして位置づけられている。

　ガイダンスによると破綻処理戦略は、①シングル・ポイント・オブ・エントリー（single point of entry；SPE）と、②マルチプル・ポイント・オブ・エントリー（multiple point of entry；MPE）という2つの形式化されたアプローチに整理される。両者は、G-SIFIsグループにおいて破綻処理が適用さ

31　FSB（2013a）.

図1−1　SPEとMPEのアプローチの比較

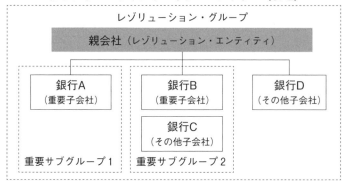

a. シングル・ポイント・オブ・エントリー（SPE）

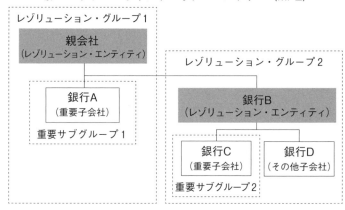

b. マルチプル・ポイント・オブ・エントリー（MPE）

(注)　レゾリューション・エンティティとは、破綻処理ツールが適用され
　　　る破綻処理ポイントであり、レゾリューション・グループとは、レゾ
　　　リューション・エンティティを含む連結グループを指す。また、重要
　　　子会社とは、重要性に関する基準を満たすグループ内子会社を指し、
　　　重要サブグループとは、重要子会社を含む連結グループを指す。
(出所)　FSB（2020a）より筆者作成

れる破綻処理ポイント（point of entry）が単一か複数かによって分けられる。SPEは、単一の破綻処理当局がグループ最上位の会社（親会社または持株会社）に破綻処理ツールを適用するのに対して、MPEは、（各法域の）複数の破綻処理当局がグループの異なる部門（part）に対して調和を図りながら破綻処理ツールを適用するものである。より具体的には、SPEとMPEは以下のように説明されている[32]（図1－1）。

① シングル・ポイント・オブ・エントリー（SPE）……グローバル連結ベースでグループを監督する責任を有する法域における単一の破綻処理当局が、ベイルイン、事業譲渡ツールを含む破綻処理権限をグループ最上位の親会社または持株会社に適用する破綻処理戦略である。SPEでは、グループ最上位の親会社または持株会社に対してベイルイン、すなわち無担保債務の元本削減または強制的な転換を適用することによってグループ内の損失が吸収される。

② マルチプル・ポイント・オブ・エントリー（MPE）……複数の破綻処理当局がグループの異なる部門に対して破綻処理権限を適用し、その結果、グループを複数の部門に分割（break-up）する破綻処理戦略である。MPEでは、グループは国別に、地域別に、もしくはビジネスラインに沿って、またはそれらを組み合わせたかたちで分離されることになる。個々の部門に適用される破綻処理権限は、必ずしも同じものである必要はなく、ベイルイン、ブリッジバンク、事業承継、解体といった選択肢がある。ただし、MPEでも法域間で調和のとれた措置が求められており、それにより個々の破綻処理措置の実効性を損なうコンフリクトや不調和、無秩序な資産の流出および他の金融機関への波及を回避することができる。

---

[32] ガイダンスは、SPEとMPEについて二者択一の選択肢ではないとする。金融機関の組織構造と金融機関が業務を行う主要な法域におけるローカルの破綻処理の枠組みを調和させるために、SPEとMPEを組み合わせることが必要になることもあるとしている。具体的には、MPEの破綻処理戦略のなかで、互いに地域的に分離された金融機関の異なる部門に対するSPEの破綻処理を含む場合がある。

破綻処理戦略の選択にあたっては、個々の金融機関の組織構造やビジネスモデル、オペレーションの性質を考慮する必要がある。たとえば、グループ最上位の会社が発行する債務がグループ内で生じた損失を吸収し、業務子会社の存続可能性を確保するのに十分である場合には、SPEが最も効果的な選択肢となる。SPEは、グループ内で集中化された流動性やトレーディング、ヘッジ、リスク管理など高度に統合された方法によってオペレーションを行う金融機関に適している。

　一方、MPEは、特にグループの異なる部門が単独で維持できる場合であり、相対的に独立しており、自己資本を有し、別々にファンディングされる子会社によるサブ連結グループ（グループ連結よりも下位の連結グループ）が存在するような分散型の組織構造を有していて、国または地域のビジネスラインに沿って財務的に、法的およびオペレーションの面において分離された金融機関に適している。

　SPEかMPEかという破綻処理戦略の選択は、さまざまな要因や条件に依拠して決定されるものであるため、ガイダンスはSPEとMPEの選択のための論点を具体的に整理している。

⑵　SPEの前提条件

⒜　破綻処理ポイントと破綻処理の適用範囲

　SPEにおいては、破綻処理対象となるグループ最上位の親会社または持株会社を特定することが必要である。また、破綻処理が適用される親会社または持株会社に損失を移管しながら、閉鎖されることなくオペレーションを継続させる国内外の業務子会社とその関連会社を特定することが求められる。

⒝　破綻処理当局と破綻処理ツール

　グループ最上位の親会社または持株会社および重要子会社は、実効的な破綻処理権限が手当された法域に置かれることが必要である。主要な特性を導入した法域の破綻処理当局が、主要な特性に基づく破綻処理ツールや破綻処理権限のもとで破綻処理を行うことが前提となる。

そのうえで、望ましい破綻処理ツールとして、①親会社または持株会社のエクイティおよび債務の元本削減、②親会社または持株会社のエクイティおよび債務に関する既存の（資本再構築される）エンティティまたは新設された承継会社のエクイティへの転換、③親会社または持株会社のオペレーション、資産・負債の一部または全部を譲渡する新設のブリッジ金融機関の利用を特定することが求められており、主要な特性に規定された破綻処理ツールのうちどのツールを適用するのかをあらかじめ決定することが求められる。

(c) LACの所要水準

SPEでは、グループ最上位の親会社または持株会社が利用できる損失吸収力（LAC）の所要水準および性質を特定し、破綻処理において継続するべきグループ内の業務子会社またはその他の関連会社において生じる損失を吸収するためには十分かどうかについて評価を行う必要がある。

(d) LACの適格性

LACは、エクイティまたは長期債務で構成される。なお、エクイティまたは長期債務の元本削減を行うことが金融システムの安定に対してさらなる負の影響をもたらすことがないよう、LACの保有が他の金融機関、保険会社または年金基金に集中することを回避することが求められる。

(e) 財務構造（損失移管を図る子会社への資本供与）

SPEでは、破綻処理のなかでゴーイングコンサーンとして維持され、業務を継続する国内外のグループ内エンティティがグループ最上位の親会社または持株会社に対して損失をどのように移管するかを特定する必要がある。そのため、グループ内で生じた損失をグループ最上位の会社に移管し、そこで損失が吸収されるようにグループの資本・債務構造を設定しなければならない。たとえば、それは破綻処理の際に親会社が保有する子会社のエクイティが損失を吸収した後に、元本削減またはエクイティ転換される債務を親会社から子会社に提供することで実現される[33]。

(f) クロスボーダー関係

SPEが成功するためには、ローカル子会社の取扱い、特に当該法域の業務

子会社に十分な資本と流動性が提供されているかについて、母国当局がホスト国当局に適切な保証を与えることが重要である。その結果、グループ全体の破綻処理を図る母国当局による措置に対して、ホスト国当局は独自の措置を講じることを控えることになる。したがって、ホスト国当局がどのような環境および条件のもとで母国当局による破綻処理戦略の適用に依存するかについて明確にする必要がある。たとえば、親会社から子会社に対して債務によってファンディングを与えることは、LACがローカルに存在するという保証をホスト国に与えることになる。

(3)　MPEの前提条件

(a)　破綻処理ポイントと破綻処理の適用範囲

　MPEにおいては、グループ内で複数の破綻処理ポイントが設定される。すなわち、母国において破綻処理権限が適用されるリーガル・エンティティとともに、グループ内の地域または国といった各ブロックにおいて破綻処理ポイントとなる業務子会社や関連会社も破綻処理措置が適用される対象に含まれる。

　グローバルなMPEのもとで、地域別または国別にSPEが適用される場合においては、組織構造や事業オペレーションを考慮に入れながら、サブ連結グループの組織構造が地域別・国別SPEの実現を確保するものになっているのかどうか、サブ連結グループが外部に債務を発行するときは中間持株会社を通じて発行するのか業務子会社が直接発行するのかについて検討することが必要となる。

(b)　破綻処理当局および破綻処理ツール

　MPEでは、リーガル・エンティティやそのサブ連結グループに適用され

33　その際、親会社に対する子会社の債権と子会社に対する親会社の債権の間の相殺は認められるべきではないとする。また、グループ最上位のエンティティを対象とするグループ内のファンディングに対して大口エクスポージャー規制が適用される場合にも、SPEを阻害する要因となることを指摘している。

る破綻処理ツールを個々の破綻処理ポイントにおいてあらかじめ選択しなければならない。具体的には、債務の元本削減やエクイティ転換、サードパーティの承継者またはブリッジ金融機関へのオペレーションの承継、解体が含まれる。

(c)　破綻処理ポイントのLAC

グループ内でそれぞれの破綻処理措置が適用される各リーガル・エンティティは、破綻処理の際の損失を負担するために十分なLACを維持することが必要であり、グループの他の部門に影響を与えることなく解体できるようにすることが求められる。そこで、MPEにおいては、個々の破綻処理ポイントにおけるLACの水準が評価される[34]。

(d)　法的、オペレーション上のストラクチャー

MPEでは、破綻処理ポイントとして特定されたリーガル・エンティティの財務上、オペレーション上の分離が行われるため、ホスト国当局はグループから分離したエンティティ（およびそのサブ連結グループ）の破綻処理を行うことが可能になる。

MPEにおいては、規模やファンディング上の役割、きわめて重要な機能の提供、当該法域におけるシステム上の深刻度の観点から重要と判断される外国支店に関しても破綻処理における取扱いについて決定しておく必要がある。

(e)　きわめて重要な機能およびサービス

重要なリーガル・エンティティが、きわめて重要なシェアード・サービスや支払・清算・決済システムを含むFMIへのアクセスを他のグループ会社に依存しているときには、MPEのもとではグループを分割する際の障害と

---

[34]　業務子会社からサードパーティに債務が発行された場合、債務のエクイティ転換を行うと、所有関係だけでなく、グループ最上位の親会社または持株会社にコントロールされる損失やグループからの分離に対して影響を及ぼすことになる。そのため、破綻処理戦略においては、金融機関のきわめて重要なオペレーションに影響を与えることなくどのように所有権の移動やグループからの分離を実施するかについて、対応を図ることが求められる。

なるおそれがある。

　MPEでは、一部の部門はオペレーションを継続し、その他の部門は解体しながらグループの分割が行われるなかで、きわめて重要なシェアード・サービスの継続性を確保する必要がある。たとえば、きわめて重要なシェアード・サービスについては、自己資本を有する独立したリーガル・エンティティに分離することが想定される。また、グループ・エンティティ間で、破綻処理中にもすべての法域において有効なサービス・レベル契約を締結することも検討する必要がある。

　また、グループ内の重要なリーガル・エンティティは、FMIの安全かつ秩序あるオペレーションの保護を図るための適切なセーフガードのもと、FMIへのアクセスを確保していることが求められる。

(f)　財務構造

　グループ内の重要子会社または各ブロックは、グループ内の他の部門が破綻処理される際、そこから分離を図ってオペレーションを継続できるようなファンディングの措置を確保することが求められる。保証および偶発債務を含むグループ内の財務面での相互依存性、その他のグループ・エンティティとのエクスポージャーは、分離を図る際の障害となりグループを通じて波及リスクをもたらすため、制限することが求められる。

(4)　G-SIBsの破綻処理戦略

　G-SIBsに関しては、上記のようなSPEおよびMPEの前提条件に照らしながら、グループの破綻処理戦略としてSPEかMPEかの選択が行われる。G-SIBsの破綻処理戦略の選択を実際に確認すると、現状ではMPEが適用されるのはスペインのサンタンデール（Santander）と英国のHSBCの2社にとどまっており、その他の多くのG-SIBsに対してはSPEが適用されることとなっている。

3 レゾルバビリティ・アセスメント

　主要な特性は、破綻処理当局に対してSIFIs、少なくともG-SIFIsに関して破綻処理の実現可能性を評価するレゾルバビリティ・アセスメントを実施することを求めている[35]。具体的には、破綻処理当局は当該金融機関が破綻した場合の金融システムおよび経済全体への影響をふまえながら、破綻処理戦略の実現可能性と信頼性を評価することとなる[36]。レゾルバビリティ・アセスメントを実施する際、破綻処理当局は特に以下の点について評価すべきとされている。

①　きわめて重要な金融サービス、支払・清算・決済機能が業務を継続できる程度

②　グループ内エクスポージャーの性質と程度、それらを解消する必要がある場合に破綻処理に対して与える影響

③　金融機関が破綻処理を支える情報について十分に詳細であって正確かつタイムリーに提供する能力

④　クロスボーダーの協力および情報共有に関する措置の頑健性

　グループ・ベースのレゾルバビリティ・アセスメントは、G-SIFIsの母国当局によって行われ、ホスト国当局の評価をふまえてCMGにおいて調和が図られる。子会社のレゾルバビリティ・アセスメントを行うホスト国の破綻処理当局は、可能な限りグループ・ベースのレゾルバビリティ・アセスメントを行う母国当局と調和を図ることが求められている。

　金融機関の破綻処理の実行可能性、すなわちレゾルバビリティを向上する観点から、監督当局または破綻処理当局は、破綻処理の複雑性およびコストを削減するため、業務が継続される事業の健全性および安定性に与える効果をふまえて、必要に応じて金融機関の事業慣行、組織構造または組織の変更

35　KA1.3.
36　KA10.1.

といった適切な措置を求める権限を有する。システム上重要な機能の継続を可能にするため、当局はそれらの機能を法的におよびオペレーション上、独立したエンティティに分離する必要性について検討することとなる。

第3節 G-SIBsを対象とするTLAC

1 外部TLACと破綻処理戦略

FSBは2015年11月、G-SIBsの破綻時の損失吸収力および資本再構築力を確保するための国際基準として、「グローバルなシステム上重要な銀行の破綻時の損失吸収および資本再構築に係る原則」（以下「TLAC基準」という）を策定し、2019年からG-SIBsを対象とする総損失吸収力（TLAC）の規制適用が始まった[37]。TLAC基準に規定されたTLACタームシート（TLAC term sheet）においてTLACの具体的な規制要件が定められている。TLACには外部の株主・債権者に対して損失負担を求める外部TLAC（external TLAC）と、海外の重要子会社から母国の親会社に損失を移管することを目的とする内部TLAC（internal TLAC）があり、外部TLACにはG-SIBsに共通する最低基準が定められている。

まず、外部TLACの最低基準である最低TLAC（Minimum TLAC）については、①リスク・アセット比で要求されるTLACリスク・アセット最低基準（TLAC RWA Minimum）と、②レバレッジ比率の分母であるレバレッジ比率エクスポージャー比で要求されるTLACレバレッジ比率エクスポージャー基準（TALC LRE Minimum）の2つの最低基準が設けられており、前者には

---

[37] FSB (2015).

18％、後者には6.75％の水準が定められている[38]。最低TLACはG-SIBs共通に一律の水準に設定されているが、秩序ある破綻処理のために適切かつ必要と判断される場合には、最低基準を上回る会社固有（firm-specific）の最低TLACを設定することが可能である[39]。

TLACは、リスク・アセット比とレバレッジ・エクスポージャー比で計測されることから、バーゼルⅢの自己資本比率やTier1レバレッジ比率と一見同じようにみえるがバーゼルⅢとTLACでは規制の目的が大きく異なる。バーゼルⅢは主として事業継続を前提としたゴーイングコンサーン・ベースの損失吸収力に焦点を当てる一方、TLACは破綻時のゴーンコンサーン・ベースの損失吸収力の確保を目的としている。また、ベイルインの実行可能性の確保を目的とするTLACは、損失吸収の役割に加えて、資本増強または資本再構築を図るためにエクイティに転換するという役割も担っており、規制資本というよりはシニア債務により焦点が当てられている。そのためTLACタームシートでは、破綻処理における損失吸収および資本再構築の効果を得るべく十分な量の長期債務を確保するため、最低TLACの33％以上は、①債務の形態をとる規制資本（Tier1およびTier2）と、②（規制資本以外の）TLAC適格商品とすることが期待されている[40]。

TLACの枠組みの特徴は、個々のG-SIBsの破綻処理戦略がSPEかMPEかによって適用方法が変わることにある。すなわち、最低TLACは、各G-SIBsの破綻処理戦略のもと、破綻処理ツールが適用されるレゾリューション・エンティティ（resolution entity）に要求され、レゾリューション・

---

[38] TLAC term sheet, sec. 4. ただし、最低基準には段階的適用の措置が講じられており、2021年末までは、TLACリスク・アセット最低基準で16％、TLACレバレッジ比率エクスポージャー基準では6％の最低水準が設定されている。また、中国を含む新興市場国のG-SIBsについては、2025年からTLACリスク・アセット最低基準で16％、TLACレバレッジ比率エクスポージャー基準で6％、2028年以降はTLACリスク・アセット最低基準で18％、TLACレバレッジ比率エクスポージャー基準で6.75％の最低基準が求められることとなっている。

[39] TLAC term sheet, sec. 5.

[40] TLAC term sheet, sec. 6.

図1-2　破綻処理戦略とTLACの関係

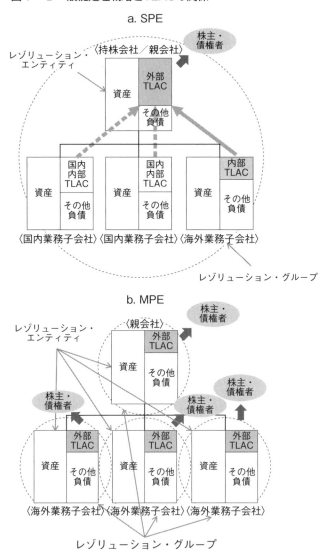

a. SPE

b. MPE

（注）　TLACタームシートにおいて内部TLACとして要求されるの
は、海外の重要子会社に対して適用されるものであるが、同様
の仕組みを国内の重要子会社に対して要求する法域もあるた
め、その場合は国内内部TLACとして記載している。
（出所）　筆者作成

エンティティの最低TLACの必要水準は、レゾリューション・エンティティを含むレゾリューション・グループ（resolution group）の連結ベースで求められる[41]。

SPEの場合、持株会社のグループ形態をとるG-SIBsであれば、持株会社がレゾリューション・エンティティとなる（図1－2－a）。破綻処理ツールが適用されない持株会社傘下の業務子会社や関連会社はレゾリューション・エンティティには該当せず、持株会社のレゾリューション・グループに含まれる。この場合、最低TLAC（外部TLAC）は持株会社を対象として、持株会社連結ベースで最低TLACが要求される。

一方、MPEが適用されるG-SIBsの場合は、グループ内の国別、地域別、ビジネスライン別といった各部門に対して破綻処理ツールが適用されることから、個々の部門がレゾリューション・エンティティに該当する（図1－2－b）。したがって、外部TLACは各部門のレゾリューション・エンティティを対象に適用され、最低TLACは個々のレゾリューション・グループの連結ベースで要求される。

2 外部TLACの適格要件

外部TLACは、G-SIBsのレゾリューション・エンティティの損失吸収力および資本再構築力を確保することを目的としているため、適格外部TLAC（規制資本を含む）は、原則としてレゾリューション・エンティティが発行したものに限られる[42]。すなわち、SPEの場合はグループ最上位の親会社または持株会社が発行したもの、MPEの場合は各部門のレゾリューション・エンティティが発行したものが適格外部TLACに含まれる。

41　TLAC term sheet, sec. 3. レゾリューション・グループは、①レゾリューション・エンティティ、②(それ自身はレゾリューション・エンティティまたは他のレゾリューション・エンティティの子会社ではない) レゾリューション・エンティティの直接・間接子会社で構成される。
42　TLAC term sheet, sec. 8.

外部TLACは、バーゼル委員会による自己資本規制の追加規制として位置づけられている。そのため、自己資本規制の要件を満たす規制資本であってレゾリューション・エンティティが発行したものは、原則として適格外部TLACに含まれる。つまり、バーゼルⅢの自己資本規制におけるコモンエクイティTier1（CET1）、その他Tier1（AT1）、Tier2は、適格外部TLACに該当する[43]。そのため、AT1およびTier2の適格外部TLACは、バーゼルⅢの資本算入要件として実質破綻時（PONV）における元本削減またはエクイティ転換に関する要件を満たす必要がある。

　また、外部TLACにおいては、バーゼルⅢの規制資本に加えて、一定の要件を満たす適格債務についても算入することができる。具体的には、以下の要件を満たす債務が外部TLACの適格要件を満たすTLAC適格債務となる[44]。

① 払込みずみであること
② 無担保であること
③ 破綻処理において損失吸収を損なう相殺、ネッティングの権限のもとに置かれていないこと
④ 残存期間1年超または永久（満期なし）であること
⑤ 保有者によって期限前償還されないこと
⑥ レゾリューション・エンティティまたはその関係者によってファンディングされていないこと

　一方、上記要件を満たす債務であっても、以下の債務については、外部

---

[43] バーゼルⅢのもと、レゾリューション・エンティティのCET1として認められている場合には、レゾリューション・グループに含まれる子会社が外部に発行するCET1については、適格外部TLACとして認められる。また、レゾリューション・グループの子会社が外部に発行するCET1以外の規制資本商品については、2021年12月末までは最低TLACを満たすものとする経過措置が設けられている。ただし、規制資本バッファーに利用されているCET1については、外部TLACとして考慮することはできない。また、Tier2については、TLAC適格債務の要件を受けて残存期間が1年超であることが求められる。

[44] TLAC term sheet, sec. 9.

TLACの対象から除かれる除外債務（excluded liability）として位置づけられている[45]。

① 保険対象預金

② 要求払い預金、短期預金（当初満期1年未満）

③ デリバティブから生じる債務

④ デリバティブにリンクした性質を有する債務（ストラクチャード・ノートを含む）

⑤ 契約以外で生じる債務（税金債務を含む）

⑥ 破産法のもと、無担保シニア債権者に優先する債務

⑦ 発行体に関する根拠法のもとベイルインが適用されない債務、または不利な訴訟、妥当な損害賠償請求といった重大なリスクを生じることなく破綻処理当局が元本削減またはエクイティ転換することができない債務

レゾルバビリティを確保する観点からTLAC適格債務が除外債務より先に損失吸収を図ることが重要である。そこで、TLAC適格債務に関しては、除外債務に対する劣後性（subordination）を確保するための要件として、①契約劣後（contractual subordination）、②法定劣後（statutory subordination）、③構造劣後（structural subordination）のうち1つの要件を選択することが求められる[46]。

① 契約劣後……レゾリューション・エンティティのバランスシートにおいて、除外債務に対して契約上劣後していること

② 法定劣後……レゾリューション・エンティティのバランスシートにおいて、除外債務に対して法的な優先順位が劣後していること

③ 構造劣後……バランスシートにTLAC適格商品とパリパス（同順位）またはTLAC適格商品に劣後する除外債務がないレゾリューション・エンティティ（たとえば、持株会社）が発行していること

---

45 TLAC term sheet, sec. 10.

46 TLAC term sheet, sec. 11.

除外債務に対する劣後性要件の選択は、各国・地域の法制度や銀行の組織構造によって異なってくる。たとえば、米国のG-SIBsはいずれも持株会社形態であることから、SPEのもと、持株会社がレゾリューション・エンティティとなっており、構造劣後を前提として適格外部TLACは発行される。また、英国のG-SIBsも持株会社形態であり、原則としてSPEのもと、構造劣後が採用されている[47]。日本のG-SIBsについても、持株会社形態を前提として構造劣後が採用されている。一方、EUのG-SIBsは加盟国によってさまざまである。たとえば、ドイツは法定劣後である一方、スペインは契約劣後を選択しており、さらにフランスに関しては、劣後要件が契約に記載されたものを対象とする法定劣後の仕組みとなっている。

　また、適格外部TLACは、原則としてレゾリューション・エンティティが設立された法域の法律を根拠法とすることが求められている[48]。ただし、破綻処理当局による破綻処理ツールの適用が有効な場合には、他の法域の法律を根拠法として適格外部TLACを発行することが認められる。また、適格外部TLACのトリガーについては、破綻処理当局が破綻処理のなかで元本削減またはエクイティ転換を行うことを認める契約上のトリガー、または法的メカニズムのもとに置かれることが求められている[49]。前者は契約ベイルインであり、後者は法定ベイルインとして整理される。

　なお、外部TLACの保有に関しては、金融システムにおける波及リスクを抑制する観点から投資家に保有制限が設けられている[50]。具体的には、銀行に適用されるバーゼルⅢの自己資本規制のなかで、金融機関が発行する資本商品の保有を制限するいわゆるダブルギアリング規制が設けられており、銀行が外部TLACを保有する場合には、当該規制の対象となる。

47　ただし、英国のG-SIBsのうち、HSBCについてはMPEが選択されている。
48　TLAC term sheet, sec. 13.
49　TLAC term sheet, sec. 14.
50　TLAC term sheet, sec. 15.

3 内部TLAC

　FSBのTLAC基準は、外部TLACに加えて内部TLACを規定している。外部TLACは、レゾリューション・エンティティがサードパーティに発行することによってG-SIBsの株主・債権者に損失負担を求めるものであるのに対して、内部TLACは、レゾリューション・エンティティに該当しない海外の重要子会社において発生した損失について母国の親会社に移管して親会社において損失吸収を図ることを目的とするものである。特に、グループ最上位の親会社または持株会社において損失吸収を図ることを前提とするSPEでは、内部TLACが破綻処理の実効性にとって重要な鍵となる。

　具体的には、内部TLACはグループ内の重要サブ連結グループ（material sub-group）を対象に適用される。重要サブ連結グループとは、それ自身はレゾリューション・エンティティではない子会社であって、他の重要サブ連結グループに含まれておらず、レゾリューション・エンティティの母国外の同一法域において設立される子会社のうち以下の重要性基準[51]を満たす海外子会社で構成される[52]。

①　グループの連結リスク・アセットの5％以上であること

②　グループの業務収益の5％以上であること

③　グループの連結レバレッジ・エクスポージャーの5％以上であること

④　きわめて重要な機能の実行にとって重要であるとCMGが認定すること

　重要サブ連結グループの構成と内部TLACの配分は、G-SIBsのホスト国当局が母国当局およびCMGと協議を行いながら決定する。内部TLACの必

51　TLAC term sheet, sec. 17.

52　TLAC term sheet, sec. 16. ただし、子会社が複数の法域で設立されていることが破綻処理戦略を支え、重要サブ連結グループのなかで内部TLACが適切に配分されることが必要であるとCMGが認めた場合には、法域をまたがって重要サブ連結グループが設定されることになる。

要水準は、重要サブ連結グループが仮にレゾリューション・グループであった場合に適用されるであろう外部TLACの最低水準の75％から90％の範囲で決定されることとなっている[53]。レゾリューション・エンティティは、自らのバランスシートにおける重大なリスクをカバーするために要するTLACの額に、内部TLACの額を加えた額の外部TLACを発行しなければならない。

　内部TLACの適格要件については、発行体や保有者に関する要件を除けば、外部TLACの適格要件と同じである[54]。内部TLACが規制資本商品である場合には、元本削減またはエクイティ転換に関するPONV要件を含め、バーゼルⅢの適格要件を満たす必要がある。また、子会社に法的倒産手続が適用されなくても、PONV要件のもと、ホスト国当局によって元本削減やエクイティ転換が行われるものである必要がある。

　なお、オンバランスで内部TLACに対応するかわりに、一定の要件[55]を満たす担保付保証（collateralised guarantee）については、CMGにおいて内部TLACとして認められる。

第4節 ｜ 小　　括

　本章では、納税者負担を回避しつつ、システミック・リスクを抑制しながら大規模かつ複雑な金融機関をクロスボーダーで破綻処理することの困難さ

53　TLAC term sheet, sec. 18.
54　TLAC term sheet, sec. 19.
55　担保付保証の要件としては、①代替する内部TLACと少なくとも同額が提供されること、②裏付担保は、適度に保守的なヘアカットを行ったうえで保証額全額をカバーするために十分なものであること、③バーゼルⅢで求められる損失吸収により少数株主持分など子会社の他の資本商品に影響を与えない形態をとること、④裏付担保に他の債権者による抵当権が設定されていないこと、特に他の保証を裏付ける担保として利用されていないこと、⑤外部TLACと同じ満期条件（1年以上）を満たす実効満期であること、⑥担保をレゾリューション・エンティティから重要サブ連結グループに移管する場合には、法律上、規制上またはオペレーション上の障害がないことが求められる。

がグローバル金融危機によって明らかになったことを受けて、破綻処理の新たな国際基準として策定されたFSBの主要な特性を中心に整理した。特に、経営危機に陥ったSIFIsをベイルアウトすることなく秩序ある破綻処理を実現するための破綻処理ツールとして開発されたベイルインが、エクイティおよび無担保債務の元本削減に加えてエクイティ転換を図るものであることを確認した。また、ベイルインに関しては、①存続不能となった金融機関を閉鎖せず、システム上重要な機能を提供してきたエンティティの資本再構築を図るオープン・バンク・ベイルインと、②存続不能となった金融機関を閉鎖しつつ、システム上重要な機能を承継するブリッジ金融機関もしくは新設されたエンティティの資本増強を図るクローズド・バンク・ベイルインという2つのスキームが存在することを整理した。

また主要な特性においてはベイルインのほかに、金融機関が破綻した場合にカウンターパーティによる無秩序な解約やクローズアウト・ネッティングを防ぐことを目的とする早期解約権の一時的なステイや株主・債権者のセーフガードとしてのNCWOを含め、秩序ある破綻処理を実現するために従来にない措置が定められていることを確認した。

主要な特性は、債権等の優先順位に従って株主および無担保・無保証債権者が損失を吸収することを可能にする仕組みを通じて、深刻な金融システムの混乱を回避し、納税者を損失の危険にさらすことなく、一方で重要な経済機能を保護しながら、金融機関の破綻処理を可能にすることを目標としている。各法域が主要な特性に規定されたツールおよび権限を自国の枠組みに導入することによって、破綻処理制度のコンバージェンスが図られることになり、クロスボーダーで秩序ある破綻処理が可能になると考えられている。

秩序ある破綻処理の枠組みにおいては、破綻処理に関する権限やツールを規定した破綻処理制度に加えて、リビング・ウィルと称される破綻処理計画、そのベースとなる破綻処理戦略が重要である。破綻処理戦略には大きく分けてSPEとMPEがあり、破綻処理当局は、個々のG-SIBsに関して望ましい破綻処理戦略として、金融機関の組織構造や事業の特性を考慮していずれ

かを選択することになる。

　ベイルインの実行可能性を高める観点からは、破綻処理制度をはじめとする質的な要素に加えて、金融機関の破綻時の損失吸収力および資本再構築力を量的に確保することが重要である。そこで、FSBはG-SIBsを対象とする国際基準として、2019年からTLACという新たな規制の枠組みを導入した。TLACには、株主・債権者に損失負担を求める外部TLACと、海外の重要子会社から母国の親会社に損失を移転することを目的とする内部TLACがあり、外部TLACについてはG-SIBs共通の最低水準（最低TLAC）が設定されている。

　このように各国・地域が秩序ある破綻処理の実現を図る新たな国際基準に対応することによって、グローバルにシステミック・リスクをもたらすようなSIFIsであっても納税者負担を回避しながら、クロスボーダーの秩序ある破綻処理を可能にすることが目指されている。

第 2 章

米国における秩序ある
破綻処理の枠組み

1 OLAの背景

　米国では、銀行を含む預金保険対象機関（insured depository institution）[1]については、連邦預金保険法（Federal Deposit Insurance Act、以下「FDI法」という）のもと、世界恐慌に伴う銀行危機の最中の1933年に設立された連邦預金保険公社（FDIC）によって相当数の破綻処理が行われてきた[2]。FDICは、預金保険対象機関の破綻処理当局として長い歴史を有しており、2001年以降だけでも550件を超える金融機関の破綻処理を行っている[3]。

　FDICは、保険対象預金（insured deposit）を保護する預金保険機関としての役割に加えて、FDI法のもと、破綻した預金保険対象機関の資産の処分および破産財団の権利者への支払という特別な権限が認められている。FDICは、預金保険対象機関の監督を行う連邦銀行当局または州銀行当局によって破産管財人であるレシーバー（receiver）に任命され[4]、清算型手続であるレシーバーシップ（receivership）[5]のもと、預金保険対象機関を承継・管理しな

1　預金保険対象機関には、連邦法に基づく国法銀行、州法に基づく州法銀行に加えて、貯蓄金融機関（thrift）が含まれる。なお、信用組合（credit union）については、全国信用組合出資保険基金（National Credit Union Share Insurance）によって預金が保護されている。

2　FDICが設立される以前は、国法銀行を監督する通貨監督庁（Office of the Comptroller of the Currency；OCC）が銀行の清算を監督し、州法銀行は州当局が銀行の清算を監督してきた。1921年から国法銀行の破綻が増加するにつれてレシーバーとしての経験が不足したこと、レシーバーの任命が政治的な色彩を帯び、より大きなコミッションを得ようとして可能な限り作業を先延ばしにする懸念が生まれたことが、FDICがレシーバーとしての役割を担うようになった背景である。FDIC (2019), p 24.

3　FDIC, Bank Failures in Brief - Summary 2001 through 2020 (available at: https://www.fdic.gov/bank/historical/bank/).

4　FDI Act, sec. 11(c).

がら清算を図ることとなる[6]。FDICには預金保険対象機関の資産を譲渡したり、民間の承継金融機関と合併させたりする権限が与えられており、また承継金融機関との合併等に向けて一時的な承継を図るブリッジバンク（bridge bank）を設立することもできる。

FDICがもつ銀行の破綻処理ツールとしては、清算（liquidation）と資産・負債承継（purchase and assumption；P&A）がある[7]。清算には、銀行を清算する際に預金保険機関としてFDICが保険対象預金を預金者に支払うペイオフ（pay off）がある。また健全な銀行に保険対象預金のみを譲渡する保険対象預金譲渡（insured deposit transfer）という手法もある。一方、FDICの一般的な破綻処理手法として現在はベーシックP&Aが主流となっている。ベーシックP&Aは、破綻銀行のすべての保険対象預金に加えて必要に応じて非保険対象預金を、現金や市場性証券を含む流動資産とともに承継金融機関に譲渡する手法である[8]。承継金融機関は通常、低コストで安定的なファンディングである預金債務に対してプレミアムをつけて引き受けることが期待されるため、ペイオフに比べて破綻処理のコストが引き下げられることになる。また、破綻銀行をすべて承継する全資産P&A（whole bank P&A）[9]やブリッジバンクに承継した後に最終的に民間の承継金融機関に譲渡するブリッジバンクP&Aという手法もある。

---

5 一般にレシーバーシップとは倒産処理のための伝統的手続であり、裁判所によって任命されたレシーバーが全関係人のために倒産者、法人の全財産を掌握し、管理、換価、分配するものとされる（田中英夫編『英米法辞典』東京大学出版会、1991年）。

6 FDI Act, sec. 11(d).

7 FDIC (2019), pp 16-20.

8 破綻銀行の一部の資産を譲渡するP&Aはクリーン・バンクP&A（clean bank P&A）と呼ばれ、通常、承継金融機関には30日以内に貸出債権を購入するオプションが与えられる。

9 1980年後半から破綻銀行のすべての資産をディスカウント価格で譲渡する全資産P&Aが主流となった。これには、保険対象預金に加えて非保険対象預金も保護できるという利点がある。しかしながら、非対象預金まで保護することについてモラルハザードの問題が指摘されるようになり、1991年連邦預金保険公社改善法（Federal Deposit Insurance Corporation Improvement Act of 1991）のもとで最小コスト原則（least cost resolution）が導入された結果、全資産P&Aを採用することがむずかしくなった。

米国では現在、ほとんどの銀行が銀行持株会社（bank holding company）の傘下に置かれている。銀行持株会社の傘下にある銀行子会社が破綻した場合、銀行子会社にはFDICによってレシーバーシップが適用される一方、従来は親会社である銀行持株会社は司法手続である連邦倒産法[10]のもとで清算・再編するしか方法はなかった。銀行持株会社が連邦倒産法を申請すると、破産管財人が管理する破産財団が設けられ、破産裁判所のもとで清算・再編が開始される。債権者は破産前の移転に異議を申し立てることが可能であり、異議を唱えて再編計画に投票する権利を有する。また、スワップやレポ契約を含む適格金融契約（qualified financial contract；QFC）のカウンターパーティは、契約を直ちに終了し、担保を差し押さえることが可能である。破産裁判所の手続は数カ月に及ぶ場合があり、大会社の場合には清算・再編には数年かかることもあるとされる[11]。このため、従来はシステミック・リスクが発生するような状況においては、銀行持株会社グループについて秩序ある破綻処理を行うことはむずかしかった面がある。

　一方、預金保険対象機関以外の金融機関の破綻処理については、証券取引委員会（Securities and Exchange Commission；SEC）に登録し、証券投資者保護公社（Securities Investor Protection Corporation；SIPC）に加盟するブローカー・ディーラー（broker-dealer）、すなわち証券会社または投資銀行は、連邦倒産法および1970年証券投資者保護法（Securities Investor Protection Act）のもとで倒産手続が適用されることになる[12]。また、各州の保険当局の監督下に置かれている保険会社については、各州法の倒産手続が適用されることになる。かつての米国では預金保険対象機関以外の金融機関の秩序ある破綻処理を図る枠組みは存在しなかった。

10　合衆国法典第11編（Title 11 of the U.S. Code-Bank ruptcy）。

11　Gelpern and Veron（2018），p 28.

12　2008年9月15日にリーマン・ブラザーズのグループ持株会社が連邦倒産法のチャプター11を申請した後、証券投資者保護公社（SIPC）は、ブローカー・ディーラー子会社に対してニューヨーク連邦地方裁判所にチャプター7を申請して管財人となり、清算手続を開始している。

2007年に始まるグローバル金融危機の結果、業態ごとに破綻処理の手続が異なり一貫性を欠いた金融機関の破綻処理の枠組みは、システミック・リスクを生じうる金融機関を実効的に破綻処理するには十分ではないことが明らかになった。ブローカー・ディーラーであったベア・スターンズやリーマン・ブラザーズ、保険会社のAIGの破綻あるいは実質的な破綻、その後の大手の銀行持株会社19社に対するベイルアウトは、預金保険制度の枠外にある銀行持株会社やノンバンク金融会社を対象とする破綻処理の枠組みの整備の必要性を認識させることとなった。

　そこで、金融危機の教訓をふまえて金融規制改革の必要性を訴えて大統領選を制したバラク・オバマ（Barack Obama）政権のもと、米国財務省（U.S. Treasury）が金融規制改革法案のドラフトを起案し、そのなかでノンバンク金融会社や銀行持株会社を対象とする秩序ある破綻処理を実現するための枠組みが提案された。その後、米国議会における法案審議を経て、ドッド＝フランク・ウォールストリート改革および消費者保護法（ドッド＝フランク法）が2010年7月21日に成立した。ドッド＝フランク法はその目的のなかに、トゥー・ビッグ・トゥ・フェイル（TBTF）を終焉させること、ベイルアウトを終わらせることによって米国の納税者を保護することを掲げている。

　ドッド＝フランク法はその第2編において、システム上重要なノンバンク金融会社（銀行持株会社を含む）を主な対象とする秩序ある破綻処理の枠組みとして、「秩序ある清算に係る権限（OLA）」を規定している。OLAが制定された背景として、連邦倒産法に基づく倒産手続をシステム上重要なノンバンク金融会社に適用すると、破綻金融会社のオペレーションを継続することができないため、債権者等への支払を困難にし、破綻処理コストを増加させることがあげられる。一方、OLAは、破綻金融会社の経済価値の最大化をもたらす主要なオペレーション、金融サービスおよび取引を継続することを可能にし、その結果、金融市場の無秩序な混乱を回避し、破綻処理コストを最小化することをねらいとしている。

　連邦倒産法の外で行われるOLAは、FDICがレシーバーとなり、FDICに

よるレシーバーシップのもとで、納税者負担を回避しながら、銀行持株会社やノンバンク金融会社を清算するための破綻処理の枠組みである。OLAが適用される対象金融会社（covered financial company）は、財務長官によってシステミック・リスク認定（後述）がなされた金融会社であって、米国法に基づいて設立または組織された、①銀行持株会社、②FRBの監督下に置かれたノンバンク金融会社（nonbank financial company supervised by the Board、以下「FRB監督ノンバンク金融会社」という）[13]、③本源的金融業務または付随業務（financial in nature or incidental thereto）を支配的に行っているとFRBが認める会社[14]（すなわちノンバンク金融会社）、および④それらの子会社のうち本源的金融業務または付随業務を支配的に行っている子会社が該当する。

　なお、銀行および銀行子会社を含む預金保険対象機関には、OLAは適用されない。銀行や銀行子会社がOLAの適用対象に含まれないのは、本章の冒頭で述べたように、銀行の破綻処理を行う場合にはFDI法に基づくFDICのレシーバーシップのもとで破綻処理が行われるからである。また、ノンバンク金融会社の破綻に際して、財務長官が米国の金融の安定に深刻な影響を生じうると認める場合、換言すればシステミック・リスクが顕在化するおそれがある場合にのみOLAは適用されることとなっており、システミック・リスクが生じるおそれはないと判断されれば、連邦倒産法を含む通常の倒産手続にのっとって破綻処理が行われることになる。すなわちOLAは、システミック・リスクが生じる蓋然性がある場合の例外的な破綻処理制度であると位置づけることができる。

　OLAにおいては、納税者資金を使用することが禁じられている[15]。OLA

13　大規模かつ相互関連性を有する金融会社のストレス、破綻または業務の継続が米国の金融の安定にリスクを生じさせることを回避または緩和するため、連結総資産500億ドル（現在は、連結総資産2,500億ドル）以上の銀行持株会社に加えて、FRB監督ノンバンク金融会社には、厳格なプルーデンス規制を適用することを規定している。Dodd-Frank Act, sec. 115.

14　FRBが本源的金融業務または付随業務と認める業務からの連結収入が連結総収入の85%未満の場合は該当しない。Dodd-Frank Act, sec. 201(b).

のもとでレシーバーシップを適用されたすべての金融会社は清算され、清算を避けるために納税者資金を使用してはならない。また、清算手続において支出された費用は、破綻金融会社の資産の処分から回収するか、金融セクターが責任を負うことになる。さらに、OLAの適用で生じた損失を納税者が負担してはならない。すなわち、ドッド＝フランク法においては、公的資金によるベイルアウトは明確に禁じられている。

2 OLAの破綻処理手続

(1) 破綻処理の開始要件

ドッド＝フランク法のOLAは、財務長官がFDICを対象金融会社のレシーバーとして任命することで手続が開始される。FDICをレシーバーに任命するプロセスは、まず、FDICおよびFRBがFDICをレシーバーに任命するべきかについて書面により勧告[16]を行い、勧告を受けた財務長官が大統領と協議のうえ、システミック・リスク認定（systemic risk determination）を行ってFDICをレシーバーに任命する[17]。財務長官はシステミック・リスク認定にあたって、以下の基準をふまえて判断する[18]。

① 金融会社がデフォルトしていること、またはデフォルトの危険にあること

② 金融会社の破綻および連邦法・州法に基づく破綻処理が米国の金融の安定に深刻な負の影響を及ぼしうること

15　Dodd-Frank Act, sec. 214.

16　勧告を発出するに際しては、FRBの理事会およびFDICの理事会において3分の2以上の賛成票が必要となる。

17　対象金融会社または米国内の最大の子会社がブローカー・ディーラーである場合はFRBとSECが、対象金融会社が保険会社または米国内の最大の子会社が保険会社である場合にはFRBと連邦保険庁（Federal Insurance Office；FIO）が財務長官に勧告を行うことになる。Dodd-Frank Act sec. 203(a)(1).

18　Dodd-Frank Act sec. 203(b).

③ 民間セクターには金融会社のデフォルトを防ぐ代替手段がないこと

④ OLAに関する措置の結果として、金融会社その他の市場参加者の債権者、カウンターパーティ、株主の権利または利益に与える影響が妥当であること

⑤ 金融システムへの潜在的な負の影響を緩和するための措置の有効性、国庫に対するコスト、および金融会社の債権者、カウンターパーティ、株主に対して過度のリスクを増大させる可能性をふまえて、OLAの措置がそのような負の影響を回避または緩和すること

⑥ 連邦規制当局が監督上の命令のもと、すべての転換可能な債務商品の転換を命じていること

⑦ 当該会社は、OLAの定義に関する規定のもとで金融会社の定義を満たすこと

財務長官がシステミック・リスク認定を行ってFDICをレシーバーに任命することについて対象金融会社の取締役会が黙諾または同意（acquiesce or consent）しない場合、財務長官はコロンビア特別区連邦地方裁判所（United States District Court for the District of Columbia）に申立てを行うことになる。申立てを受けた裁判所は、対象金融会社がデフォルトしているまたはデフォルトの危険があり、対象金融会社の定義を満たすことに関する財務長官の判定が恣意的（arbitrary and capricious）ではないかについて直ちに司法審査を実施する[19]。裁判所が財務長官の判定を支持する場合には、FDICをレシーバーに任命するための命令が発出される。また、裁判所が申立てを受けて24時間以内に決定を行わない場合にもレシーバーの任命が効力を発揮する。

　一方、FDICがレシーバーとなることについて対象金融会社の取締役会が黙諾または同意した場合には、FDICは直ちにレシーバーに任命される。この場合には裁判所による司法審査は行われないことになる。

19　Dodd-Frank Act sec. 202(a)(1)(A).

76

⑵　レシーバーの権限

　対象金融会社の秩序ある清算というOLAの目的を達成するため、レシーバーに任命されたFDICには、対象金融会社のきわめて重要な機能を維持しながら迅速に行動し、決定するための能力が求められる。そのため、FDICにはレシーバーとして対象金融会社の事業を運営または処分し、資産を売却し、債務を清算するための幅広い権限が与えられている（表2－1）。その結果、FDICはきわめて重要な機能を維持しながら対象金融会社の資産を民間承継者にすみやかに譲渡することが可能になる。

表2－1　OLAのレシーバー（FDIC）に与えられた主な権限

FDICの権限
対象金融会社の承継（対象金融会社およびその権限・資産、株主・役員の権利・権限）
OLAを適用している対象金融会社の運営
対象金融会社の役員、取締役、株主としての機能
対象金融会社の業務の清算および解体
対象金融会社の破綻子会社のレシーバーへの就任
ブリッジ金融会社の設立
対象金融会社の合併、資産・負債の譲渡
有効な債務への支払
対象金融会社の株主・債権者の権利の承継および権利の終了
外国金融当局との協調
債権等の決定、認否、ファイリング、支払
訴訟手続の停止
相殺
裁判所に対する資産差押え請求

（出所）　Dodd-Frank Actより筆者作成

一方、対象金融会社を民間の承継金融会社にすみやかに承継できない場合には、承継金融会社に承継するまでの一時的な受皿会社としてブリッジ金融会社（bridge financial company）をFDICが設立して、対象金融会社をブリッジ金融会社に譲渡することもできる。この点に関して、銀行の破綻処理においてはFDI法のもとで一時的な受皿金融機関としてブリッジバンクが利用できる。OLAでは、FDI法のブリッジバンクと同様、ブリッジ金融会社に対象金融会社を一時的に承継させることによってシステム上重要なオペレーションを継続し、対象金融会社のオペレーションを安定させることが企図されている。その結果、対象金融会社の経済価値を最大化させながら、金融市場の無秩序な混乱を回避することが期待される。

　OLAでは、対象金融会社の経営責任も追及される。金融会社が破綻した状態となったことに責任を有する経営者はその責任を果たすことが求められ、FDICは経営者の交替を図ることとなる[20]。また、対象金融会社の取締役または役員は、民事訴訟において個人として損害賠償責任を負う可能性があることが規定されている[21]。さらに、対象金融会社の破綻状態に実質的に責任のある現在・過去の上級執行役員または取締役がFDICのレシーバー任命日より前の２年間に受け取った報酬については、FDICが回収することができる[22]。

(3)　債権等の優先順位

　ドッド＝フランク法のOLAは、米国の金融の安定に重大な影響をもたらすリスクを軽減し、モラルハザードを最小化する方法によって対象金融会社の清算手続を行うことを目的としている[23]。OLAという無秩序な破綻を回避するための手段が提供されることで、ベイルアウトを避けて納税者負担の回

20　Dodd-Frank Act sec. 206(4).
21　Dodd-Frank Act sec. 210(f).
22　Dodd-Frank Act sec. 210(s).
23　Dodd-Frank Act sec. 204(a).

避が図られる。そこで、FDICに対しては、①株主および債権者が対象金融会社の損失を負担すること、②対象金融会社の資産価値を最大化し、損失を最小化し、リスクを軽減し、モラルハザードを最小化するように対象金融会社を清算することが求められている[24]。

OLAでは、株主および債権者の損失負担を図るため、レシーバーシップにおける支払順位として以下の優先順位が具体的に定められており、支払額に不足が生じればヘアカット（債権カット）が行われる[25]。

① レシーバーの管理上の支出

② 米国政府に対して負う債務

③ 従業員の賃金・給与等の支払（レシーバー任命日の180日前までに獲得したもの、1人当り最大1万1,725ドル）

④ 従業員の年金制度への拠出金（レシーバー任命日の180日前までに提供されたもの、1人当り最大1万1,725ドル）

⑤ その他の一般債権またはシニア債権

⑥ その他の劣後債権

⑦ 執行役員、取締役等の賃金・給与等の支払

⑧ 金融会社の株主、ジェネラル・パートナーまたはリミテッド・パートナー等に対する義務

このようにOLAのもとでは、法律に定められた支払順位に従って弁済・配当が行われることで、対象金融会社の株主および債権者が金融会社の破綻に伴う損失を確実に負担することが求められる。対象金融会社の株主は、他のすべての債権者に対して支払が完全に行われた後でないと配当を受けることができない。

ただし、OLAでは、対象金融会社の債権者が公正な取扱いを受けることを確実にするための手続が規定されている。債権者はレシーバーであるFDICに対して自らの権利を申し立てることとなっており、レシーバーの決

---

24 Dodd-Frank Act sec. 204(a), sec. 210(a)(9)(E).
25 Dodd-Frank Act sec. 210(b).

定に不服がある場合には裁判所に提訴することもできる[26]。また、権利が確定した時点でFDICが支払順位に従って暫定的な支払を行うことも可能であり、それによって破綻金融会社が閉鎖された場合に債権者に与える影響を経済的に緩和する効果が期待される[27]。

さらに、債権者のセーフハーバー・ルールとしてFSBの「主要な特性（Key Attributes）」に規定されているノー・クレジター・ワース・オフ（NCWO）のセーフガードについてもOLAに手当されている。すなわちOLAを適用した場合に破綻金融会社の債権者が受け取る最低限の支払額として、清算型倒産手続である連邦倒産法のチャプター7（Chapter 7）の手続を対象金融会社に適用した場合に受け取れる額を保証している[28]。なお、連邦倒産法においては、再生型手続であるチャプター11においてNCWOが規定されている[29]。

他方、ドッド＝フランク法に規定されるOLAには、対象金融会社のエクイティおよび無担保債務の元本削減やエクイティ転換を図るベイルインに関する直接的な規定はない。ただし、FDICは次節で述べる破綻処理戦略であるシングル・ポイント・オブ・エントリー（SPE）[30]のなかで、OLAの権限のもと、対象金融会社を対象として元本削減およびエクイティ転換という事実上のベイルインを実施することを想定している。

⑷　ブリッジ金融会社の設置

OLAでは、対象金融会社について民間の承継金融会社が見つからない場合（または直ちに承継金融会社に譲渡できない場合）において、対象金融会社

26　Dodd-Frank Act sec. 210(a)(2)–(4).

27　Dodd-Frank Act sec. 210(a)(7).

28　Dodd-Frank Act sec. 210(d)(2)(B).

29　チャプター11においては、債務者が再生計画の効力発生日にチャプター7によって清算された場合に受領または保持したであろう価値よりも少なくない価値の財産を受領または保持することが定められている。11 U.S.C. sec. 1129(a)(7)(A)(ii).

30　国際的にはシングル・ポイント・オブ・エントリーの略語としてSPEが用いられることが多いが、FDICはSPOEの略語を当てている。

を承継する新たな法人としてブリッジ金融会社を設立することができる。FDICが米国のグローバルなシステム上重要な銀行（G-SIBs）の望ましい破綻処理戦略としているSPEにおいては、ブリッジ金融会社を利用した破綻処理スキームが想定されている。

ブリッジ金融会社は、対象金融会社のエクイティや債務、あるいは上級経営者に付随する責任を負うことはない。ブリッジ金融会社の株主や債務商品の保有者、その他の債権者は、前述の支払順位に基づいて必要に応じてヘアカットされた支払額を受け取ることになる。

(5) 破綻処理ファイナンス

対象金融会社の主要なオペレーションを継続するためには、ファンディングが重要な鍵となる。OLAでは、対象金融会社のファンディングのためにFDICが管理する秩序ある清算基金（Orderly Resolution Fund；OLF）が国庫に設置される。OLFは、FDICが預金保険のために運営する預金保険基金（Deposit Insurance Fund）とは別のファンドとして位置づけられている。

OLFは、FDICが財務長官に対して発行する債券（FDIC債）によってまかなわれることとなっており、FDIC債には発行上限が設けられている。発行上限は、①FDICがレシーバーに就任した日の翌日から30日間は、入手可能な対象金融会社の直近の財務諸表における連結総資産の10％に相当する額、②30日間経過後においては、対象金融会社の返済に利用できる連結総資産の公正価値ベースで90％に相当する額と規定されている[31]。一方、FDIC債の償還は原則として発行から60カ月以内に行わなければならない。その原資は対象金融会社の資産の処分によることとなるが、償還に不足が生じる場合には、FDICが連結総資産500億ドル以上の銀行持株会社およびFRB監督ノンバンク金融会社を含む適格金融会社を対象にリスク・ベース評価を行って、適格金融会社に賦課金を課すことになる[32]。

---

[31]　Dodd-Frank Act sec. 210(n)(6).

(6) 早期解約権の一時的なステイ

FDI法に基づいて行われる預金保険対象機関の破綻処理においては、証券契約、商品契約、先物契約、スワップ契約、レポ契約、その他FDICが認める契約を含むQFCについて、破綻銀行のレシーバーであるFDICがクローズアウト・ネッティングを含むカウンターパーティによる権利行使を回避し、すべてのQFCをブリッジバンクを含む他の単一の銀行に承継することができる。

これと同様の措置がOLAにおいて導入されており、レシーバーに任命されたFDICが任命日の翌営業日17時（東部時間）までにカウンターパーティに通知を行ったうえで、対象金融会社に関するすべてのQFCを1つの金融会社に承継させることができる[33]。レシーバー任命日の翌営業日17時まで、またはQFCが承継された旨の通知を受けるまで、カウンターパーティは対象金融会社とのQFCに係る終了、清算、ネッティングの権利を行使することができない。対象金融会社からブリッジ金融会社にQFCを譲渡する場合であっても、QFCのカウンターパーティは当該契約を終了、清算、ネッティングさせることができない。

これは、FSBの主要な特性に規定されたステイに当たる措置である。主要な特性は、デリバティブを含む金融取引契約における早期解約条項の一時的な停止、すなわちステイの権限をもつことを破綻処理当局に求めており、ステイの期間として2営業日以内とすることを例示している。市場のストレス時にカウンターパーティからの無秩序な解約や一括清算、担保の清算を避けることがねらいである。

FDICおよびFRBは、ドッド＝フランク法のOLAおよびFDI法のもとでの

32　ただし、適格金融会社のみでは不足が生じる場合には、適格金融会社以外の連結総資産500億ドル以上の金融会社もリスク・ベース評価の対象となる。

33　Dodd-Frank Act sec. 210(c)(8), (9), (10). なお、FDICは、すべてのQFCを承継させないという選択をすることも可能である。

破綻処理におけるQFCに関するステイに係る規則を策定している[34]。ステイの対象となるのは、G-SIBsに指定された銀行グループである[35]。FDICがQFCの移管を行うための十分な時間を得るため、破綻処理手続の開始、債務超過、または財務状況の結果、G-SIBsのQFCのカウンターパーティが解約権、ネッティング権、および担保清算権を行使することが一時的に停止されることとなる。

第2節 | 破綻処理戦略（SPE）の検討

1 SPEの概要

　2020年11月現在、米国におけるG-SIBsは8社である[36]。米国G-SIBsはいずれも、1956年銀行持株会社法（Bank Holding Company Act of 1956）に基づく銀行持株会社であり、銀行子会社を傘下にもつ持株会社のグループ構造を採用している[37]。

34　FDIC, 12 CFR Parts 324, 329, and 382, Restrictions on Qualified Financial Contracts of Certain FDIC-Supervised Institutions; Revisions to the Definition of Qualifying Master Netting Agreement and Related Definitions, 82FR, 50228（October 30, 2017）, and Federal Reserve System, 12 CFR Parts 217, 249, and 252, Restrictions on Qualified Financial Contracts of Systemically Important U.S. Banking Organizations and the U.S. Operations of Systemically Important Foreign Banking Organizations; Revisions to the Definition of Qualifying Master Netting Agreement and Related Definitions, 82FR, 42882（September 12, 2017）.

35　米国G-SIBsの場合はすべての米国内外の子会社が対象に含まれる一方、外国G-SIBsの場合は米国の子会社、支店、代理店が対象である。

36　具体的には、①JPモルガン・チェース、②シティグループ、③バンク・オブ・アメリカ、④ゴールドマン・サックス、⑤ウェルズ・ファーゴ、⑥バンク・オブ・ニューヨーク・メロン、⑦モルガン・スタンレー、および⑧ステート・ストリートである。FSB（2020b）.

ドッド＝フランク法第2編に規定するOLAのもと、米国G-SIBsグループの破綻処理当局となったFDICは、米国G-SIBsの組織構造やビジネスのストラクチャーの複雑性をふまえて、望ましい破綻処理戦略としてOLAの権限をベースとするSPEを採用している[38]。

　FDICは、2013年12月にSPEの概要を示す文書を公表した[39]。それによるとFDICが構想するSPEは、グループ最上位の持株会社に対してレシーバーシップを適用し、FDICが持株会社のレシーバーに就任する一方、持株会社の傘下にある業務子会社（銀行子会社、ブローカー・ディーラー子会社を含む）の業務の継続を図ることで、システム上重要なオペレーションを継続し、金融システムの混乱を回避することを目的としている。G-SIBsのオペレーションが停止された場合に生じうる市場の混乱を避けることで無秩序な契約の解除や資産の投売りを回避し、金融システムの不安定化とカウンターパーティに波及するリスクを最小化することが期待されている。

　FDICがSPEを採用する背景については次のように説明されている。米国G-SIBsはグループ最上位の持株会社のもと、クロスボーダーで業務を行い、互いに相互連関性を有しており、ファンディングやITおよびシェアード・サービスを含むサポート・サービスを共有する数百もしくは数千にものぼる業務子会社によって運営されている。米国G-SIBsのきわめて重要な機能やオペレーション、ビジネスラインは、複数のリーガル・エンティティや法域にまたがっており、組織構造やビジネスのストラクチャーは複雑である。このようにG-SIBsは統合された組織構造をもっているため、破綻処理コストがかさむことになるグループの崩壊や金融システムへの負の影響を避けなが

37　なお、米国G-SIBsは、FRBの認可を得て通常の銀行持株会社に比べてより幅広い非銀行業務を営むことができる金融持株会社（financial holding company）のステータスをいずれも得ている。

38　FDICは当初、英国の破綻処理当局であるイングランド銀行（BOE）と共同で、米国および英国のG-SIBsの破綻処理戦略としてSPEの検討を行い、その結果として2012年12月に共同で文書を公表している。FDIC, and BOE（2012）.

39　FDIC, Resolution of Systemically Important Financial Institutions: The Single Point of Entry Strategy, Notice; request for comments, 78 FR 59230（December 18, 2013）.

ら、グループの一部のみについて秩序ある破綻処理を行うことは困難である。また、グループ最上位の持株会社はエクイティを調達し、その資本を子会社のエクイティに流したり、子会社の債務によるファンディングに利用したりしており、グループの資本や債務の調達は一体的に運用されている。

FDICはSPEを採用することで納税者負担を回避しつつ、グループ最上位の持株会社の株主および債権者に損失を負担させ、責任のある上級経営者を更迭することができ、それにより市場規律が促され、長期的により安定的な金融システムを醸成することにつながるとする。さらに、重要なサービスやオペレーション、業務子会社に対するファンディングを維持することで、金融システムの安定を追求することができるとしている。

なお、G-SIBsがストレスを抱える状況に陥った場合は、OLAではなくあくまでも連邦倒産法の適用が第一の選択肢となる。その理由としてFDICは、ドッド＝フランク法第1編は、米国経済へのシステミック・リスクを回避しつつ倒産法に基づく破綻処理が可能であることを示す破綻処理計画の策定を求めていること、同法第2編のOLAは、連邦倒産法に基づいて行われる破綻処理が米国の金融システムに重大な負の影響をもたらすことが避けられないときにのみ適用できることをあげている。

FDICが構想するSPEでは、FDICがグループ最上位にある米国持株会社のレシーバーとなり、持株会社にレシーバーシップが適用される一方、子会社は業務を継続する（図2－1）。FDICはブリッジ金融会社を設置し、主に子会社に対する持株会社の出資・融資にかかわる資産をレシーバーシップの清算財団からブリッジ金融会社に承継させる。持株会社のエクイティ、劣後債務、無担保シニア債務はレシーバーシップに残され、グループにおいて発生した損失は、法的な優先順位に従って持株会社の株主と無担保債権者に割り当てられる。その後、レシーバーシップに残された債権者等に対して、「債権と証券の交換（securities-for-claims exchange）」を通じて、ブリッジ金融会社を承継するために設立される単一または複数の持株会社（NewCo）の債務証券やエクイティ証券が発行される。これにより、破綻した持株会社の債務

図2－1　FDICのSPE

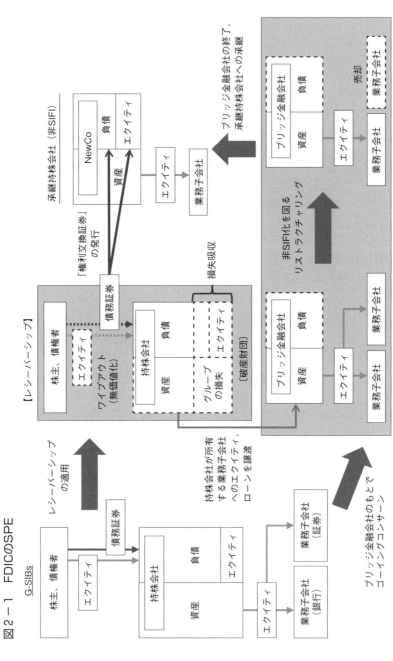

（出所）筆者作成

はエクイティに転換され、NewCoのもとで行われる新たなオペレーションに対して十分な資本が手当されることになる。すなわち、債権と証券の交換という手続を通じて事実上のベイルインが実行され、NewCoの資本再構築が行われることになる。

　FDICは破綻処理プロセスの間、破綻に至った原因に対処するため、ビジネスの変更、縮小または分割、子会社またはビジネスラインの清算もしくはオペレーションの閉鎖を行うことになる。米国経済に負の影響をもたらすことなく連邦倒産法のもとで破綻処理を行うことができるよう、リストラクチャリングの結果、G-SIBsは複数の会社に分割されることが想定されている。SPEが適用されたG-SIBsは、もはやシステミック・リスクを生じるSIFIsであってはならないことを意味している。

　また、破綻処理の間、FDICは、民間のファンディングを最大限利用する方針である。持株会社の無担保債務はレシーバーシップに残される一方で、資産はブリッジ金融会社に承継されるため、ブリッジ金融会社においては資産が債務を大きく上回り十分な自己資本を確保できることから、ブリッジ金融会社およびその子会社は市場において通常の流動性ソースから資金を調達できることが期待される。ただし、市場環境によっては直ちに市場調達ができない状況も想定される。その場合には、国庫に設置されFDICが管理するOLFの利用が想定されている。具体的には、OLFのファンディングの裏付けとしてFDICがブリッジ金融会社に保証を提供するか、ブリッジ金融会社の資産を裏付けとしてFDICが債務を発行し、OLFから直接ファンディングを受けることになる。

2　SPEにおけるFDICの手続

(1)　ブリッジ金融会社の設立

FDICは持株会社のレシーバーに任命されると、一時的な承継会社である

ブリッジ金融会社を設立して免許（charter）を交付する。ブリッジ金融会社のガバナンス体制を構築するため、FDICは事前に調査しプールしていた候補者のなかから取締役を選出して取締役会を組織化し（取締役会議長の指名を含む）、初回の取締役会においてFDICが事前調査した候補者のなかから最高経営責任者（CEO）の指名を行う。最高執行責任者（COO）や最高リスク管理責任者（CRO）を含む上級経営責任者もすみやかに指名されることになる。

　FDICは、ブリッジ金融会社の当初のオペレーションに関する合意に関してブリッジ金融会社との間で締結する方針である。当該合意には以下の内容が含まれる。

① 　破綻した持株会社のリスク管理方針・実務のレビュー……破綻原因を特定し、特定されたリスクを緩和するための計画の策定・適用

② 　ブリッジ金融会社の業務計画の策定……回収を最大化し資産の投売りを回避するための資産の処分に関する戦略を含む

③ 　破綻前の主要なビジネス、オペレーション実務のレビュー

④ 　自己資本、流動性、ファンディング計画の策定……連邦銀行当局またはその他の主たる金融規制当局による自己資本・流動性規制との一貫性を確保

⑤ 　会計、バリュエーションに関するコンサルタント、専門家の確保……財務諸表の監査、債権と証券の交換の実施前に必要となるバリュエーションの実施

　SPEが適用されたG-SIBsの日常的な運営は、ブリッジ金融会社の役員および取締役によって監督される。G-SIBsの事業を継続するために必要なスキルや専門性を確保するために多くの従業員は雇用を維持されるとともに、子会社や関係会社の従業員の雇用についても維持されることが期待される。一方、OLAのもと、G-SIBsが破綻に至ったことに関して責任を有する経営者は更迭され、破綻したことに責任を有する現在・過去の上級執行役員または取締役には報酬の返還が求められる。

FDICには、ブリッジ金融会社のガバナンスに関する重要事項をコントロールする役割が与えられている。具体的には、①株式発行、②定款変更、③一定水準を超える資本取引、④一定水準を超える資産の譲渡または売却、⑤ブリッジ金融会社の合併または連結化、組織再編、⑥ブリッジ金融会社の取締役の更迭、⑦配当の支払、⑧株式ベースの報酬プラン、⑨バリュエーションの専門家の選定、⑩独立会計事務所の終了または変更については、FDICの承認が必要になる。

　さらにNewCoのリストラクチャリング計画をFDICが承認し、NewCoが資本規制の要件を満たしている場合には、ブリッジ金融会社の終了、すなわちブリッジ金融会社をNewCoに承継することが認められる。

(2)　ブリッジ金融会社に承継される資産・負債

　持株会社のエクイティ、劣後債務およびシニア債務の多くは、レシーバーシップに残る。ただし、ブリッジ金融会社のオペレーションを支えるとともにシステミック・リスクを回避する観点から、一定の債務については持株会社からブリッジ金融会社に承継される。たとえば、重要なサービスを提供するベンダーに関連する債務については、ブリッジ金融会社が日常のオペレーションを円滑に運営するうえで必要となることから、ブリッジ金融会社に承継されることが想定されている[40]。また、担保で完全に保全された債務を譲渡してもレシーバーシップの資産価値を減じることはなく、直ちに担保を処分してもシステミック・リスクは避けられることから、担保付債務についても持株会社からブリッジ金融会社に承継される。

---

[40]　倒産法においては、手続開始後直ちに債務者の申立てを受けて裁判所が行う命令（first day order）のなかで、倒産手続の間に債務者のオペレーションにとって不可欠な商品またはサービスを提供するベンダーに対しては申立て前の債権であってもその支払を認めることがあり、FDICはそれとの類似性を強調している。

(3) ブリッジ金融会社のファンディング

破綻処理プロセスにおけるブリッジ金融会社のファンディングに関しては、持株会社のすべての資産がブリッジ金融会社に承継される一方、無担保債務はレシーバーシップに残されるため、ブリッジ金融会社は資産超過となり、ブリッジ金融会社およびその子会社は十分な自己資本を確保することから、市場で資金調達が可能になることが期待されている。

もっとも、市場での資金調達が直ちに行えない場合には、ブリッジ金融会社が設立された後、FDICは直ちにOLFを利用して保証の提供や有担保による一時的な前貸し（advance）を行うことになる。その後、市場調達が可能になれば、OLFの資金は返済されるとしており、FDICはOLFの資金が短期間のつなぎ資金となることを期待している。OLFへの返済に際しては、ブリッジ金融会社および子会社の資産、さらにレシーバーシップの清算財団では不足が生じる場合には、OLAのもと、納税者負担が生じないよう、FDICは連結総資産500億ドル以上の銀行持株会社およびFRB監督ノンバンク金融会社を含む適格金融会社に対してリスク・ベース評価を適用して、適格金融会社から賦課金を徴収することになる。

(4) NCWOのセーフガード

レシーバーシップに残された債務に関しては、倒産手続と同様、FDICがレシーバーに任命されたことを通知した日から90日が経過した後に債権者の権利を確定するためのファイリングの期限（債権届出期間）を設定し、任命通知の公表後180日以内に確定することになる。

OLAのもと、FDICは原則として、レシーバーシップにおける同順位の債権者は同じ優先順位として扱うことになるが、FDICは同順位の債権者について異なる取扱いをすることが認められている[41]。そのため同順位債権者間

41　ドッド＝フランク法は、FDICの裁量のもと、同順位の債権者について異なる扱いをすることを認めている。Dodd-Frank Act, sec. 210(b)(4), (d)(4), and (h)(5)(E).

で異なる取扱いを行う可能性があるレシーバーシップからブリッジ金融会社に債務を承継する場合には、当該承継がレシーバーシップに残された債権者の配当を最大化し、ブリッジ金融会社にとって不可欠なオペレーションを開始・継続させるために必要なものでなくてはならない[42]。

　FDICがレシーバーシップの同順位債権者について異なる扱いをすることについて、債権者の同意を得ることは求められていないが、FDICは連邦倒産法のチャプター7に規定される清算手続もしくはその他の倒産手続が適用され清算された場合に債権者が受け取る額を補償するとしている。これは、主要な特性に規定されたNCWOのセーフガードに相当する措置である。

(5)　ベイルインの実行（債権と証券の交換）

　連邦倒産法のチャプター11に規定される再生手続においては、新会社の証券発行によって債権者に対して弁済されることをふまえて、FDICのSPEにおいては、レシーバーシップの債権者は、債権と証券の交換による証券発行を通じて弁済される。具体的には、ブリッジ金融会社を承継するNewCoの新たな債務およびエクイティ（場合によってはワラント、新株引受権）をレシーバーであるFDICに対して発行し、次にFDICが債権者の権利と新たな債務およびエクイティを交換することになる[43]。このことによって、資産の処分によることなく債権者に弁済を行うことが可能になる。なお、倒産法では当該手続を行う場合は債権者委員会の同意が必要であるのに対して、OLAでは債権者の同意を必要としない。

---

[42]　FDICは自らの裁量権を制限することで債権者に確実性を与える必要性を認識しており、FDICが策定した暫定規則では、長期シニア債務や劣後債務、エクイティについてはFDICは裁量権を行使しないことを定めている。もっとも、一般債権者と短期債権者については、裁量権を維持しており、有利な扱いを受ける無担保債権者としてレシーバーシップやブリッジ会社のオペレーションの継続に重要なユーティリティ・サービスを提供するプロバイダーや決済事業者を例示している。

[43]　なお、ワラントや新株引受権は、清算配当が得られないような優先順位の低いクラスの債権者について、バリュエーションの過小評価により弁済が受けられないという事態から保護するためのものであると説明されている。

ドッド＝フランク法のOLAには、ベイルインを直接規定する条文は設けられていないが、FDICはOLAのもとで行われるSPEにおいて、レシーバーであるFDICが行う債権と証券の交換を通じて事実上ベイルインを実施することを想定している。

(6)　バリュエーションの実施

　破綻処理の出口としてブリッジ金融会社をNewCoに承継する際、レシーバーシップの債権者に弁済するための債権と証券の交換を行う前提として、ブリッジ金融会社のバリュエーションを行うことが必要になる。バリュエーションは、FDICの承認のもと、ブリッジ金融会社の取締役会によって選定された投資銀行や会計士を含む独立専門家によって行われ[44]、ブリッジ金融会社およびレシーバーシップが適用された持株会社で生じた損失額を評価することに加えて、ブリッジ金融会社の自己資本比率、レバレッジ比率を算出する際のベースを提供することとなる。FDICは、ブリッジ金融会社の多様な資産にかかわる性質や資産価値に関する市場の不確実性をふまえて、バリュエーションはブリッジ金融会社の価値を一定の範囲で示すことを想定している。また、ブリッジ金融会社は、独立監査法人のもとで可能な限りすみやかに監査済財務諸表を策定する方針である。

(7)　破綻処理プロセスの期間

　FDICは、持株会社にレシーバーシップを適用してSPEを開始してから破綻処理の出口として債権と証券の交換を実施するまでのスケジュールを明らかにし、SPEを実行する期間として6カ月から9カ月という期間を想定している（表2－2）。

　破綻処理プロセスの期間の長さは、OLAのもとで債権者の権利を確定させる期間の長さの影響も受けることになる。OLAは、倒産法の手続と同様、

---

[44]　一方、FDIC内部の専門家は、独立専門家のバリュエーションをレビューし、フェアネス・オピニオンを提供する役割を担っている。

表2-2 SPEの適用に際して想定されるタイムライン

フェーズ	措置	破綻前			措置の決定、レシーバーの任命、ブリッジ金融会社の期間 日数							資本再構築後
		−5	−2	−1	0	30	60	90	120	150	180−270	
破綻処理計画の策定	破綻処理計画のレビュー											
	FDICによるバリュエーション											
措置の決定	FDIC理事会、秩序ある清算計画											
	財務長官へのFRBとの共同勧告											
	財務長官による決定（大統領と協議）				破綻							
	司法審査（必要な場合）											
任命	レシーバーの任命											
	ブリッジ金融会社の免許付与											
	ブリッジ金融会社の取締役会、CEOの任命											
ブリッジ金融会社・レシーバーシップ	破綻原因に責任を有する経営者の更迭（即時、継続的）											
	オペレーションに関する各クラスの決定											
	債権等に係る各クラスの決定											
	債権届出期間の設定											
	バリュエーション、財務諸表の作成、フェアネス・オピニオン											
	資本再構築・事業計画、資本計画、流動性計画の承認											
	新しい証券の発行、ブリッジ金融会社の終了											
	リストラクチャリング計画継続の合意、NewCoの承認											
ブリッジ金融会社後	リストラクチャリング、分割の実施、倒産法のもとでの破綻処理の実行可能性の確保											

(出所) FDIC資料より筆者作成

レシーバーシップのもとに置かれた債権者について、FDICがレシーバーに就任した日から90日以上経過した基準日までにファイリング（債権者登録）を行うことを定めている。したがって、OLAのもとではファイリングの手続を経て債権が確定するまでの間は、債権と証券の交換を通じたベイルインは実施できないことになる。

⑻　非SIFI化を図るリストラクチャリング

　ブリッジ金融会社の設立時に、ブリッジ金融会社のリストラクチャリング計画が策定され、その後、当該計画が実行される。リストラクチャリング計画には、米国の金融の安定に深刻な影響をもたらすことなく連邦倒産法に基づいた破綻処理が可能になることを目標として、特定の資産、ビジネスまたは子会社の売却を実施することが含まれる。連邦倒産法に基づく破綻処理が可能になるということは、システミック・リスクを生じることなく通常の法的倒産手続が適用可能になることを意味する。

　組織再編やリストラクチャリング、子会社の処分等によって、G-SIBsグループはより小規模になり、オペレーションや法的な組織構造も複雑でなくなることが期待される。また、複数の会社に分割されたりサードパーティに売却される可能性もあるとする。リストラクチャリングによってTBTFを終焉させ、もはやシステミック・リスクを生じるSIFIsでなくなることを目的としており、ほかのSIFIsがブリッジ金融会社を承継することは想定されていない。

　ブリッジ金融会社による管理を終了し、民間セクターに経営を引き継ぐ際には、FDICはブリッジ金融会社の取締役会および経営者に対して連邦倒産法を適用して破綻処理することを可能にするためのリストラクチャリング計画と計画実施のタイムラインを定めることを要請する。ブリッジ金融会社の取締役会および経営者は、NewCoが会社の分割やリストラクチャリング、組織再編のための要求を完全に遂行するための条件を定め、NewCoが連邦倒産法のもとで破綻処理できるようになるために新たな破綻処理計画を策定

することが求められる。

　一方、NewCoの取締役会および経営者は、NewCoの承認要件となる当初のオペレーションに関する合意の一環として、すでにあるリストラクチャリング計画を継続して実施することを主たる監督当局（たとえば、FRB）との間で合意することとなる。これによりNewCoにおいてもリストラクチャリングが継続して行われ、連邦倒産法のもとでの破綻処理が可能になるように非SIFI化を実現するための継続的な取組みが行われることになる。

(9)　持株会社の資本および債務の水準

　FDICが構想するSPEは、G-SIBsが破綻した場合に子会社のオペレーションを継続させる一方で、破綻処理の対象とそれに伴う損失吸収をG-SIBsグループ最上位の持株会社にとどめることで市場の混乱を回避することがねらいである。FDICとしては、SPEの成否は子会社の資本再構築、ブリッジ金融会社の終了とNewCoの設立を可能にする十分な量のエクイティおよび無担保債務が最上位の持株会社で維持されているかに依拠することを指摘している。つまり、持株会社においてエクイティや無担保債務が十分に存在すれば、グループ内で生じた損失を吸収し、さらに資本再構築を行ったうえでNewCoに譲渡することが可能になる。これが最終的に第4節で述べるTLACおよびLTDとして規制化されることとなった。

(10)　海外オペレーションの扱い

　FDICはブリッジ金融会社における海外のオペレーションに関して、外国当局が自国債権者の利益を保護することを目的として、米国G-SIBsの海外オペレーションを自国にリングフェンス（ring-fence）、すなわち囲込みする可能性を指摘する。SPEを成功させるためには、外国当局がG-SIBsの海外オペレーションをリングフェンスすることによって生じる負の影響を回避または最小化させる必要がある。

　米国G-SIBsは通常、子会社または銀行支店において海外オペレーション

を行っている。海外子会社は米国の親銀行とは独立したエンティティであり、外国では個々に免許・認可を受けており、自己資本と流動性のソースを有している。海外子会社が十分な自己資本を有して自立している限りにおいては、業務を維持してオペレーションを継続すること、通常の融資ファシリティを通じてファンディングを行うことが期待される。一方、海外支店の場合には米国の親銀行のバランスシートに含まれることから、SPEのもとでは親銀行が十分な自己資本を有しながら業務を継続している限りは、海外支店のオペレーションは変更されることはない。FDICは、SPEのもと、持株会社にレシーバーシップが適用されている間も海外子会社や海外支店の業務の継続が確保されるよう外国当局と連携を図る方針を示しており、外国当局によるリングフェンスを警戒している。

　一方、FDICはSPEの代替的な破綻処理戦略であるマルチプル・ポイント・オブ・エントリー（MPE）については、波及効果（knock-on-effect）を生じることなく部門ごとの破綻処理を可能にするため、オペレーションを十分に独立した子会社に封じ込めることが必要になるとの見方を述べており、G-SIBsにMPEを適用するのであれば海外オペレーションの子会社化（subsidiarization）が必要になることを指摘している。

３ FDICのSPEに関する留意点

　FDICがSPEの概要を明らかにした前述の2013年12月の文書は、市中協議文書（request for comments）の位置づけであり、差別待遇（disparate treatment）について債権者集会を不要とすること、OLFと公的なベイルアウトの関係、ファンディングにおけるG-SIBsのアドバンテージを含むいくつかの論点についてパブリックコメントを募っていた。しかしながら、現在に至るまでSPEに関する最終文書は公表されていない。

　この点に関して、2017年４月にドナルド・トランプ（Donald Trump）政権のもとで示されたOLAの見直しに関する大統領覚書（Presidential Memoran-

dum)[45]を受けて米国財務省が策定した報告書は、FDICに対して2013年の
SPEに関する市中協議文書を最終化させ、市中協議で得られたコメントに回
答するよう勧告を行っている[46]。当該報告書は、FDICがSPEへのコミット
メントを示すことで、カウンターパーティや市場参加者による期待が明確に
なり、エクスポージャーに対するリスクをより適切に評価できるようになる
とする。また、SPEへのコミットメントは、OLAのもとでFDICが多くの裁
量を有しているためにどのように破綻処理が行われるかが予測困難であるこ
とに対する懸念にも対処するとして、SPEに関する文書の最終化を図ること
を求めている。

　さらに、OLAについては議会を中心に、廃止または見直しの議論がある
ことに注意が必要である。共和党は、OLAではFDICの行政裁量が大きすぎ
るとしてOLAの廃止を主張し、そのかわりに連邦倒産法に新たな章を設け
て、裁判所の管理下で行われる金融機関の破綻処理手続として「チャプター
14（Chapter 14）」と呼ばれる手続を導入することを企図している（本章補論
を参照）。一方、トランプ政権下の財務省はOLAの廃止ではなく、連邦倒産
法にチャプター14を導入しながら、OLAを緊急時のラスト・リゾート、す
なわち最後の手段として残すことを検討していた。

　2020年11月の大統領選を制した民主党のジョー・バイデン（Joe Biden）政
権のもとでOLAの廃止または見直しが行われる可能性は低いと考えられる
が、OLAに関する将来の論点・課題として残っているように思われる。

45　Donald J. Trump, "Memorandum on Orderly Liquidation Authority," Memorandum
for the Secretary of the Treasury, April 21, 2017 (available at: https://www.presiden
cy.ucsb.edu/documents/memorandum-orderly-liquidation-authority).

46　U.S. Treasury (2018), p 36.

第3節 | 破綻処理計画の策定

 2つの破綻処理計画

ドッド＝フランク法は、システム上重要な金融会社として、連結総資産500億ドル以上（現在は2,500億ドル以上）[47]の銀行持株会社に加えてFRB監督ノンバンク金融会社を対象に適用される厳格なプルーデンス規制において、破綻処理計画、いわゆるリビング・ウィルの策定を求めている[48]。当該規定を受けてFDICは2011年にFRBと共同で、破綻処理計画の策定に関する規則を策定している[49]。一方、FDICは、FDI法によって自らに課された義務のもと、総資産500億ドル以上の預金保険対象機関を対象に破綻処理計画の策定を求める規則も単独で策定している[50]。

これは、銀行が破綻したときはFDI法のもとでFDICがレシーバーとなって破綻処理が行われる一方、ドッド＝フランク法のOLAは銀行や銀行子会社を対象としていないことから、銀行および銀行子会社と、銀行持株会社（銀行子会社を除く）およびFRB監督ノンバンク金融会社とでは、破綻処理を行う枠組みが異なることが背景にある（図2－2）。

ドッド＝フランク法に基づく破綻処理計画は、米国の金融システムにシス

---

[47] 2018年5月に成立した経済成長・規制緩和・消費者保護法（Economic Growth, Regulatory Relief, and Consumer Protection Act）によって、連結総資産の閾値が500億ドルから2,500億ドルに引き上げられている。

[48] Dodd-Frank Act sec. 165(b) and (d).

[49] FDIC, 12 CFR Part 381, Resolution Plans Required, Final Rule, 76 FR 67323 (November 1, 2011).

[50] FDIC, 12 CFR Part 360, Resolution Plans Required for Insured Depository Institutions With $50 Billion or More in Total Assets, Final Rule, 77 FR 3075 (January 23, 2012).

図２－２　破綻処理の枠組みと破綻処理計画の範囲

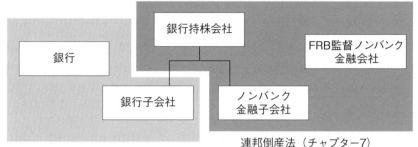

〈FDI法の破綻処理計画〉　　　〈ドッド＝フランク法の破綻処理計画〉

FDI法に基づくFDICのレシーバーシップ　システミック・リスクの場合はOLA
（出所）　筆者作成

テミック・リスクを生じさせることなく、連邦倒産法のもとでシステム上重
要な金融会社の破綻処理を可能にすることを目的とする一方、FDI法のもと
で策定される破綻処理計画は、預金保険対象機関の破綻処理を行う際に
FDICがレシーバーとなった日の翌営業日（２営業日以内）に預金者が預金に
アクセスできるようにすることを目的としており、両者の破綻処理計画の位
置づけは異なるものとなっている。

　したがって、総資産500億ドル以上の銀行子会社を傘下に有する銀行持株
会社（連結総資産2,500億ドル以上）については、システム上重要な金融会社
の破綻処理計画をFRBおよびFDICに対して提出する一方で、預金保険対象
機関に求められる破綻処理計画をFDICに提出しなければならない。

2 ドッド＝フランク法の破綻処理計画

　ドッド＝フランク法のもと、システム上重要な金融会社に要求される破綻
処理計画は、①エグゼクティブ・サマリー、②戦略的分析、③破綻処理計画
のコーポレート・ガバナンス、④組織構造および関連情報、⑤経営情報シ
ステム、⑥相互連関性および相互依存性、⑦監督・規制に関する情報、⑧コ

表2-3　ドッド=フランク法の破綻処理計画

項目	記載事項
A　エグゼクティブ・サマリー	● 対象会社の重大な金融ストレスまたは破綻の際に迅速かつ秩序ある破綻処理を行うための戦略的計画の主要な要素 ● 直近提出した破綻処理計画からの重要な変更点（重大なイベント後の通知、計画のアップデートを含む） ● 前回提出後の破綻処理計画の実効性の改善、または計画を実効的かつ適時に適用する際の重大な不備・欠陥の修正その他軽減を図るために対象会社がとった措置
B　戦略的分析	● 破綻処理計画の主な前提とその分析（計画適用時点の経済・金融環境に関する前提を含む）に関する説明 ● 対象会社の重大な金融ストレスまたは破綻時に、対象会社または重要なエンティティ、きわめて重要なオペレーション、コアなビジネスラインの迅速かつ秩序ある破綻処理に資するさまざまな措置の説明 ● 通常の業務時または重大な金融ストレス、対象会社の破綻時の対象会社および重要なエンティティのファンディング、流動性、資本のニーズ、利用可能なリソースに関する説明（きわめて重要なオペレーション、コアなビジネスラインまでマッピング） ● 対象会社、重要なエンティティのオペレーション、ファンディングを維持するための戦略に関する説明（きわめて重要なオペレーション、コアなビジネスラインまでマッピング） ● 重要なエンティティ、コアなビジネスラインおよびきわめて重要なオペレーションの不履行または機能停止の際の対象会社の戦略と、不履行・機能停止が米国の金融の安定に与える悪影響を回避、軽減するための対象会社の措置に関する説明 ● 対象会社の預金保険対象子会社が、ノンバンク子会社（預金保険対象機関の子会社を除く）の業務から生じるリスクから適切に保護されるための戦略の説明 ● 破綻処理計画の重要な局面・手順を成功裏に実施するために必要な期間の特定

	●破綻処理計画を実効的かつタイムリーに実行すること への潜在的な重大な不備・欠陥の特定および説明 ●対象会社が特定した不備・欠陥の修正その他軽減を図 るために実施・提案する措置・手順に関する検討 ●対象会社のコアなビジネスライン、きわめて重要なオ ペレーションおよび重要な資産の保有に関する現在の市 場価値、市場性を判断するためのプロセスの説明 ●計画中に想定される売却、処分、リストラクチャリン グ、資本再構築またはその他類似の措置を実行するため の計画の実現可能性の評価プロセスに関する説明 ●売却、処分、リストラクチャリング、資本再構築その 他類似の措置が、対象会社、重要なエンティティ、きわ めて重要なオペレーション、コアなビジネスラインの価 値、ファンディングおよびオペレーションに与える影響 に関する評価プロセスに関する説明
C　コーポレー ト・ガバナンス	●対象会社のコーポレート・ガバナンスの構造とプロセ スに破綻処理計画がどのように統合されているかに関す る説明 ●破綻処理計画の策定・承認に関する対象会社の方針、 手続および内部統制に関する説明 ●破綻処理計画の策定、維持、適用、提出に対する監督、 計画のコンプライアンスに主たる責任を有する上級管理 職の特定と配置に関する説明 ●破綻処理計画の策定、維持、適用に関して上級管理職 および取締役会に報告される内容、程度、頻度の説明 ●破綻処理計画の直近提出時以降の対象会社の存続可能 性の評価または破綻処理計画の改善を図る緊急時対応計 画その他同様の措置の性質、程度、結果に関する説明 ●対象会社が信用リスク・エクスポージャーを上級管理 職および取締役会に内部的に報告し、投資家および規制 当局に対外的に報告するために利用するリスク測定手法 の特定と説明
D　組織構造、関 連情報	●対象会社に関して下記を特定した重要なエンティティ の階層リスト(重要なエンティティに直接・間接に保有 されるリーガル・エンティティを含む)

a) リストアップされたリーガル・エンティティおよび海外オフィスの直接的な所有者、議決権および無議決権のエクイティの割合

b) リストアップされたリーガル・エンティティおよび海外オフィスの所在地、設立された法域、ライセンス、主な経営管理者

● きわめて重要なオペレーション、コアなビジネスラインの重要なエンティティへのマッピング（きわめて重要なオペレーション、コアなビジネスラインに関連する重要な資産の保有および負債を含む）

● 対象会社の非連結バランスシート、対象会社の連結範囲に含まれるすべての重要なエンティティを連結化するためのスケジュール

● 対象会社、重要なエンティティ、きわめて重要なオペレーションおよびコアなビジネスラインに関する負債の重要な構成要素の説明（少なくとも短期・長期債務、担保付・無担保債務、劣後債務に関して種類と金額によって特定）

● 下記のプロセスの特定と説明

a) だれに対して担保を供したかを判断するプロセス

b) 担保の保有者を特定するプロセス

c) 担保が置かれている法域（または担保権が効力を発揮する法域）

● 対象会社、重要なエンティティの重大なオフバランス・エクスポージャー（保証および契約上の義務を含む）の説明（きわめて重要なオペレーション、コアなビジネスラインへのマッピングを含む）

● トレーディング、デリバティブ業務のブッキングに関連する対象会社、重要なエンティティおよびコアなビジネスラインにおける実務の説明

● トレーディング、デリバティブ業務にかかわる対象会社、重要なエンティティおよびコアなビジネスラインの重大なヘッジの特定（リーガル・エンティティへのマッピングを含む）

● 対象会社のヘッジ戦略の説明

	● エクスポージャー制限を設定する対象会社のプロセスに関する説明
	● 対象会社の主要カウンターパーティの特定、当該主要カウンターパーティとの相互連関性、相互依存性または関係性の説明
	● 当該主要カウンターパーティの破綻が対象会社の重大な金融ストレスまたは破綻に影響を及ぼし、重大な金融ストレスまたは破綻に陥るかどうかの分析
	● 対象会社が直接・間接にメンバーとなり、取引の件数・量が相当にのぼる支払・清算・決済システムを特定（当該メンバーシップを重要なエンティティ、きわめて重要なオペレーションおよびコアなビジネスラインにマッピング）
E　経営情報システム	● 対象会社、重要なエンティティが利用する主要な経営情報システム、アプリケーション（リスク管理、会計、財務報告、規制報告のためのシステム、アプリケーションを含む）の目録と説明。各システム、アプリケーションの説明は、システム、アプリケーションの法的所有者またはライセンス付与者、利用または機能、それらのサービス・レベル契約、ソフトウェアおよびシステムのライセンス、関連する知的財産権を特定
	● 主要な経営情報システムおよびアプリケーションを利用し、依存する対象会社の重要なエンティティ、きわめて重要なオペレーションおよびコアなビジネスラインへのマッピング
	● 対象会社、重要なエンティティ、不可欠なオペレーション、コアなビジネスラインのシニア・マネジメントが、それらの健全性、リスク、オペレーションをモニタリングするために利用する主要な内部報告の範囲、内容、頻度の特定
	● 主要な経営情報システムおよびアプリケーションを適切な監督当局、規制当局が評価するためのプロセスの説明
	● 破綻処理計画の前提となる情報・データを収集・保持し、適時に対象会社の経営、取締役会に報告するための経営情報システムの能力に関する説明および分析

	●当該能力の欠陥、ギャップおよび不備、それらに迅速に対処するための措置、当該措置を適用する際のタイムフレームの説明および分析
F　相互連関性、相互依存性	●共通または共有する人材、ファシリティおよびシステム（ITプラットフォーム、経営情報システム、リスク管理システム、会計・記帳システムを含む） ●資本、ファンディングおよび流動性のアレンジメント ●既存のまたは偶発的な信用エクスポージャー ●クロス・ギャランティ契約、クロス担保契約、クロス・デフォルト条項および関係会社間のクロス・ネッティング契約 ●リスク移転 ●サービス・レベル契約
G　監督・規制上の情報	●対象会社、重要なエンティティ、きわめて重要なオペレーションおよびコアなビジネスラインの健全性・安全性の維持に監督権限・責任をもつ連邦、州、外国当局・機関の特定（連邦銀行当局を除く） ●対象会社、重要なエンティティ、きわめて重要なオペレーションおよびコアなビジネスラインに重要な監督・規制権限をもつその他の連邦、州、外国当局・機関の特定（連邦銀行当局を除く） ●外国に設置された重要なエンティティ、きわめて重要なオペレーションおよびコアなビジネスラインの破綻処理に責任をもつ外国当局の特定 ●上記で特定された当局との間のコンタクトに関する情報
H　コンタクト先に関する情報	●破綻処理計画に関する連絡先として責任をもつ上級管理職の特定、重要なエンティティの上級管理職の連絡先情報を含む（電話番号、e-mailアドレス、住所等）

（出所）FDIC, 12 CFR Part 381より筆者作成

ンタクト先に関する情報で構成されている（表2-3）。

　FRBおよびFDICは、システム上重要な金融会社から破綻処理計画が提出された後、60日以内にレビューを実施しなければならない。FRBおよびFDICがレビューを行う際には、破綻処理計画が不完全またはレビューを行

うために追加的な情報が必要と判断した場合には金融会社に通知が行われ、通知を受けた金融会社は30日以内に情報を完全にした破綻処理計画を再提出するか、追加情報を提供しなければならない。

FRBおよびFDICが、破綻処理計画に信頼性がない、または連邦倒産法のもとでの秩序ある破綻処理に資するものではないと判断した場合には、金融会社に通知する。通知を受けた金融会社は、原則として90日以内に改定した破綻処理計画を再提出しなければならない。改定した破綻処理計画を期限内に提出できない場合には、FRBとFDICが欠陥を適切に修正できていないと判断し、①より厳格な資本規制、レバレッジ規制、流動性規制、②金融会社や子会社の規模の拡大、業務、オペレーションに対する制限が課せられることになる。

3 預金保険対象機関の破綻処理計画

一方、預金保険対象機関に策定が求められる破綻処理計画は、①エグゼクティブ・サマリー、②組織構造（リーガル・エンティティ、コアなビジネスライン、支店）、③きわめて重要なサービス、④親会社との相互連関性、秩序ある破綻処理の潜在的な障害または重大な障害、⑤親会社からの分離戦略、⑥預金フランチャイズ、ビジネスライン、資産の売却・処分に関する戦略、⑦最小コストの破綻処理手法、⑧資産のバリュエーション、売却、⑨主要なカウンターパーティ、⑩オフバランス・エクスポージャー、⑪差入担保、⑫トレーディング、デリバティブ、ヘッジ、⑬非連結バランスシート、重要エンティティの財務報告、⑭支払・清算・決済システム、⑮資本構成、ファンディング・ソース、⑯関係会社のファンディング、取引、口座、エクスポージャー、集中度、⑰システム上重要な機能、⑱クロスボーダー関連、⑲経営情報システム、⑳ソフトウェア・ライセンス、知的財産、㉑コーポレート・ガバナンス、㉒破綻処理戦略の評価、㉓その他の主要な要素で構成される（表2−4）。

表 2 - 4 預金保険対象機関の破綻処理計画

項目	記載内容
A　エグゼクティブ・サマリー	●支払不能となった場合にFDI法のもとでの破綻処理のための戦略的計画の主要な要素の説明を含む ●初回の破綻処理計画を提出後、下記の説明を含む 　a)　直近の計画提出後、計画に重大な影響を与えうる買収、売却、訴訟、オペレーションの変更といった重大なイベント 　b)　直近の計画提出後に生じた破綻処理計画の重大な変更 　c)　前回の計画提出後、計画の実効性を改善するため、または計画を実効的かつ適時に適用する際の重大な不備・欠陥の修正その他の軽減を図るために金融機関がとった措置
B　組織構造	●金融機関、親会社、関係会社の法的、機能的な構成、コアなビジネスラインの特定 ●コアなビジネスラインの重要なエンティティへのマッピング（重大な資産の保有および関係債務を含む） ●金融機関の全体的な預金業務に関する議論（特に、FDICのオペレーションに複雑性を生じ、破綻した場合にきわめて高い破綻処理コストを生じる預金ベースまたはそのシステムの特徴、国内・国外の支店組織の説明を含む） ●コアなビジネスライン、コアな預金業務、支店組織を管理する責務を負った主要な職員の特定
C　きわめて重要なサービス	●きわめて重要なサービスおよびそのプロバイダーの特定 ●きわめて重要なサービスの重要エンティティ、コアなビジネスラインへのマッピング ●金融機関の破綻時にきわめて重要なサービスを継続するための戦略の説明 ●きわめて重要なサービスが親会社、その関係会社から提供されている場合、親会社または関係会社の破綻時にきわめて重要なサービスを継続するための戦略の説明

	●きわめて重要なサービスを提供する親会社の関係会社が、親会社の破綻時に単独で機能する能力の評価
D　親会社との相互連関性、秩序ある破綻処理の潜在的、重大な障害	●金融機関がレシーバーシップのもとに置かれた場合に、フランチャイズ・バリューを低下させ、継続的なビジネス・オペレーションの障害となり、FDICの破綻処理オペレーションに複雑性をもたらす親会社の組織構造の要素または性質、リーガル・エンティティの相互連関性、法律上・契約上のアレンジメント、全体のビジネス・オペレーションの特定 ●秩序ある破綻処理の潜在的な障壁その他の重大な障害、適時かつ実効的な破綻処理の障害となる相互連関性および相互依存性の特定、それらの障壁・障害の除去・軽減に必要な改善措置その他の緩和措置を含む
E　親会社からの分離戦略	●コスト効率的かつ適時の方法で親会社の組織構造から金融機関および子会社を解体・分離するための戦略 ●当該分離の障害を除去または軽減するために行う改善・緩和措置の説明
F　預金フランチャイズ、ビジネスライン、資産の売却・処分戦略	●翌営業日には（2営業日以内に）預金者が保険対象預金にアクセスし、資産の売却・処分から生じるリターンの現在価値を最大化し、破綻処理において生じる債権者の損失金額を最小化することを確保するための、支店、コアなビジネスライン、主要資産を含む預金フランチャイズの売却・処分に関する戦略
G　最小コストの破綻処理手法	●金融機関および子会社の親会社からの分離、預金フランチャイズ、コアなビジネスライン、主要資産の売却・処分の戦略が、すべての破綻処理手法のなかで預金保険基金にとって最小コストであることの説明
H　資産のバリュエーション、売却	●下記プロセスに関する詳細な説明 a)　コアなビジネスラインおよび重大な資産保有の現在の市場価値、市場性の決定 b)　ベースライン、悪化、最悪という経済シナリオのもと、計画において考慮される売却、処分、リストラクチャリング、資本再構築その他の同様の措置を実行するための計画の実行可能性の評価

	c) 売却、処分、リストラクチャリング、資本再構築その他の同様の措置が対象機関の価値、ファンディング、オペレーション、コアなビジネスラインに与える影響の評価
I 主要なカウンターパーティ	●金融機関の主要なカウンターパーティの特定、主要なカウンターパーティとの間の相互連関性、相互依存性、関係性の説明 ●主要なカウンターパーティの破綻が金融機関の重大な金融ストレスをもたらし、金融機関が破綻に至るかどうかの分析
J オフバランス・エクスポージャー	●重大なオフバランス・エクスポージャー（ファンディングされていないコミットメント、保証、契約上の義務を含む）および当該エクスポージャーのコアなビジネスラインへのマッピング
K 差入担保	●下記プロセスの特定と説明 a) だれに対して担保を供したかを判断するプロセス b) 担保保有者を特定するプロセス c) 担保が置かれている法域（または担保権が執行力をもつ法域）
L トレーディング、デリバティブ、ヘッジ	●トレーディング、デリバティブ業務のブッキングにかかわる金融機関の実務およびコアなビジネスラインの説明 ●重大な取引件数・金額を扱う対象機関のシステムの特定 ●トレーディング・システムのリーガル・エンティティ、コアなビジネスラインへのマッピング ●トレーディング、デリバティブ業務に関連する金融機関、コアなビジネスラインの重大なヘッジの特定（リーガル・エンティティへのマッピングを含む） ●金融機関のヘッジ戦略の説明
M 非連結バランスシート、重要なエンティティの財務報告	●金融機関の非連結バランスシート、連結範囲に含まれるすべての重要なエンティティの連結対象化のスケジュール ●重要なエンティティの財務報告（可能ならば監査済財務報告）

N 支払・清算・決済システム	●対象機関が直接、間接のメンバーとなっている支払・清算・決済システムの特定 ●決済システムのメンバーシップのリーガル・エンティティ、コアなビジネスラインへのマッピング
O 資本構成、ファンディング・ソース	●金融機関および重要なエンティティのファンディング、流動性、資本のニーズおよび利用可能なリソースの詳細な説明（コアなビジネスライン、きわめて重要なサービスへのマッピング） ●金融機関および重要なエンティティの債務の構成要素の説明、種類および満期期間、有担保・無担保債務、劣後債務による短期・長期債務の種類・金額の特定
P 関係会社のファンディング、取引、口座、エクスポージャー、集中度	●金融機関またはその子会社と親会社または関係会社との間における重大な関係会社のファンディングの関係、アカウント、エクスポージャー（条件、目的、期間を含む）の説明 ●重大な関係会社の金融エクスポージャー、債権・担保権、貸出・借入のライン、リレーションシップ、保証、資産のアカウント、預金またはデリバティブ取引の詳細を含む ●親会社または関係会社から金融機関およびその子会社に提供されるファンディング・ソースの性質と程度、契約上のアレンジメントの期間、関連資産や資金、預金の所在地、親会社から金融機関およびその子会社に流れる資金のメカニズムの特定
Q システム上重要な機能	●金融機関、その子会社、関係会社が提供するシステム上重要な機能の説明（金融機関が主たる役割を担う決済システム、カストディアンまたはクリアリングのオペレーション、大規模なスウィープ・プログラム、資本市場のオペレーションに参加する性質と程度を含む） ●重大な脆弱性、推定エクスポージャー、潜在的損失の特定、システム上重要な業務が経済全体にシステミック・リスクをもたらす理由の説明
R クロスボーダー関連	●米国外の金融機関の組織構造の構成要素の説明（外国支店、子会社、事務所を含む） ●外国の預金および資産の場所と数量の説明

	● 金融機関のクロスボーダーの資産、オペレーション、相互関係、エクスポージャーの性質と程度に関する説明、リーガル・エンティティ、コアなビジネスラインへのマッピング
S 経営情報システム、ソフトウェア・ライセンス、知的財産	● 詳細な目録、主要な経営情報システムおよびアプリケーションの説明（金融機関および子会社が利用するリスク管理、会計、財務報告、規制報告のシステム、アプリケーションを含む） ● 上記システムの法的所有者、ライセンス付与者の特定、システムまたはアプリケーションの利用、機能の説明、サービス・レベル契約、ソフトウェアおよびシステムのライセンス、関連する知的財産権のリスト ● 災害復旧またはその他のバックアップ計画の特定 ● 共通または共有のファシリティおよびシステム、当該ファシリティ、システムを運営する人材の特定 ● FDICの求めに応じて、経営者が破綻処理計画の前提となる情報その他のデータを収集、維持、報告するための金融機関のプロセス、システムの能力の説明 ● 上記能力の欠陥、ギャップまたは不備、当該欠陥、ギャップまたは不備に迅速に対処するための措置、当該措置を適用するためのタイムフレーム
T コーポレート・ガバナンス	● 金融機関のコーポレート・ガバナンスのストラクチャー、プロセスに破綻処理計画がどのように組み込まれているかの説明 ● 破綻処理計画の策定・承認に関する金融機関の方針、手続、内部統制 ● 破綻処理計画の策定、維持、適用、提出、コンプライアンスに主たる責任とアカウンタビリティを有する上級管理職の特定・配置
U 破綻処理計画の評価	● 直近の破綻処理計画の提出後、金融機関が破綻処理計画の実行可能性を評価し、または計画を改善するためにとったコンティンジェンシー・プランまたは同様の措置の性質、程度、結果に関する説明

（出所）　FDIC, 12 CFR Part 360より筆者作成

ドッド＝フランク法の破綻処理計画と比べると類似した項目がある一方、親会社（たとえば、銀行持株会社）との相互連関性や分離戦略といった親会社との関係性に関する記載が求められ、また、預金フランチャイズといった預金保険対象機関ならではの項目がある。

預金保険対象機関が策定する破綻処理計画は、FDICによってレビューされる。FDICは、提出された破綻処理計画が含むべき情報に関する要件を満たしているかを判断し、レビューを実施するために破綻処理計画を受領するか、不完全であったりレビューを実施するには追加的な情報が必要であったりするために再提出を求めるかを決定する。不完全または追加的な情報が必要と判断された場合には通知が行われ、金融機関は通知を受けてから30日以内に、情報を完全にした破綻処理計画を再提出するか、追加情報を提出しなければならない。

破綻処理計画のレビューは、適切な連邦銀行当局と協議しながら実施される。破綻処理計画に信頼性がないと判断された場合には、金融機関に破綻処理計画に不備がある旨の通知が行われ、通知を受けた金融機関は、原則として90日以内に改定した破綻処理計画を提出しなければならない。

第4節 ┃ ゴーンコンサーン・ベースの損失吸収力

1 TLACとLTD

破綻処理戦略としてSPEを検討するなかでFRBは、SPEの実行可能性を確保する観点から米国G-SIBsを対象に持株会社レベルで長期無担保債務の最低発行規制を導入することを検討していた。たとえばダニエル・タルーロ（Daniel Tarullo）FRB理事（当時）は、最低所要資本は一定の統計的確率ま

で損失をカバーするように設計されているが、金融機関のエクイティが枯渇するという滅多に生じないイベントが起きたとしても、追加的に損失を吸収し、ブリッジ会社に移転された事業の資本再構築を図るために十分な長期無担保債務があれば、納税者負担なしに破綻処理が最も効率的に実現されるであろうと述べていた[51]。当時、国際的にはFSBを中心にG-SIBsの実質破綻時の損失吸収力および資本再構築力を確保するための検討が行われていたが、FRBは国際的な検討に参加しつつ独自の検討も進めていた。

　その結果、FRBは2016年12月に米国G-SIBsを対象とするTLACを含む最終規則を公表した[52]。米国のTLACの枠組みは、国際基準であるFSBのTLAC基準に基づくTLACと、自己資本を含まない長期債務（LTD）の2つの規制からなっている。TLACおよびLTDの枠組みには、投資家による損失吸収を目的とする外部TLACおよび外部LTDと、海外の重要子会社から母国の持株会社に損失を移管することを目的とする内部TLACおよび内部LTDがある。

2　外部TLAC、外部LTDの所要水準

　外部TLACおよび外部LTDの所要水準は、以下のとおりである。
① 　外部TLACの最低基準……(ⅰ)持株会社のリスク・アセットの18％、(ⅱ)持株会社のレバレッジ・エクスポージャーの7.5％のいずれか大きい額
② 　外部LTDの最低基準……(ⅰ)持株会社に適用されるG-SIBsサーチャージに6％を加えた水準、(ⅱ)持株会社のレバレッジ・エクスポージャーの4.5％のいずれか大きい額
　外部TLACは、FSBのTLAC基準をベースとしており、リスク・アセット

51　Tarullo（2014），p 5.
52　Federal Reserve System, 12 CFR 252, Total Loss-Absorbing Capacity, Long-Term Debt, and Clean Holding Company Requirements for Systemically Important U.S. Bank Holding Companies and Intermediate Holding Companies of Systemically Important Foreign Banking Organizations, Final rule, 82FR, 8266 (January 24, 2017).

112

基準についてはTLAC基準に準拠したものとなっているが、レバレッジ・エクスポージャー基準の最低基準は7.5％と、TLAC基準よりも高い水準に設定されている。さらに、リスク・アセット基準に関しては、自己資本規制において資本保全バッファーやG-SIBsサーチャージを含む資本バッファーが最低基準に上乗せされていることを考慮して、レバレッジ・エクスポージャー基準においては、最低基準に対して2％の外部TLACレバレッジ・バッファーを上乗せしており、全体としては9.5％の水準を求めている[53]。

　一方、外部LTDは、G-SIBsサーチャージを1つのベースとしているが、外部LTDで利用されるG-SIBsサーチャージは、バーゼル基準（メソッド1サーチャージ）ではなく、米国G-SIBsに実際に適用されている米国独自のG-SIBsサーチャージ（メソッド2サーチャージ）である。メソッド2サーチャージは、バーゼル基準に比べて水準が高くなるように設計されている[54]。

3 外部TLAC、外部LTDの適格要件

　外部TLACは、持株会社が直接発行するTier1と適格外部LTD（Tier2を含む）[55]の合計として規定されている。外部TLACの要件を満たす規制資本やLTDが持株会社発行に限られる理由は、米国G-SIBsにはSPEが適用される

53　リスク・アセット基準では、CET1で構成される外部TLACリスク・ウェイト・バッファーとして資本バッファー（資本保全バッファー、G-SIBsサーチャージおよび必要に応じてカウンターシクリカル・バッファーを含む）を上乗せした水準が求められ、その水準に満たない場合には配当や変動報酬の支払を含む利益剰余金の支払が制限される。これと同様に、レバレッジ・エクスポージャー基準では、最低基準に外部TLACレバレッジ・バッファーを加えた水準に満たない場合には、利益剰余金の支払が制限される。

54　メソッド2サーチャージは、バーゼル委員会が定める規模、相互連関性、代替可能性、法域間業務、複雑性というスコアリングの5つの要素のうち、代替可能性にかえて短期ホールセール・ファンディングへの依存度を考慮することでサーチャージの水準が引き上げられている。

55　Tier2については、適格外部LTDの要件を満たすものだけが、外部TLACおよび外部LTDとして考慮される。

からである。SPEのもとでは持株会社にベイルインが適用される一方、業務子会社は業務継続を図ることになるため、損失吸収を図る外部TLACは子会社の発行ではなく、持株会社から発行される必要がある。

適格外部LTDの要件は、FSBのTLAC基準に規定される適格要件を考慮しながら、以下のように定めている。

① 持株会社が発行し、払込みずみであること

② 無担保であって、持株会社またはその子会社が保証しておらず、当該商品の優先順位を法的にまたは経済的に引き上げる契約がないこと（たとえば、関係会社からの信用補完）

③ 発行日から365日（1年）以上の満期があること

④ 米国法に基づいて発行されていること

⑤ 当該商品の保有者に元本・金利の償還を早める契約上の権利を与えていないこと[56]

⑥ クレジット・センシティブな特性を有していないこと[57]

⑦ ストラクチャード・ノート[58]ではないこと

⑧ 持株会社のエクイティに転換・交換されないこと

すなわち、適格外部LTDは、米国法に基づいて持株会社から発行されるものであって、1年以上の満期を有し、無担保かつプレーンバニラの債務であることが求められる。また、FSBのTLAC基準はTLAC適格債務の要件としてTLAC除外債務に対する劣後性を要求している。これに関しては、米国

---

56 ただし、契約で特定された日またはレシーバーシップ、倒産手続、清算手続、その他の類似の手続が適用される場合もしくは持株会社が元本・金利の支払を30日以上延滞する場合に行使されるケースは除かれる。

57 具体的な例として、持株会社のクレジットの質に基づいて定期的に金利の見直しが行われることがあげられている。

58 ストラクチャード・ノートとは、①資産、エンティティ、指数または組込デリバティブもしくはその他の類似の商品のパフォーマンスに基づいて削減される元本、償還額または満期を有する債務、②単一または複数のエクイティ証券、コモディティ、資産もしくはエンティティにリンクした組込デリバティブまたはその他の類似の商品性を有する債務、③期限前償還または早期契約解除までに最低元本額が確定しない債務、④米国会計基準（GAAP）のもとで債務に区分されないものと定義されている。

G-SIBsは持株会社グループであり、その破綻処理戦略はSPEであることから、契約劣後、法定劣後または構造劣後という3つの選択肢のうち構造劣後を選択していることになる。

　なお、適格外部LTDは残存期間が1年未満になると外部LTDおよび外部TLACとして考慮されなくなる一方、米国独自の取扱いとして、残存期間が1年超であっても2年未満の適格外部LTDについては、外部LTDを計測する際に元本に50％の掛け目を乗じることが求められており、外部TLACよりも外部LTDのほうが適格要件は厳しくなっている。

　FSBのTLAC基準は構造劣後を選択した場合に、TLACを発行するレゾリューション・エンティティ、すなわち持株会社のバランスシートにTLAC適格商品と同順位または劣後する除外債務を保持しないことを求めている。これを受けて、FRBはいわゆる「クリーン持株会社（clean holding company）」として持株会社における禁止行為を規定している。具体的には、持株会社が直接的に以下のことを行うことが禁じられる。

① 1年未満の債務（短期預金および要求払預金を含む）を子会社以外の者に発行すること

② 保有者の債務と契約上相殺する権利を付与した金融商品を発行したり、それに関する契約を締結したりすること

③ 子会社以外の者との間で信用補完以外のQFCを締結すること

④ FRBその他の連邦銀行当局が定める規則のもと、デフォルトにかかわる権利が禁止されていない債務であって、持株会社がレシーバーシップ（ドッド＝フランク法のレシーバーシップを除く）、倒産手続、清算手続、破綻処理手続または類似の手続のもとに置かれたときにデフォルトの権利行使が認められる子会社の債務について、持株会社が債務保証する契約を締結すること

⑤ 持株会社が子会社に保証された債務に関する契約を締結すること、あるいは当該契約から便益を得ること

これらの要件をみると、FSBのTLAC基準に対応するものと米国独自のも

のがある。TLAC基準は、要求払預金や当初満期が1年未満の短期預金を除外債務として位置づけており、それをふまえて短期預金および要求払預金を含む1年未満の債務の発行を禁じている。また、TLAC基準においてはデリバティブから生じる債務は除外債務の扱いとなっており、これを受けて米国ではデリバティブ契約を含むQFCの締結が禁じられている。一方、米国独自の要件として、契約上の相殺を認める債務の発行あるいは親子会社間のクロス・デフォルト契約の締結、子会社に保証された債務の提供を行うことが禁じられている。

　また、クリーン持株会社の要件として、持株会社と関係性を有さない者に対して負う非関連債務（unrelated liabilities）[59]について、外部TLACの額の5％以内に抑えることを求めている。これはFSBのTLAC基準が、TLAC適格債務と同順位または劣後するレゾリューション・エンティティの除外債務が適格外部TLACの5％以内である場合に劣後性要件の適用除外としていることに対応するものである。

4　内部TLAC、内部LTD

　米国のTLAC、LTDの枠組みにおいては、内部TLACおよび内部LTDについては外国G-SIBsを対象としている。米国に進出する外国G-SIBsは、FRB規則のもと、米国資産（米国支店・代理店を除く）が500億ドル以上の外国銀行組織（foreign banking organization；FBO）に該当する場合に、米国内に中間持株会社（intermediate holding company；IHC）を設置してIHCのもとに米国子会社を集約するとともに、IHCは厳格なプルーデンス規制に従うことが求められている。内部TLACおよび内部LTDの対象は、厳格なプルーデンス

---

[59]　非関連債務とは、持株会社が関係性を有さない者に対して負う非偶発債務であって、①外部TLACを満たすための金融商品、②外部TLACを満たすための金融商品から生じる配当その他の債務、③金融商品の保有者に元本の即時償還を求める権利を付与していない適格債務証券、④担保付証券（担保カバー部分）またはドッド＝フランク法の破綻処理手続のもとで適格債務証券に優先する債務を除くものとされている。

規制を定めるFRB規則に基づいて設置されたIHCであって、G-SIBsに指定されているFBOの傘下にあるIHCとなる。

　米国の内部TLAC（および内部LTD）は、FSBのTLAC基準と同様、外国G-SIBsの重要な海外子会社に適用するものであって、SPEを適用する場合に国内の業務子会社から持株会社に損失を移管するための機能は果たしていない。

第5節　小　　括

　本章では、TBTFおよびベイルアウトの終焉を図ることによって納税者の保護を図ることを目的に掲げるドッド＝フランク法に規定されたOLAを確認した。OLAは、主にシステム上重要なノンバンク金融会社（銀行持株会社を含む）を対象とする秩序ある破綻処理の枠組みである。OLAでは、銀行の破綻処理当局として数多くの破綻処理を行ってきたFDICが破綻した金融会社のレシーバーに任命され、FDICのレシーバーシップのもとで破綻処理手続が実施される。OLAにおいては、FSBの主要な特性に規定された早期解約条項に対するステイやNCWOのセーフガードが手当されている一方、主要な特性の前に整備されたものであることもあって、OLAにはベイルインを規定する条文はない。

　そこでFDICは、持株会社のグループ構造を有する米国G-SIBsの破綻処理戦略としてSPEを構想する。FDICのSPEでは、業務子会社で生じた損失は持株会社に移管され、持株会社に対してレシーバーシップを適用して損失吸収を図る一方、業務子会社はFDICが設立するブリッジ金融会社に承継され、破綻処理の出口として、ブリッジ金融会社から新たに設立される承継持株会社に対して業務子会社が承継されることになる。その際、レシーバーシップのもとで損失を負担した債権者には、承継持株会社のエクイティ等が割り当

てられることで、事実上のベイルインが行われる。持株会社は清算されることから、クローズド・バンク・ベイルインとして位置づけられる。

　また、ベイルインの実効性を高める観点から、G-SIBsにはFSBのTLAC基準に従ってTLACが適用されるとともに、損失吸収力および資本再構築力を確保する観点から長期債務で構成されるLTDも適用される。米国のSPEにおけるベイルインは債権者の債権と証券の交換によって構成されており、エクイティ転換により焦点が当てられていることが背景にあろう。

　ただし、米国のSPEに関してFDICが2013年に明らかにした文書は、市中協議文書の位置づけであっていまだに最終文書は公表されておらず、SPEが最終化されていないことに留意が必要である。米国財務省から最終化を促されていることもあり、いずれFDICによって最終文書が公表されるものと思われるが、その際にはいま一度、最終化されたSPEのスキームを確認する必要がある。

補論 ┃ チャプター14の創設に係る検討

1 OLAの見直しの背景

　ドッド＝フランク法のOLAについては、①FDICの行政権限に基づく破綻処理制度であることから、FDICの行政裁量が大きすぎる、②FDICの裁量のもと、同順位の債権者に比して特定の債権者を有利に扱うことができることから、モラルハザードを生じるおそれがある[60]、③破綻処理ファイナンスのために設置されるOLFに納税者負担のリスクがある[61]といった批判が行われてきた。そこで、スタンフォード大学フーヴァー研究所を中心に、さまざまな批判のあるOLAに代替するものとして、連邦倒産法に新たな章を設けて

倒産法の手続にのっとって金融会社の秩序ある破綻処理を行う「チャプター14」と呼ばれる新たな制度の導入に向けた検討が行われている。

　すでに米国議会では、OLAを廃止しチャプター14を連邦倒産法に導入しようとする検討が行われている。下院では、ドッド＝フランク法の改正を目的とする金融選択法（Financial CHOICE Act）[62]が2017年6月に可決されており、同法のなかにはOLAを廃止し、チャプター14の導入を図る規定が含まれていた。そのほかチャプター14の導入を図る法案として、下院では金融機関倒産法（Financial Institution Bankruptcy Act）[63]が提出されており、上院に提出された納税者保護および責任ある破綻処理法（Taxpayer Protection and Responsible Resolution Act）[64]には、OLAを廃止してチャプター14の導入を図る規定がある。

　このようなOLAの廃止とチャプター14の導入に向けた立法化の動きを受けて、米国財務省は2018年2月21日にドッド＝フランク法のOLAを見直し、連邦倒産法にチャプター14を導入することを提案する報告書を公表した[65]。当該報告書は、トランプ大統領が2017年4月21日に明らかにしたOLAの見直しに関する大統領覚書をふまえて作成されたものである。上述の議会に提出された法案とは異なる点として財務省の報告書は、金融会社の破綻に際し

60　FDICがドッド＝フランク法に基づいて策定したOLAに関する暫定最終規則（interim final rule）においては、短期債務および一般債務に係る債権者については、FDICの理事会の多数決のもと、同順位債権者とは異なる扱いを行うことが認められている。FDIC, 12 CFR Part 380, Orderly Liquidation Authority Provisions of the Dodd-Frank Wall Street Reform and Consumer Protection Act, Interim final rule, 76FR 4207 (January 25, 2011), sec. 380. 2.

61　OLFの返済にあたっては、まずは株主・債権者の負担のもと、対象金融会社の資産が充当されるが、不足が生じた場合には、総資産500億ドル以上の金融会社を対象に資産規模やリスク、その他の要素を考慮して評価を実施し、当該評価に基づいて負担金がそれらの金融会社から徴収される。したがって、制度上は納税者負担を生じない仕組みとなっているが、当初の資金を財務省からの借入れ等でまかなうことから、納税者負担のリスクを懸念する声がある。

62　Financial CHOICE Act of 2017, H.R. 10, 115th Congress.

63　Financial Institution Bankruptcy Act of 2017, H.R. 1667, 115th Congress.

64　Taxpayer Protection and Responsible Resolution Act, S. 1840, 114th Congress.

65　U.S. Treasury (2018).

て優先すべき破綻処理制度としてチャプター14を導入する一方、OLAに関して必要な改定は行うものの、例外的な状況（extraordinary circumstance）におけるラスト・リゾートとしてOLAの制度は維持することを提案している。

　OLAを維持する背景として、連邦倒産法はシステミック・リスクの管理を目的としていないため、システミック・リスクの抑止を図るOLAを廃止することは誤りであるとして学者たちから連名で意見表明がされている[66]。また、ベン・バーナンキ（Ben Bernanke）元FRB議長も、OLAは金融ストレスをカタストロフィに発展させないための重要なルールであり、OLAを廃止することは大きな誤りであって、経済や金融システムをリスクにさらすことになると警鐘を鳴らしていたこともあげられる[67]。

2　チャプター14の検討

　現行の連邦倒産法について財務省の報告書は、大規模かつ複雑な金融会社の破綻処理を行うようには設計されておらず、特にデリバティブ取引や短期借入れを相当に行っている債務者が破綻した場合に生じる金融ストレスには対処できないとする。チャプター11を適用したリーマン・ブラザーズの教訓をふまえた判断であろう。これに対して、チャプター14は、スワップその他のデリバティブ契約、レポおよびリバース・レポ、証券貸借契約を含むQFCのカウンターパーティの早期解約権を一時的にステイすることが可能であり、その間に資本再構築ができる仕組みとなっている。報告書はチャプター14について、損失吸収を図る対象金融会社と資本再構築されるブリッジ会社に法的に分かれた2つのエンティティを利用した資本再構築モデル（two-entity recapitalization model）に基づく破綻処理プロセスであると説明しており、SPEを前提としている。

66　Gordon. and Roe（2017）.
67　Bernanke（2017）.

チャプター14の具体的なプロセスについては、まず、対象金融会社が手続を申し立ててから48時間以内に資産の大半と負債の一部を新たに設立したブリッジ会社に承継するための承認を裁判所に申請する。申請を受けた裁判所は、ブリッジ会社への承継が米国の金融の安定に深刻な影響を生じることを回避するために必要であること、承継された債務、未履行契約、QFCの履行をブリッジ会社が行えることを確認し、ブリッジ会社への承継を許可する。チャプター14では48時間の一時的なステイがかかることから、金曜日に始まるレゾリューション・ウィークエンド（resolution weekend）に倒産法手続が適用されると、OLAで想定されている時間軸と同様、業務子会社は月曜日に業務を再開することが可能になり、市場の混乱を最小限に抑制することが期待されている。

　ブリッジ会社に承継される資産には業務子会社のエクイティが含まれることから業務子会社は業務の継続が可能になり、その結果、カウンターパーティが資金を引き出そうとするインセンティブは抑制される。デリバティブやその他のQFCに関してはカウンターパーティが倒産法の適用をトリガーとして解約や清算、早期償還の権利を行使することが懸念されるが、それらに対しては、一時的なステイを講じることによって市場の混乱を回避することが可能になる。

　報告書は、チャプター14のもとでは損失負担は明確であり予見可能であるとする。すなわち、対象金融会社の株主や自己資本を構成する資本構成債務（capital structure debt）の保有者の権利は、ブリッジ会社に承継されずに対象金融会社に残されることになる。他方、ブリッジ会社のエクイティは、対象金融会社に残された株主や債権者のために指名された特別受託者（special trustee）によって管理され、特別受託者はチャプター14の手続を監視する裁判所の命令がある場合にのみ、信託（trust）で管理されるエクイティに配当を行うことができる。チャプター14における資本構成債務は、損失吸収と資本再構築を図るために重要な役割を担っている。

OLAの位置づけの変更

　財務省の報告書は、例外的な状況におけるラストリゾート（最後の手段）としてOLAを存続させる一方で、指摘されているいくつかの問題について修正を図ることを提案している。

　まず、ドッド＝フランク法が銀行持株会社やその他の金融会社の破綻処理として倒産法が望ましいと認識しており、同法は金融会社を一般の事業会社と同様に破綻処理できることを前提に制度を設計していることを指摘する[68]。そのうえで、TLACやSPE、破綻処理計画の策定を含むさまざまな改革によって、大規模な金融会社であっても倒産法のもとで破綻処理を行うことが現実に可能になってきているとし、倒産法の適用をより実行可能なものにすることで、OLAが必要とされる状況はより抑制されるとの考え方を示している。

　しかしながら、倒産法は破綻処理ツールとして最初に選択される選択肢であるものの、大規模かつ複雑なクロスボーダーで業務を展開する金融会社については、チャプター14の手続が実行可能ではない可能性がある。報告書はたとえば、破綻処理手続において民間からのファイナンスが十分に得られない場合には、金融システムの混乱を回避する観点から明確かつ予見可能な支払順位に基づいて株主、債権者に負担を求めつつ、OLAを適用することが必要になるとの見方を示している。

　また、報告書は、自国の債権者保護のために海外当局が実施するリングフェンスを回避する役割をOLAが担うことを指摘している。OLAが緊急時のバックストップとして海外当局により認識されれば、海外当局は自国にある金融子会社に個々に破綻処理手続を適用するよりも母国における単一の破

---

[68]　たとえば、同法は、G-SIFIsが策定する破綻処理計画に関して、当該会社を連邦倒産法のもとで秩序ある破綻処理を行うために信頼に足るものか、それを支援するものかという観点から当局がレビューすることを求めている。

綻処理手続を選択する可能性が高くなるであろう。

　そのうえで、現行のOLAについて、そのストラクチャーと適用の見直し
を行うことで、法の支配（rule of law）の脆弱性の問題に対処し、恣意的な
行政措置を回避することができると主張する。まず、ドッド＝フランク法の
OLAを見直す方向性として、公平性を有する明確なルールの策定をあげて
いる。具体的には以下のとおりである。

① 　OLAのもと、同順位債権者は同等の扱いとなるようFDICは規則改正
　を行うこと

　　現行のOLAは一定の要件のもと、FDICの裁量によって同順位債権者
　でも異なる扱いをすることを認める一方[69]、FDICは自らの裁量権を制
　限して債権者に確実性を与える必要性を認識しており、FDICの暫定規
　則では、長期シニア債務や劣後債務、エクイティには裁量権を行使しな
　いことを定めている[70]。もっとも、一般債権者と短期債権者に関しては
　裁量権を維持しており、有利な扱いを受ける無担保債権者として、レ
　シーバーシップやブリッジ会社のオペレーションの継続に重要なユー
　ティリティ・サービスを提供するプロバイダーや決済事業者をあげてい
　る。

　　この点に関して、FDICが長期債権者に対して短期債権者を有利に扱
　うとすれば、長期債権者の負担のもとで短期債権者をベイルアウトする
　ことになる。連邦倒産法のもとでは重要なベンダーが有する倒産法申立
　て前の債権への支払は裁判所の承認のもとで会社の再生に資する場合な

69　Dodd-Frank Act sec. 210(b)(4)(A)は、①対象金融会社の資産価値の最大化を図るため、
　②レシーバーシップを適用するためもしくはブリッジ金融会社の重要なオペレーション
　を開始・継続するため、③対象金融会社の資産の売却その他の処分からの現在価値の最
　大化を図るため、または④対象金融会社の資産の売却その他の処分によって生じる損失
　を最小化するために必要な場合には、同順位の債権者を同様に扱わなくてもよいことを
　規定している。

70　FDIC, 12 CFR Part 380, Orderly Liquidation Authority Provisions of the Dodd-
　Frank Wall Street Reform and Consumer Protection Act, Interim final rule, 76FR
　4207（January 25, 2011）, sec. 380. 2.

どに限られていることから、報告書は連邦倒産法との平仄をあわせるため、FDICが同順位債権者について異なる扱いをできる現行規則の修正を求めている。

② レシーバーシップにおける所有者の権利の変更については、FDICではなく裁判所に委ねることで透明性の向上を図ること

　　SPEのもとで資産・負債がブリッジ会社に承継された後、レシーバーシップに残された株主や無担保債権者の権利は裁判所が管理することになる。つまり、ベイルインを実施する権限を行政当局から裁判所に移管することを提案している。

　　その理由として、FDICはブリッジ会社に資産・負債を承継させ、民間の買い手に承継させるまでブリッジ会社を運営することや、OLFの資金を管理することに専門性を有しているのであって、当事者の権利の変更は裁判所の役割であるとする。FDICはFDI法のもと、預金保険対象機関の破綻処理において必要に応じて預金のヘアカットを行っているが、FDI法の権限とOLAの権限は異なること、預金保険対象機関の債務クラスでは預金の存在が大きいが、持株会社の債務はそれとは異なることを指摘している。

③ OLAの開始要件を明確化すること

　　金融会社が「デフォルトまたはデフォルトの危険にあること」を含め、一定の要件を満たすことについて財務長官が決定を行った場合にOLAの手続が開始されることになっているが、定義の明確化が必要であるとする。具体的には、デフォルトの危険があることの判断に際して、自己資本の毀損や債務超過、流動性枯渇の危険が差し迫っているかどうかについて一定期間を定めることで基準を明確化させるべきとしており、90日間という具体的な期間を提案している。

　また、報告書は、OLAの枠組みのなかで破綻処理ファイナンスを担うOLFの利用についても、一定の制限をかけることを提案している。現在、OLFの利用に際しては、財務長官の承認が必要であり、財務長官は金利、

金額、期間を含むファイナンスの条件を決定しなければならない。FDICが対象金融会社に対して資金供与を行う際には秩序ある清算計画（orderly liquidation plan）とともに返済計画の策定が求められており、いずれも財務長官の同意を得る必要がある。また、FDICから対象金融会社に供される資金は、FDICのレシーバー指名後30日間については、直近の財務諸表における連結総資産の10％が上限となっており、それ以降は公正価値で評価された連結総資産の90％が上限となっている。

　このように現在でもOLFの利用には一定の制約が設けられているものの、市場規律を向上させ、納税者の保護を強化する観点から、報告書はOLFの利用にさらに制限をかけるべく以下のとおり提案している。

①　民間の資本市場への復帰を促すために保証を利用し、金利の上乗せを図ること

　　具体的には、直接融資を実行する際に金利の上乗せを図ることに加えて、ブリッジ会社を民間の資金調達市場に早期に復帰させる観点から保証を利用すべきことを提案しており、FDICは直接融資よりも保証の提供を優先すべきとしている。その理由として、ブリッジ会社の財務状況が不確実であったり、市場のボラティリティが高かったりする場合には、資金の出し手は信用供与に消極的になることから、保証を提供することでブリッジ会社がより早く市場調達できるようになるとする。また、資金調達市場を利用するインセンティブ付与の観点から、FDICが融資する際には金利を上乗せし、保証を提供する場合には保証料を上乗せすべきであるとする。

②　納税者保護の観点から融資は有担保で実行すること

　　高品質の資産を担保として利用することを求め、FRBのディスカウント・ウィンドウ適格担保を参考にしてFDICがOLFに関する適格担保リストを作成することを提案している。

③　OLFからの資金の引出しは、流動性ニーズを満たすために必要な範囲に限定し、短期間に制限すること

ブリッジ会社に認められているOLFを利用した当初のファンディン
グは、短期資金の引出しを防ぎ、危機の波及を回避し、安定性を確保す
るために十分であるとする。したがって、ブリッジ会社が安定化し、市
場参加者がデューデリジェンスを行える時間が確保されるようになれ
ば、仮に金融危機の状況であったとしても、ファイナンスを提供できる
ようになるとの考えである。

　さらに報告書は、OLAにおいて裁判所によるより厳格な検証が行われる
よう司法レビューの強化を提案している。OLAでは対象金融会社の取締役
会がFDICのレシーバーの任命に同意しない場合には、レシーバーの任命権
限を財務長官に付与する命令を得るために財務長官がコロンビア特別区連邦
地方裁判所に申立てを行い、原則として24時間以内に裁判所が決定すること
が定められている[71]。もっとも、取締役会が申立てに同意した場合には司法
レビューが行われることはない。

　この点について報告書は、司法レビューを強化する観点から、デフォルト
またはデフォルトの危険にあることを含め、OLAの開始にあたって財務長
官に確認が求められる7つの判断基準について、行政手続法の恣意性検定[72]
（arbitrary and capricious）に従って裁判所がレビューすることを提案してい
る。恣意性検定に基づくレビューを実施する場合は、行政当局の決定が裁判
所の判断に置き換わることはないが、当該検定を導入することによって、
FDICの決定が合理的であって十分に信頼できる分析の結果であることを保
証することになるとしている。

　また、OLAの司法レビューは、FDICがレシーバーに任命される前の24時

71　Dodd-Frank Act sec. 202.

72　恣意性検定とは、行政機関の行為を裁判官が評価するための法的な審査基準である。
これはもともと、行政手続法（Administrative Procedure Act）の規定によるものであ
り、同法は、「恣意的（arbitrary）、気まぐれ（capricious）、裁量権の乱用（an abuse
of discretion）、または法律に従っていない（not in accordance with law）」と判断した
ものを無効にするよう行政機関の訴訟を審理する裁判所に指示している。このテスト
は、行政機関の規則制定、特に非公式な規則制定の事実に基づく根拠を評価するために
頻繁に採用されている。

間以内という限られた時間のなかで行われることになっているため、司法レ
ビューの強化の観点からレシーバー任命後に完全なレビューを実施すること
を提案している。FDI法に定める預金保険対象機関の破綻処理プロセスにお
いては、事後的な司法レビューが行われることになっていることと平仄をあ
わせることとなる。一方、レシーバー任命前の司法レビューの仕組みを維持
する場合には、24時間以内に完全なレビューを実施することの困難さをふま
えて、仮に提訴された場合には、巡回裁判所（第2審）において地方裁判所
の決定は考慮されることなく審査されるという仕組みを提案している。

第 3 章

EUの秩序ある破綻処理の枠組み

第 1 節 | 域内共通の破綻処理の枠組み（BRRD）

 BRRDの背景とその概要

　欧州連合（EU）では、グローバル金融危機以前は金融機関の破綻処理を行うための域内共通の枠組みはなく、また、通常の倒産手続以外に金融機関を対象とする特別な倒産手続を有する加盟国もほとんどなかったとされる。金融危機以降、システミック・リスクを発生させる可能性のある大規模で複雑な金融機関のクロスボーダーの破綻処理を実現することを目的として、「銀行再建・破綻処理指令（BRRD）」[1]が策定され、これにより破綻処理当局が包括的な権限や破綻処理ツールを利用して金融機関の秩序ある破綻処理を行うための域内共通の枠組みが整備された。

　BRRDは、金融システムに対する重大な影響を回避することを含め必要不可欠な場合に適用されるものであり、システミック・リスク発生の可能性がある場合に適用される例外的な破綻処理の枠組みである。したがって、システミック・リスクを生じない金融機関の場合には、BRRDに規定された破綻処理の枠組みは適用されず、各加盟国の倒産手続のもとで解体（wind up）されることになる。

　BRRDは、欧州委員会（European Commission）が2010年10月に、金融セクターにおける危機管理のためのEUの枠組みに関する通知（communica-

---

1　Directive 2014/59/EU of the European Parliament and of the Council of 15 May 2014 establishing a framework for the recovery and resolution of credit institutions and investment firms and amending Council Directive 82/891/EEC, and Directives 2001/24/EC, 2002/47/EC, 2004/25/EC, 2005/56/EC, 2007/36/EC, 2011/35/EU, 2012/30/EU and 2013/36/EU, and Regulations （EU） No 1093/2010 and （EU） No 648/2012, of the European Parliament and of the Council.

tion）を欧州議会（European Parliament）および欧州連合理事会（Council of the European Union）に発出したことが検討のスタートとなった[2]。当該通知は、金融危機の際に、金融システムの安定化を図るため、公的資本増強や不良資産買取り、保証の提供、流動性支援といった措置を講じざるをえなかったことを指摘する。そのうえで、銀行に関しても銀行以外の法人と同様に破綻させるようにしなければならないとして、金融機関の無秩序な破綻が金融システムに与えるダメージを回避できるツールを準備するために、域内共通の破綻処理の枠組みを整備することの必要性を訴えた。

欧州委員会は2012年6月に法案を公表し、欧州議会および欧州連合理事会の審議を経て2014年5月15日にBRRDが成立した。各加盟国は2015年末までにBRRDを国内法化することが求められ、現在、BRRDはすべての加盟国で国内法化されている[3]。

BRRDは、第1次資本要求規則（Capital Requirements Regulation 2013；CRR)[4]に定める銀行（credit institution）および投資サービス会社（investment firm)[5]を含む金融機関（institution）を対象とし、保険会社を含むノンバンクについては対象としていない。投資サービス会社がBRRDの対象に含まれているのは、金融危機の際、投資サービス会社に含まれる投資銀行もシステミック・リスクをもたらすことを認識したからであろう。より具体的には、BRRDの対象として以下が規定されている[6]。

① EUで設立された金融機関

② 銀行または投資サービス会社、金融持株会社（financial holding company）のEUで設立された子会社であり、CRRに基づいて親会社の連結監

---

2 European Commission (2010).

3 BRRDは、各加盟国が2014年12月31日までに国内法化させたうえで、2015年1月1日に施行することを定めている。ただし、ベイルインに関する規定については、2016年1月1日から適用することを規定している。

4 Regulation (EU) No 575/2013.

5 投資サービス会社とは、サードパーティに投資サービスを提供する銀行以外の会社を指す。Regulation (EU) No 575/2013 art. 4(1)(2).

6 Directive 2014/59/EU art. 1(1).

督下にある金融機関

③　EUで設立された金融持株会社、複合金融持株会社（mixed financial holding company）[7]、複合業務持株会社（mixed-activity holding company）[8]

④　加盟国の金融持株親会社、EUの金融持株親会社、加盟国の複合金融持株親会社、EUの複合金融持株親会社

⑤　EU域外で設立された金融機関の支店であって、本指令の特定の規定に基づくもの

BRRDのもとで破綻処理を担う破綻処理当局について、加盟国は破綻処理の権限を有する単一または複数の破綻処理当局（resolution authority）を指定し、欧州銀行機構（European Banking Authority：EBA）に通知することが求められる[9]。破綻処理当局は、行政当局（public administration authority）または行政権限を有する複数の当局であると定められている。すなわち、BRRDの破綻処理手続は行政手続である。

BRRDには金融機関の再生と破綻処理を図る枠組みとして、①経営危機に至る前の平常時における準備（preparation）に関する措置、②経営危機後に再生を図るための監督当局による早期介入（early intervention）に関する措置、③破綻処理当局が有すべき銀行の破綻処理に関する権限やツールを含む破綻処理に関する措置という３つのステージに分けて措置が規定されている（図３－１）。

まず、準備段階としては、金融機関の再建計画および破綻処理計画の策定と、破綻処理当局による金融機関の破綻処理の実行可能性を評価するレゾルバビリティ・アセスメントが含まれる。

再建計画は、財務状況の深刻な悪化が生じた後に財務ポジションを回復する措置を定めるものとして金融機関に策定が義務づけられるものであり、少

7　複合金融持株会社とは、少なくともその子会社の１社が域内に本店を有する規制対象会社（銀行、保険会社または投資サービス会社）であって、金融コングロマリットを形成している持株会社を指す。

8　複合業務持株会社とは、その子会社の少なくとも１社が銀行である持株会社を指す。

9　Directive 2014/59/EU art. 3.

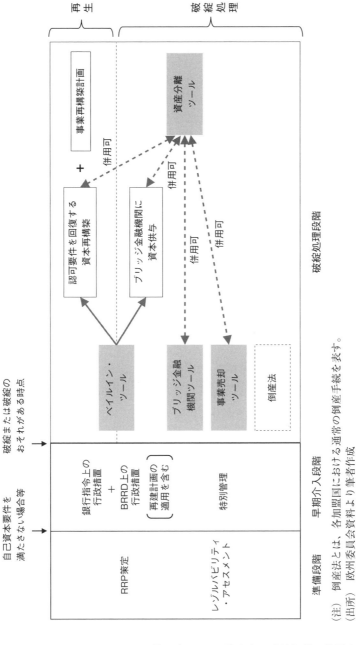

図3－1　BRRDの全体図（準備、早期介入、破綻処理）

（注）倒産法とは、各加盟国における通常の倒産手続を表す。
（出所）欧州委員会資料より筆者作成

なくとも毎年見直され、法的なまたはオペレーション上の組織構造に変化があった場合にも見直しが必要となる[10]。再建計画は、資本増強や一時国有化を含む非常時公的金融支援（extraordinary public finance support）を前提としてはならない。また、中央銀行のファシリティを利用するための条件の分析や担保の特定が求められる。再建計画は監督当局に提出され、重大な欠陥が認められる場合には改定しなければならない。

　一方、破綻処理計画は、個々の金融機関に関して破綻処理当局が策定するものであり、金融機関が破綻処理の要件を満たす場合に破綻処理当局が採用しうる破綻処理措置を提供する[11]。破綻処理計画は少なくとも毎年見直され、法的なまたはオペレーション上の組織構造に変化があった場合にも見直しが行われる。

　破綻処理当局は、破綻処理計画を策定する際に破綻処理の実現可能性に対する重大な障害を特定し、それにどのように対応するかを記す必要がある。破綻処理計画は、金融機関が単独で破綻するときや金融システムの不安定性に起因する場合も含めて関係するシナリオを考慮することが必要であり、その際、非常時公的金融支援、中央銀行の緊急時流動性支援（emergency liquidity assistance）または基準外の担保、期間、金利条件のもとで行われる中央銀行の流動性支援を前提としてはならないとする。また、BRRDは、破綻処理計画に規定する要素も具体的に定めている（表3－1）。

　一方、金融機関のレゾルバビリティ・アセスメントに関しては、破綻処理当局が監督当局および重要な支店が存在する法域の破綻処理当局と協議のうえ、非常時公的金融支援等を前提とすることなく、破綻処理が実行可能であることを評価することが求められる[12]。破綻処理が実行可能であると判断されるには、金融システムへの深刻な負の影響を最大限回避しつつ、金融機関が提供するきわめて重要な機能（critical function）の継続を確保しながら、

10　Directive 2014/59/EU art. 5(1).
11　Directive 2014/59/EU art. 10(1)(ii).
12　Directive 2014/59/EU art. 15(1).

表 3 － 1　破綻処理計画に記載されるべき事項

項目
(a)　計画の主要な要素の要約
(b)　直近の計画を提出した後に金融機関に生じた重要な変化に関する要約
(c)　金融機関の破綻に際して、きわめて重要な金融機能およびコアな事業を継続させるために、他の機能・事業から当該機能・事業を法的・経済的に分離するための方策
(d)　計画の主な事項を実施するための時間軸の推定
(e)　破綻処理の実行可能性の評価に関する詳細説明
(f)　破綻処理の実行可能性への障害を除去するために必要な措置の説明
(g)　きわめて重要な金融機能、コアなビジネスラインおよび資産の価値・市場性を決定するための説明
(h)　破綻処理計画の策定に必要な情報が更新され、常に破綻処理当局が自由に利用できることを確保するための措置に関する詳細な説明
(i)　非常時公的金融支援、中央銀行の緊急時流動性支援、基準外の担保、期間、金利に関する条件のもとで流動性支援が実行されないことを前提として破綻処理オプションをファイナンスするための方策に関する説明
(j)　異なるシナリオおよび時間軸に従って適用される異なる破綻処理戦略に関する詳細な説明
(k)　重要な相互依存関係の説明
(l)　支払・清算サービス、他のインフラへのアクセスを維持するためのオプションに関する説明、顧客ポジションのポータビリティの評価
(m)　関連費用の評価、破綻処理プロセスの間にスタッフに相談するために想定される手順の説明、社会的パートナーとの対話のための国家システムの考慮を含む、計画が金融機関の従業員に与える影響の分析
(n)　メディアおよび公衆とのコミュニケーション計画
(o)　MREL（最低水準）、当該水準に到達すべき期限
(p)　必要な場合、自己資本の最低水準および契約上のベイルイン、当該水準に到達すべき期限
(q)　金融機関のオペレーション・プロセスの継続的な機能を維持するためにきわめて重要なオペレーションおよびシステムの説明
(r)　必要な場合、破綻処理計画に関する金融機関の意見

（出所）　BRRDより筆者作成

通常の倒産手続（normal insolvency proceedings）のもとで清算するか、破綻処理ツール・権限を用いて破綻処理することについて、破綻処理当局が実現可能かつ信頼できると評価することが必要である。

　また、破綻処理当局はレゾルバビリティ・アセスメントを行う際に、重大な影響を与える相当の障害があると判断した場合には、金融機関および監督当局に通知することになる[13]。通知を受けた金融機関は4カ月以内に相当の障害を除去するための措置を破綻処理当局に提案しなければならない。

　次に、当局による早期介入である。BRRDは、金融機関がCRR、第4次資本要求指令（Capital Requirements Directive 2013；CRD4）[14]、第2次金融商品市場指令（Markets in Financial Instruments Directive 2014；MiFID2）[15]、金融商品市場規則（Markets in Financial Instruments Regulation；MiFIR）[16]における要件に違反した場合、または流動性の状況悪化、レバレッジ、不良債権またはエクスポージャー集中の増加を含め、急速な財務状況の脆弱化によって自己資本の最低基準よりも1.5％ポイント上回る水準となる場合も含め、一定のトリガーに基づいて評価した結果、金融機関が近い将来要件に違反する可能性がある場合には、監督当局が早期介入の措置を講じることを定めている[17]（表3-2）。

　早期介入の措置がとられた場合、破綻処理当局の権限として金融機関の破綻処理に備えて潜在的な買い手に接触することが認められている[18]。

　また、金融機関の財務状況が相当に脆弱化している場合、または法律、規制および法規への深刻な違反、もしくは深刻な行政上の違反があった場合、監督当局は上級管理職もしくは取締役会の一部または全員を解任することが可能である[19]。上級管理職または取締役の解任では不十分な場合には、監督

13　Directive 2014/59/EU art. 16(1).
14　Directive 2013/36/EU.
15　Directive 2014/65/EU.
16　Regulation（EU）No 600/2014.
17　Directive 2014/59/EU art. 27(1).
18　Directive 2014/59/EU art. 27(2).
19　Directive 2014/59/EU art. 28.

表3－2　早期介入に関する措置

措置
(a)　金融機関の取締役会に対して再建計画の措置の適用を要求
(b)　金融機関の取締役会に対して、状況を検証し、識別された問題への対応策を特定し、問題を克服するための行動プログラムと実施スケジュールの作成を要求
(c)　株主総会について金融機関の取締役会に召集を要求するか、召集できない場合には直接、株主総会を招集
(d)　CRD4またはMiFID2に従って職務遂行が不適切だと判断されるときは、取締役会または上級管理職の１人以上のメンバーを退任または更迭するよう要求
(e)　金融機関の取締役会に対して、必要に応じて再建計画に従って一部またはすべての債権者との間の債務再編に関する交渉計画を立てるよう要求
(f)　金融機関の事業戦略の変更を要求
(g)　金融機関の法的なまたはオペレーション上の組織構造の変更を要求
(h)　破綻処理計画の更新、破綻処理の準備、資産・負債のバリュエーションに必要な情報について、立入検査を通じて破綻処理当局に提供することも含めて入手すること

（出所）　BRRDより筆者作成

当局は一時的管理者（temporary administrator）を任命することができる[20]。

　そして、破綻処理の段階についてBRRDは、破綻処理ツールの適用および破綻処理権限の執行に際して、破綻処理当局が破綻処理目的（resolution objective）を考慮してツール、権限を選択することを求めている[21]。破綻処理目的を追求するうえで破綻処理当局は、破綻処理コストの最小化と価値を減失することを避けることが求められる。

　破綻処理目的は、以下のように規定されており、第１章で紹介した破綻処理の新たな国際基準であるFSBの「主要な特性（Key Attributes）」が提示す

20　Directive 2014/59/EU art. 29.
21　Directive 2014/59/EU art. 31(1).

る実効的な秩序ある破綻処理制度の要件との調和にも十分に配慮したものとなっている[22]。

① きわめて重要な機能の継続を確保すること
② 特に市場インフラを含めて波及を回避することおよび市場規律を維持することによって、金融システムへの深刻な負の影響を回避すること
③ 非常時公的金融支援への依存の最小化を図ることによって公的資金を保護すること
④ 預金保険指令（Deposit Guarantee Schemes Directive；DGSD）[23]により保護される預金者、投資者保護指令（Investor Compensation Schemes Directive；ICSD）[24]により保護される投資者を保護すること
⑤ 顧客資金および顧客資産を保護すること

一方、破綻処理当局は、破綻した金融機関に対して破綻処理ツールを適用するために必要なすべての権限を有する。BRRDでは破綻処理権限が明確に定められている[25]（表3−3）。グループ・レベルで破綻処理を行う場合には、関係する複数の破綻処理当局は破綻処理カレッジ（resolution college）を形成することとなる[26]。

BRRDに規定される具体的な破綻処理手続に関しては、ユーロ圏の破綻処理の枠組みを確認した後に具体的に整理する。

2 単一破綻処理制度（SRM）の整備

EUでは、ユーロ圏参加国で構成される銀行同盟（Banking Union）が整備された[27]。銀行同盟とは、2010年にユーロ圏で発生した欧州債務危機を受けて、EUの真の経済・通貨同盟（economic and monetary union）を実現させ、

22　Directive 2014/59/EU art. 31⑵, and Regulation（EU）No 806/2014 art. 14⑵.
23　Directive 2014/49/EU.
24　Directive 97/9/EC.
25　Directive 2014/59/EU art. 63.
26　Directive 2014/59/EU art. 88.

表 3 − 3　破綻処理当局が有する一般権限

権限
(a)　破綻処理当局が破綻処理措置を決定および準備するために必要な情報提供を要求する権限
(b)　破綻処理が適用される金融機関を管理し、金融機関の株主および取締役会に与えられたすべての権利・権限を執行する権限
(c)　破綻処理が適用される金融機関が発行する株式またはその他の持分商品を譲渡する権限
(d)　破綻処理が適用される金融機関の権利、資産・負債を他のエンティティに対して、当該エンティティの同意のもとで譲渡する権限
(e)　破綻処理が適用される金融機関の適格債務に関して、ゼロにすることを含めて元本額または未償還額を削減する権限
(f)　破綻処理が適用される金融機関の適格債務について、当該金融機関または親会社、権利や資産・負債を譲渡したブリッジ金融機関の普通株式またはその他の持分商品に転換する権限
(g)　破綻処理が適用される金融機関の債務商品（担保付債務を除く）を消却する権限
(h)　破綻処理が適用される金融機関の株式または持分商品の元本額について、ゼロにすることを含めて削減し、株式または持分商品をキャンセルする権限
(i)　破綻処理が適用される金融機関または親会社に対して、優先株式および転換社債を含む、新たな株式、その他の持分商品またはその他の資本商品の発行を求める権限
(j)　破綻処理が適用される金融機関が発行する債務商品およびその他の適格債務の満期を修正または変更し、一時的に支払を停止することを含め、当該商品およびその他の適格債務に基づいて支払われる利息の額または利息支払日を修正する権限
(k)　金融契約またはデリバティブ契約の一括清算または終了を行う権限
(l)　破綻処理が適用される金融機関および親会社の取締役会、上級管理職を退任・交代させる権限
(m)　監督当局に対して株式の買い手が適格保有者であるか否かの審査の迅速化を求める権限

（出所）　BRRDより筆者作成

金融システムの安定を改善させることを目的とした枠組みである。

　銀行同盟は、バーゼルⅢをふまえた厳格な銀行のプルーデンス規制（CRD4、CRRを含む）、預金保護の向上を図り域内の預金保険制度のさらなる改善を図るDGSD、破綻銀行の破綻処理を管理するBRRDを含む、EU加盟国の単一ルールブック（single rulebook）をその基礎とし、①第1の柱である単一監督メカニズム（Single Supervisory Mechanism；SSM）、②第2の柱である単一破綻処理メカニズム（Single Resolution Mechanism；SRM）、③第3の柱である欧州預金保険制度（European Deposit Insurance Scheme；EDIS）という3つの柱で構成されている（図3 - 2）。

　まず、銀行同盟の監督の枠組みであるSSMにおいては、ユーロ圏に所在する銀行の直接的な監督当局としてユーロ圏の中央銀行である欧州中央銀行（European Central Bank；ECB）が位置づけられている[28]。SSMでは、銀行の規模[29]や加盟国の経済における重要性、クロスボーダー業務の重大性に関する基準に照らして重要（significant）であると判断された銀行については、加盟国の監督当局にかわってECBが直接監督する。一方、ECBの直接的な監督を受けない銀行については、従来どおり、加盟国の監督当局の監督下に置かれる。SSMは、ECBと加盟国の監督当局が互いに協力して、銀行がEUの銀行ルールを遵守しているかを検証し、早期に問題を解決することをねらいとしている。

　次に、ユーロ圏の預金保険制度の一元化を目指すのがEDISである。EUの預金保険制度は現在、DGSDのもとで域内調和を図りながら加盟国ごとに運

28　Council Regulation (EU) No 1024/2013.

27　銀行同盟は現在、ユーロ圏に参加するオーストリア、ベルギー、キプロス、エストニア、フィンランド、フランス、ドイツ、ギリシャ、アイルランド、イタリア、ラトビア、リトアニア、ルクセンブルク、マルタ、オランダ、ポルトガル、スロバキア、スロベニア、スペインで構成されている。非ユーロ圏の加盟国であっても銀行同盟に参加することができるが、本書執筆時点においては、非ユーロ圏の加盟国からの参加はない。

28　Council Regulation (EU) No 1024/2013.

29　銀行の規模に関する基準として、①総資産が300億ユーロ超、②総資産が50億ユーロ以上の場合、加盟国のGDPに対する比率が20％超、③加盟国の当局が当該銀行を自国経済にとって重大であるとECBに通知し、ECBが重要性を確認した場合があげられている。Regulation (EU) No 1027/24 art. 6(4).

図3-2　銀行同盟の3つの柱

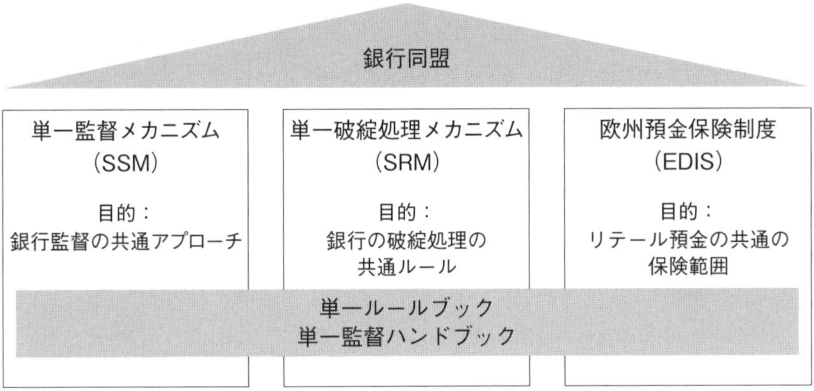

（出所）　欧州委員会資料より筆者作成

営されている。これに対してEDISは、金融危機やソブリン債務危機を受けて検討されたものである。欧州委員会はEDISによって2024年までにユーロ圏の預金保険制度を統一し、単一の預金保険制度に移行することを目指している。具体的には、当初は、EDISに参加する加盟国の預金保険制度の負担能力が不足する場合にEDISが一定限度を上限に負担する再保険（reinsurance）、次に、EDISと参加国の預金保険制度が共同で負担する共同保険（co-insurance）、最終的には、EDISがすべてを負担する完全保険（full insurance）という3つの段階を経て一元化を図る構想である[30]。しかしながら、一部の加盟国が預金保険制度の統一について難色を示しており[31]、EDICはいまだ成立していない[32]。

　そして、SSMおよびEDISという銀行同盟の2つの柱と密接な関係を有す

30　European Commission（2015）.

31　たとえば、ドイツは、いくつかの国では過去の投融資を背景に引き続き高いリスクにさらされている銀行があるとして、預金保険制度の統一に反対している。"EU deposit insurance debate could be linked to bank sovereign exposure -official," *Reuters*, March 9, 2019.

32　欧州委員会としては、まずは再保険からスタートして共同保険の仕組みの実現を目指すこととしている。European Commission（2017）.

るのが、もう 1 つの柱であるSRMという破綻処理制度である。2016年 8 月19日に施行された単一破綻処理メカニズム規則（Single Resolution Mechanism Regulation；SRMR）[33]のもと、独立したEU専門機関（EU agency）である単一破綻処理理事会（Single Resolution Board；SRB）が銀行同盟における破綻処理当局として2015年 1 月に設置された。また、SRMRでは、銀行同盟に参加する国の預金保険基金（あるいはEDIS）とは別に、銀行の破綻処理に必要なファイナンスを提供するための基金として、SRBが管理・運営する単一破綻処理基金（Single Resolution Fund；SRF）が設置されている。

　SRMは、SRBと銀行同盟の参加国の破綻処理当局によって構成される。SRBは、参加国の破綻処理当局に加えて、欧州委員会およびECB、EBA、参加国の監督当局との間で連携を図ることが求められている。また、SRBは、ECBが監督する銀行を破綻認定した場合、当該銀行の破綻処理に関するすべての決定を行う責任を負っている。破綻処理を行う場合は、SRBが破綻処理のイニシアティブをとり、SRBの決定のもと、加盟国の破綻処理当局が実際の破綻処理措置を講じることになる。ただし、SRBの破綻処理スキームの決定には、欧州委員会および欧州連合理事会による承認があることまたは異議がないことが必要である[34]（図 3 - 3 ）。

　また、SRBが管理・運営するSRFは、ユーロ圏の金融機関からの事前徴収によって積み立てられる。金融機関が破綻し破綻処理ファイナンスを行った結果として基金に不足が生じる場合には、金融機関からの事後的な負担金の

---

33 Regulation（EU）No 806/2014 of the European Parliament and of the Council of 15 July 2014 establishing uniform rules and a uniform procedure for the resolution of credit institutions and certain investment firms in the framework of a Single Resolution Mechanism and a Single Resolution Fund and amending Regulation（EU）No 1093/2010.

34 欧州委員会はSRBの破綻処理に関する決議案を受領した後、24時間以内に破綻処理スキームを承認するか、または破綻処理スキームの裁量的な要素について反対することとなる。さらに、欧州委員会はSRB決議案の受領後12時間以内に、①破綻処理スキームが公益性を満たさないとして反対すること、②破綻処理スキームにおけるSRFの重大な金額の利用について承認または反対することを欧州連合理事会に提案することが可能である。Regulation（EU）No 806/2014 art. 18(7).

図3-3 SRMにおける破綻処理の意思決定プロセス

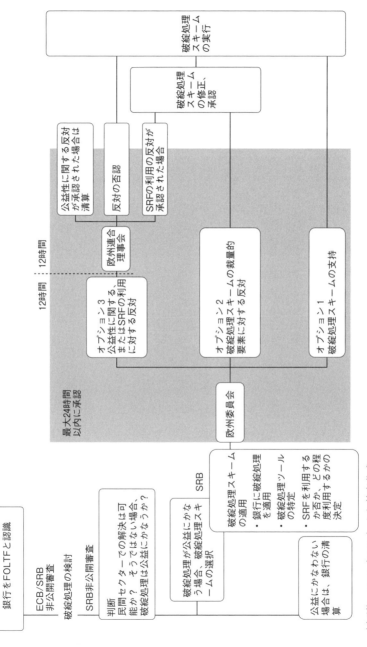

（出所）SRB（2016a）より筆者作成

徴収によってカバーすることとなる。段階的に積み上げられるSRFは、2023年12月末までに、銀行同盟におけるすべての銀行の保険対象預金の少なくとも１％の水準に到達することを目標としている。

このようにSRBは、銀行同盟における破綻処理の枠組みであるSRMのなかで主たる役割を担っている[35]。破綻処理の意思決定をSRBに集約し、破綻処理ファイナンスをSRFに集約するSRMについて、SRBは以下のメリットを指摘する[36]。

① 強固で集約化された独立的なSRBによる意思決定は、銀行同盟の参加国にまたがる破綻処理の決定にあたって、効率的かつ迅速であり、調和のない措置を回避し、金融の安定に対する負の影響を最小化させ、公的金融支援の必要性を限定し、レベル・プレイング・フィールドを確保すること

② 銀行に対する負担金を通じてSRFに資金を集約することで、国ごとの基金よりも効果的に納税者を保護し、同時に銀行同盟の銀行にレベル・プレイング・フィールドを提供できること

なお、SRMのもと、ECBが監督する銀行を対象にSRBのイニシアティブによって破綻処理を行う場合、SRBはSRMRに基づく破綻処理手続のなかで破綻処理スキームを決定する。一方、SRBが決定した破綻処理スキームのなかで実際に講じられる措置については、加盟国の破綻処理当局がSRMRとともにBRRDに基づいて実行することになる。すなわち、SRMでは、SRMRおよびBRRDという２つの法律に基づいて金融機関の破綻処理が実行されることになる。SRMRとBRRDの間では、破綻処理の開始要件や権限、ツールを含めておおむね調和が図られている。

---

[35] SRBの具体的な役割としては、①破綻処理計画の決定およびレゾルバビリティ・アセスメントの実施、②破綻処理計画の策定時の義務の簡素化または免除、③早期介入における措置の実施、④破綻時の損失吸収力または資本再構築力を要求するMREL（minimum requirement for own funds and eligible liabilities）の水準設定、⑤破綻処理に関する決定、破綻処理ツールの適用、⑥資本商品の元本削減または転換が規定されている。Regulation（EU）No 806/2014 art. 7(3).

[36] SRB（2019）.

3 ## BRRDおよびSRMRにおける破綻処理手続

（1） 破綻処理の一般原則

　加盟国の破綻処理当局に適用されるBRRD、および銀行同盟の破綻処理当局であるSRB（および参加国の破綻処理当局）に適用されるSRMR（以下「BRRD/SRMR」という）に規定される破綻処理手続を具体的に確認する[37]。

　BRRD/SRMRでは、以下のとおり、破綻処理を行うにあたって基礎となる一般原則が定められている[38]。

① 破綻処理中の金融機関の株主が最初に損失を負担すること

② 破綻処理中の金融機関の債権者は、通常の倒産手続に基づく権利の優先順位に従って株主の後に損失を負担すること（ただし、本指令で明示的に規定されている場合を除く）

③ 破綻処理中の金融機関の取締役会および上級管理職は交替すること（ただし、状況に応じて、取締役会および上級管理職の一部または全部を維持することが破綻処理目的の実現に必要と判断される場合を除く）

④ 破綻処理中の金融機関の取締役会および上級管理職は、破綻処理目的の実現に必要なすべての支援を提供すること

⑤ 自然人および法人は、加盟国の法令のもと、金融機関の破綻の責任について民法および刑法に従って責任を負うこと

⑥ 本指令で別に規定されている場合を除き、同一クラスの債権者は公平な方法で取り扱われること

⑦ 金融機関が通常の倒産手続によって清算された場合に生じる損失を上回る損失を債権者が被らないこと

37　なお、BRRDとSRMRでは規定の仕方や表現に相違がある場合があるが、本書では原則としてBRRDの規定にのっとって説明する。

38　Directive 2014/59/EU art. 34(1), and Regulation（EU）No 806/2014 art. 15(1).

⑧　保険対象預金は完全に保護されること

⑨　破綻処理措置は本指令のセーフガードに従って行われること

　一般原則においては、株主および債権者の損失吸収の順序が明確にされ、債権者間の公平性の確保も求められている。また、経営の刷新や破綻にかかわる経営責任を問うことも明確に規定されている。さらに、金融機関が通常の倒産手続によって清算された場合に生じる損失を上回る損失を債権者が被らないことが定められている。すなわち、FSBの主要な特性で求められる債権者のセーフガードであるノー・クレジター・ワース・オフ（NCWO）も明記されている。

(2)　破綻処理の開始要件

　BRRD/SRMRでは、破綻処理要件（conditions for resolution）として以下の3つの要件をいずれも満たしたときに金融機関の破綻処理が開始される[39]。

①　監督当局または監督当局との協議後に破綻処理当局が、金融機関は「破綻または破綻のおそれがある（failing or likely to fail；FOLTF)」と決定すること

②　タイミングおよびその他の状況に鑑みて、民間セクターにおける代替的な措置または監督上の措置により合理的な期間内に破綻を回避できる合理的な見込みがないこと

③　公益（public interest）に照らして破綻処理措置が必要であること

　破綻処理要件のうちFOLTFに係る要件（上記①）に関しては、以下の要件のうち少なくとも1つの要件を満たす場合にFOLTFであると判断されることになる[40]。

(a)　自己資本の全額または重大な額を毀損させる損失を被りまたは被る見込みであることを含め、金融機関の認可の取消しを正当化できる認可の

---

[39]　Directive 2014/59/EU art. 32(1), and Regulation (EU) No 806/2014 art. 18(1).

[40]　Directive 2014/59/EU art. 32(4), and Regulation (EU) No 806/2014 art. 18(4).

継続要件に金融機関が抵触する場合、または近い将来に抵触すると判断される客観的な証拠がある場合

(b) 金融機関の資産が負債を下回る場合、または近い将来に下回ると判断される客観的な証拠がある場合

(c) 金融機関が支払期限の到来した債務、その他の負債への支払ができない場合、または近い将来に支払ができないと判断される客観的な証拠がある場合

(d) 非常時公的金融支援が必要な場合[41]

FOLTFの要件からは、金融機関の自己資本比率が規制上の最低基準を下回る場合や金融機関のバランスシートが債務超過に陥る場合に加えて、支払期限の到来した債務等の支払ができなくなる場合にも破綻処理が開始されることとなっている。すなわち、金融機関が資産超過で自己資本比率が所要水準を上回る状況であっても、流動性リスクが顕在化し、債務への支払ができなくなった場合には、BRRD/SRMRに規定される破綻処理が開始されることとなる。

また、FOLTFの要件に関しては、個々の要件において近い将来にそのような状況に陥ると客観的に判断できる場合においても破綻処理が開始されることとなっており、より早期に破綻処理のトリガーを引くことが可能な仕組みとなっている。早期のトリガーが引けるようになることで監督当局の不作為（supervisory forbearance）を防ぐ効果も期待できる。

一方、破綻処理要件のうち公益要件（上記③）については、BRRD/SRMRに規定される破綻処理を行うことが、前述の破綻処理目的を満たすために必要であり、破綻処理目的に見合うものである場合であって、通常の倒産手続

41　ただし、①中央銀行が定める要件に従って中央銀行が提供する流動性ファシリティに対する政府保証、②新規発行の債務に対する政府保証、③FOLTFに関する他の要件を満たさない場合、すなわちソルベントな銀行への資本増強または資本商品の引受けによって加盟国経済の深刻な混乱を取り除き、金融の安定を維持するための非常時公的金融支援を発動する場合は、破綻処理の要件を満たすとはみなされない。Directive 2014/59/EU art. 32(4)(d)(iii).

の適用では破綻処理目的を同じようには達成できないときに、公益があるとみなされる。すなわち、きわめて重要な機能の継続性の確保、金融システムへの深刻な負の影響の回避または公的資金の保護を含む破綻処理目的に照らして必要な場合にのみBRRD/SRMRの破綻処理手続が適用される。金融機関がFOLTFであっても公益要件を満たさなければ、加盟国の通常の倒産手続のもとで清算されることとなる。

BRRD/SRMRの破綻処理要件のうち残りの要件（上記②）については、たとえば、FOLTFの状況となった金融機関に対して民間セクターの買い手が現れれば、買い手への譲渡が優先される。BRRD/SRMRの破綻処理手続は、民間セクターでは解決策がなく、また監督上の措置でも対応できない場合のラスト・リゾート、すなわち最後の手段として位置づけられている。

(3) 破綻処理ツールの選択肢

BRRD/SRMRの破綻処理手続には、①事業売却ツール（sale of business tool）、②ブリッジ金融機関ツール（bridge institution tool）、③資産分離ツール（asset separation tool）、④ベイルイン・ツール（bail-in tool）という4つの破綻処理ツールが規定されている[42]。これらの破綻処理ツールは、FSBの主要な特性に規定されたものとおおむね同様である。なお、BRRD/SRMRはこれらの破綻処理ツールとは別に、破綻処理当局が破綻処理ツールの適用にあわせて資本商品（capital instrument）を元本削減またはエクイティ転換する権限を定めている。

① 事業売却ツール

金融機関が発行した株式、その他の持分商品、金融機関のすべての資産、権利または負債を加盟国の破綻処理当局が、ブリッジ金融機関以外の買い手に譲渡するスキームである[43]。譲渡に際しては、金融機関の株主やサードパーティの同意は不要であり、会社法や証券法において求め

---

[42] Directive 2014/59/EU art. 37(3), and Regulation (EU) No 806/2014 art. 22(2).
[43] Directive 2014/59/EU art. 39, and Regulation (EU) No 806/2014 art. 24.

られる手続も不要である。

② ブリッジ金融機関ツール

　金融機関が発行した株式、その他の持分商品、金融機関のすべての資産、権利または負債を加盟国の破綻処理当局がブリッジ金融機関に譲渡するスキームである[44]。譲渡に際しては、金融機関の株主やサードパーティの同意は不要であり、会社法や証券法で求められる手続も不要である。ブリッジ金融機関は公的当局によって全部または一部を所有され、破綻処理当局によって運営される。ブリッジ金融機関は、譲渡日から原則として2年以内に管理を終えなければならない。

③ 資産分離ツール

　金融機関またはブリッジ金融機関の資産、権利または負債を加盟国の破綻処理当局が資産管理会社（asset management vehicle）に譲渡するスキームである[45]。譲渡に際しては、金融機関の株主やサードパーティの同意は不要であり、会社法や証券法で要求される手続も不要である。資産管理会社は公的当局が全部または一部を所有し、破綻処理当局によって運営される。4つの破綻処理ツールのなかで資産分離ツールのみは他の破綻処理ツールと併用することができる。

④ ベイルイン・ツール

　ベイルイン・ツールは、(i)破綻処理要件を満たす金融機関が認可要件を満たすようになるまでに回復し、金融機関の認可業務の遂行を継続し、市場の十分な信認を維持するために十分な資本再構築を行うこと、(ii)ブリッジ金融機関に資本供与するためにブリッジ金融機関に承継された債務商品をエクイティに転換または元本削減すること、(iii)事業売却ツールまたは資産分離ツールを適用して承継された債務商品をエクイティに転換または元本削減することを目的として実行される[46]。

44　Directive 2014/59/EU art. 40, and Regulation（EU）No 806/2014 art. 25.
45　Directive 2014/59/EU art. 42, and Regulation（EU）No 806/2014 art. 26.
46　Directive 2014/59/EU art. 43, and Regulation（EU）No 806/2014 art. 27.

ベイルイン・ツールは、債務商品を元本削減、エクイティ転換するツールとして規定されており、資本商品の元本削減またはエクイティ転換は、前述のとおり、破綻処理ツールとは別の破綻処理措置として定められている。具体的には、BRRD/SRMRは、SRBまたは破綻処理当局が破綻処理ツールを適用して破綻処理措置によって債権者に損失を負担させるまたは債権を転換すると決定した場合、SRBまたは破綻処理当局が、破綻処理ツールの適用の直前またはそれと同時に資本商品を元本削減またはエクイティ転換することを定めている[47]。資本商品とは、バーゼル規制におけるリスク・ベースの自己資本比率の分子に相当するコモンエクイティTier1（CET1）およびその他Tier1（AT1）、Tier2を意味しており、シニア債を含むその他の債務商品はそれらには該当しない。すなわち、資本商品だけでは必要な元本削減またはエクイティ転換が十分ではない場合においてのみベイルイン・ツールが適用されることになる。

　BRRDは、資本商品の元本削減、エクイティ転換またはベイルイン・ツールを適用することの効果として、株主およびその他の持分商品の保有者に関して既存の株式またはその他の持分商品はキャンセルされるか、ベイルインされた債権者に譲渡されることを規定している[48]。ただし、金融機関の純資産価値がプラスの場合には、資本商品または適格債務を株式またはその他の持分商品に転換することによって、既存の株主やその他の資本商品の保有者を希薄化させることも可能としており、金融機関が債務超過ではなくてもエクイティ転換が行われる可能性がある[49]。

(4)　ベイルインの適用

(a)　元本削減およびエクイティ転換

　ベイルイン・ツールは、破綻金融機関の損失吸収を行ったうえで、資本再

47　Directive 2014/59/EU art. 37(2), and Regulation (EU) No 806/2014 art. 22(1).
48　Directive 2014/59/EU art. 47(1).
49　Directive 2014/59/EU art. 47(1).

構築によって金融機関を再生するためまたはブリッジ金融機関に資本供与するために適用されるツールである。そこで、ベイルイン・ツールを適用する際には、①破綻金融機関の純資産価値がゼロに回復するまでに債務を元本削減するために必要な額と、②破綻金融機関またはブリッジ金融機関のCET1比率の回復に向けて債務を株式その他資本商品に転換するために要する額を評価（assessment of amount of bail-in）することが必要になる[50]。

BRRD/SRMRは、前述のとおり、破綻処理に関する一般原則において、①破綻金融機関の株主が最初に損失を負担し、②破綻金融機関の債権者は、通常の倒産手続における優先順位に従って株主の後に損失を負担することを規定している。また、一般原則では、同一クラスの債権者は公平に取り扱われることが定められている。ベイルイン・ツールを適用する際にはこれらの原則に従うことになる。

そのうえでBRRDは、ベイルイン・ツールを適用した場合の元本削減およびエクイティ転換の順序について、CET1に始まり、それ以降は、AT1、Tier2、それ以外の劣後債務、適格債務の順に適用することについて、以下のように具体的に規定している[51]。

① CET1を削減すること
② 元本削減額と転換額に対して上記①の額が不足する場合に限り、その範囲でAT1の元本を削減すること
③ 元本削減額と転換額に対して上記①および②の額が不足する場合に限り、必要な程度およびその範囲でTier2の元本を削減すること
④ 元本削減額と転換額に対して上記①ないし③の額が不足する場合に限り、通常の倒産手続の順位に従って、必要な程度およびその範囲で劣後債務（AT1およびTier2以外）の元本を削減すること
⑤ 元本削減額と転換額に対して上記①ないし④の額が不足する場合に限り、通常の倒産手続の順位に従って、必要な程度およびその範囲で適格

---

50 Directive 2014/59/EU art. 46.
51 Directive 2014/59/EU art. 48.

債務の元本等を削減すること

　ただし、ベイルイン・ツールの適用に際してBRRD/SRMRは、例外的な状況（exceptional circumstance）として以下の場合には特定の債務について一部または全部を元本削減またはエクイティ転換の対象から除外することができるとしている[52]。

① 破綻処理当局の誠実な努力（good faith effort）にもかかわらず合理的な時間内にその債務をベイルインできない場合

② 主要なオペレーション、サービスおよび取引を維持するための破綻金融機関の能力を維持するべくきわめて重要な機能およびコアなビジネスラインの継続を実現するために適用除外とすることが厳に必要かつ適切な場合

③ 特に自然人および中小零細企業が保有する適格預金に関して、加盟国またはEUの経済に深刻な影響を及ぼしうるような金融市場インフラを含む金融市場の機能に著しい混乱をもたらす広範な波及効果を回避するために厳に必要かつ適切な場合

④ ベイルイン・ツールを適用した場合、その価値に減失が生じ、ベイルインの適用除外とされた場合に比べて他の債権者がより多くの損失を負担する債務

　一定の適格債務をベイルインの対象から除外する際、適格債務により負担されるはずであった損失をその他の債権者に完全に移管することができない場合には、その損失を負担し金融機関の純資産価値をゼロにまで回復するため、または金融機関の資本再構築を図るべく株式その他の持分商品もしくは資本商品を購入するため、破綻処理基金（SRMにおいてはSRF）を利用することができるとしている[53]。一定の適格債務がベイルインから除外された場合は、その他の債権者が本来よりも多くの損失を被るのではなく、破綻処理基金がその負担を負うように設計されている。

52　Directive 2014/59/EU art. 44(3), and Regulation（EU）No 806/2014 art. 27(5).
53　Directive 2014/59/EU art. 44(4), and Regulation（EU）No 806/2014 art. 27(6).

(b) ベイルインの対象債務

ベイルイン・ツールは、保険対象預金や担保付債務等を含む一定の債務を除くすべての債務に適用されることが定められている。元本削減およびエクイティ転換の対象から除外される債務は、以下のとおりである[54]。

① 保険対象預金

② カバード・ボンドおよび担保プールの一部を形成するヘッジ目的の金融商品に係る債務を含む担保付債務

③ 一定の顧客資産または顧客資金の保有から生じる債務

④ 倒産法または民法のもとで保護されるときは、金融機関（受託者）と他の者（受益者）との間のフィデューシャリー関係（fiduciary relationship）から生じる債務

⑤ 当初満期が7日間未満の債務（同一グループ内のエンティティに対する債務を除く）

⑥ 決済ファイナリティ指令（Settlement Finality Directive）[55]に従って指定された決済システムもしくはオペレーション、または参加者に対する残存期間7日未満であって当該システムの参加によって生じる債務

⑦ 以下の者に対する債務

 (i) 未払賃金、年金給付、その他の固定報酬（団体協約によって規定されていない変動報酬部分を除く）に関係する従業員

 (ii) ITサービス、ユーティリティ、建物の賃貸、サービシング、維持を含む、オペレーションの日常的機能に不可欠なモノ、サービスを提供する商業または取引に関係する債権者

 (iii) 法律に基づいて優先される税務当局および社会保障当局

 (iv) 預金保険制度

(c) 事業再構築計画の策定

ベイルイン・ツールが金融機関の資本再構築を図るために利用される場合

---

54 Directive 2014/59/EU art. 44(2), and Regulation (EU) No 806/2014 art. 27(3).
55 Directive 98/26/EC.

には、事業再構築計画（business reorganisation plan）が策定される。BRRD
は、金融機関の取締役会または破綻処理当局が金融機関を管理するものとし
て任命した者は、ベイルイン実行後１カ月以内に少なくとも、①FOLTFを
もたらした要因および問題、困難な状況に至った環境に関する詳細な検証、
②金融機関の長期的な存続可能性を回復するための措置に関する説明、③そ
れらの措置を適用するための時間軸を含む事業再構築計画を策定し、破綻処
理当局に提出しなければならない[56]。

(5) 破綻処理ファイナンス

BRRDは域内の破綻処理ファイナンスを担う仕組みとして、加盟国のファ
イナンス措置とそれらの間の資金の借入れによって構成される欧州ファイナ
ンス措置制度（European System of Financing Arrangement）を規定してい
る[57]。当該制度のもと、破綻処理当局が破綻処理ツールおよび権限を適用す
る際の実効性を確保するため、加盟国はファンド形式によるファイナンス措
置を設置することが規定されており、いわゆる破綻処理基金の設置を含む措
置が求められている[58]。

ファイナンス措置は、①破綻処理される金融機関、ブリッジ金融機関およ
び資産管理会社の資産・負債の保証、②破綻処理される金融機関、ブリッジ
金融機関および資産管理会社への融資の提供、③破綻処理される金融機関か
らの資産買取り、④ブリッジ金融機関および資産管理会社への資金供与、⑤
NCWOのセーフガードに関する株主および債権者への補償、⑥破綻処理さ
れる金融機関に関して、特定の債権者をベイルインの対象外とした場合の負
担、⑦他のファイナンス措置への自発的な貸出実行のために利用される[59]。

破綻処理当局は、2024年末までに当該国の金融機関の保険対象預金総額に

56　Directive 2014/59/EU art. 52(1) and (5).
57　Directive 2014/59/EU art. 99.
58　Directive 2014/59/EU art. 100.
59　Directive 2014/59/EU art. 101(1).

対して少なくとも１％の水準を確保するよう金融機関から事前負担金（ex-ante contribution）を徴収する権限を有する。事前負担金は、保険対象預金を除く債務の額（自己資本は含めない）に応じて徴収することになるが、さらに金融機関のリスク・プロファイルに応じて負担金の調整が行われる。なお、ファイナンス措置の利用によって生じる損失、コストその他の支出をカバーするために十分ではなくなった場合の措置として、金融機関から臨時の事後的負担金を徴収することもできる[60]。

一方、銀行同盟を構成する参加国に関しては、SRMRのもと、参加国のファイナンス措置をベースに構築される単一の破綻処理基金としてSRBが管理・運営にあたるSRFが設置されている[61]。SRFについても、2024年末までに銀行同盟参加国の金融機関の保険対象預金総額に対して少なくとも１％を積み立てることが目標となっている。

(6) 早期解約条項の一時的なステイ

BRRDは、破綻処理措置が講じられたことに関する通知の公告から翌営業日の深夜までの間は、破綻処理の対象金融機関の契約について、破綻処理当局がカウンターパーティの解約権を停止する権限を有すると規定する[62]。FSBの主要な特性に規定される早期解約条項の一時的なステイに対応するものであり、デリバティブ契約等が対象になる。

(7) バリュエーション、NCWO

BRRD/SRMRは破綻金融機関のバリュエーションについて、破綻処理措置または元本削減もしくはエクイティ転換の実施に際して、その実施前に当局から独立した独立評価者（independent valuator）によってバリュエーションを行うことを求めている[63]。独立評価者によるバリュエーションは、破綻

60　Directive 2014/59/EU art. 104(1).
61　Regulation（EU）No 806/2014 art. 67.
62　Directive 2014/59/EU art. 71.

金融機関のバランスシートの評価に加えて、元本削減やエクイティ転換を実施する際に、株式の消却や希薄化、規制資本の元本削減やエクイティ転換の程度を決定するために用いられる。BRRD/SRMRはバリュエーションを行う際に、デフォルト率や損失額について保守的な前提を置くことを求めている。

　ただし、緊急時には、破綻処理措置の実施前に独立評価者によるバリュエーションを行うことを必ずしも求めておらず、その場合には、暫定的なものとして暫定バリュエーション（provisional valuation）を実施することが認められている。暫定バリュエーションを実施した場合には、実務上可能な限りすみやかに事後的確定バリュエーション（ex-post definitive valuation）を実施しなければならない。

　一方、BRRD/SRMRは、破綻処理の一般原則において金融機関が通常の倒産手続によって清算された場合に生じる損失を上回る損失を債権者が被ることはないことを規定している。さらに、破綻処理当局がベイルイン・ツールを適用する場合には、元本削減またはエクイティ転換された株主および債権者は、破綻処理される金融機関が破綻処理当局による決定が行われた時点で直ちに通常の倒産手続を適用された場合に生じる損失よりも大きな損失を被ることはないと定められている[64]。

　そこでBRRD/SRMRは、株主や債権者が通常の倒産手続に比べて有利な取扱いとなっているかどうかについて、バリュエーションを実施して確認を行うことを求めている[65]。具体的には、実際の破綻処理における株主および債権者の取扱いと、仮に通常の倒産手続が適用された場合の株主および債権者の取扱いの差異について評価を行うこととなる。そのうえで、通常の倒産

63　Directive 2014/59/EU art. 36 and Regulation（EU）No 806/2014 art. 20.
64　Directive 2014/59/EU art. 73. ベイルイン以外のツールが適用される際、破綻処理当局が破綻処理される金融機関の権利、資産・負債の一部のみを譲渡する場合には、株主および譲渡されなかった債権者は、破綻処理当局による決定が行われた時点で直ちに通常の倒産手続のもとで金融機関が清算されたときに受け取る額と少なくとも同額を補償されることとなる。
65　Directive 2014/59/EU art. 74, and Regulation（EU）No 806/2014 art. 20(16).

手続を適用して金融機関を清算した場合に比べて株主および債権者がより大きな損失を被ることになる場合には、その差額に対してファイナンス措置から金銭的な補償が行われることとなる。当該措置は、破綻処理を適用した場合の株主や債権者に対するセーフガードとしてFSBの主要な特性に規定されたNCWOに該当する措置である。

　EBAは、BRRDの要請を受けて破綻処理のためのバリュエーションに関する規制技術基準（regulatory technical standard；RTS）を策定している[66]。当該RTSは、①破綻処理の開始要件を判断するためのバリュエーション１、②破綻処理措置の選択（元本削減およびエクイティ転換の程度を含む）のためのバリュエーション２、③破綻処理実施後のNCWOに関する評価を行うためのバリュエーション３という３種類のバリュエーションを定めている。

　バリュエーション１は、金融機関の資産・負債に関して公正かつ保守的で現実的な評価を行うものである。主に資産が負債を超過しているかどうか、すなわちバランスシートがインソルベント（債務超過）ではないか、あるいは自己資本規制を含む認可基準を満たしているかどうかを判断することが目的であり、破綻処理開始要件の１つであるFOLTFを判断する際の根拠となる。そのため、バリュエーション１は、財務諸表を作成する際の会計原則や自己資本規制を含むプルーデンス規制と関連づけられて実施される。

　一方、バリュエーション２は、金融機関が破綻処理の開始要件を満たしていると破綻処理当局がすでに認定している状況も含めて実施されるものであることから、会計原則や規制要件がもはや有効ではないケースも含まれる。そのため、破綻処理日に認識されるあらゆる状況を考慮した経済価値ベースで評価することが求められる。また、バリュエーション１は破綻処理ツールを適用する前の状況が前提であり、破綻処理後のストラクチャーの変化は考慮されないが、バリュエーション２は破綻処理当局が破綻処理ツールを選択する際の判断のベースになることから、破綻処理ツールの適用を前提に評価

66　EBA（2017）.

が行われる。したがって、破綻処理措置が金融機関に資産・負債を保有して業務を継続することを前提としているときは、評価者はゴーイングコンサーンで資産・負債の価値を評価し、破綻処理措置が金融機関に資産を処分させるものであれば、予想される期間内での処分価値を計測して予想キャッシュフローを推計することになる。

さらに、NCWOの評価を行うために実施されるバリュエーション3に関しては、通常の倒産手続のもとで株主または債権者が受ける取扱い、すなわち倒産手続における弁済額や残余財産の分配額の推計を行うことになるため、各加盟国の倒産手続における合理的な予想キャッシュフローを計測し、割引現在価値を算出することが求められる[67]。

(8) 預金者優先の導入、債務クラスの域内調和

BRRDでは、預金者を一般債権者よりも優先させる預金者優先（depositor preference）が導入された。すでに米国では預金者優先は1993年に導入されているが、EUでも導入されることとなった[68]。

具体的には、倒産手続における預金者の優先順位として、①自然人および中小零細企業から受け入れた預金保険の対象範囲を超える適格預金、②域内で設立された金融機関の域外に所在する支店でなければ自然人および中小零細企業から受け入れた適格預金となりうる預金については、通常の無担保債権者よりも高い優先順位が与えられ、さらに、保険対象預金および倒産手続において保険対象預金者を代位する預金保険制度については、適格預金等よ

---

[67] 予想キャッシュフローには、破綻処理開始日における環境、リスク・フリー・レート、類似の金融機関が発行する類似の金融商品のリスク・プレミアム、市場環境、潜在的な買い手によるディスカウント、その他の要素を反映した割引率を適用することとなる。

[68] 米国では、1993年包括財政調整法（Omnibus Budget Reconciliation Act of 1993）が成立し、そのなかで連邦預金保険法の改正が行われ、一般債務に対して預金債務を優先させる預金者優先が導入されることとなった。具体的には、金融機関を清算する際に管財人は、①管財費用、②預金債務、③その他の一般債務および優先債務、④預金者または一般債権者に劣後する債務、⑤株主等に対する義務の順序で支払を行うことが規定された。12 U.S.C. sec. 1821(d)(11).

りも高い優先順位が与えられている[69]。

　また、EUでは通常の倒産手続に関しては域内調和が図られていないことから、金融機関が発行する債務に不確実性をもたらし、域内単一市場の競争をゆがめることが懸念された。そこで、金融機関の債権者に関する優先順位の調和を図り法的確実性を向上させるため、2017年12月に銀行の倒産手続における無担保債務商品の優先順位に関する指令（Bank Creditor Hierarchy Directive：BCHD）を成立させた[70]。BCHDは、BRRDの預金者優先に関する規定に追加するかたちで、金融機関の無担保債務の倒産手続における優先順位としてシニア債務のクラスのなかに「非優先シニア（non-preferred senior)」を設け、非優先シニア債務をその他の一般の無担保債務よりも劣後させることとしている（図3－4）。

　具体的には、BCHDは以下の要件を満たす債務商品から生じる無担保債務について、非優先シニア債務として加盟国の倒産手続において通常の無担保債務よりも劣後することを定めている[71]。

図3－4　非優先シニア債務クラスの導入

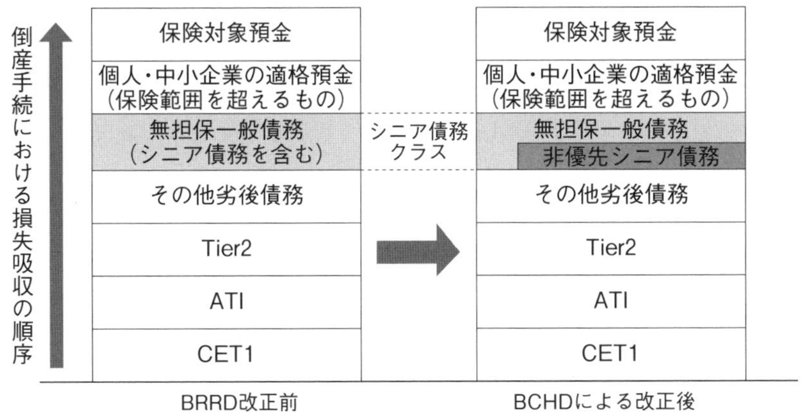

倒産手続における損失吸収の順序	保険対象預金		保険対象預金
	個人・中小企業の適格預金（保険範囲を超えるもの）		個人・中小企業の適格預金（保険範囲を超えるもの）
	無担保一般債務（シニア債務を含む）	シニア債務クラス	無担保一般債務
			非優先シニア債務
	その他劣後債務		その他劣後債務
	Tier2		Tier2
	ATI		ATI
	CET1		CET1
	BRRD改正前		BCHDによる改正後

（出所）　Directive（EU）2017/2399より筆者作成

69　Directive 2014/59/EU art. 108.
70　Directive（EU）2017/2399.

① 債務商品の契約上の当初満期が 1 年以上であること

② 債務商品はデリバティブを組み込んだものでないこと、デリバティブそのものではないこと

③ 関連する契約文書、必要に応じて発行にかかわる目論見書において、通常の無担保債務よりも優先順位が低いことを明記すること

(9) 例外的なベイルアウト措置

BRRDでは、システミック・リスクが顕在化した場合の例外的な措置としてベイルアウトの措置が手当されている。具体的には、非常時公的金融支援のなかに位置づけられる政府金融安定化ツール（government financial stabilisation tool）として、①公的資本増強を図る公的資本支援ツール（public equity support tool）、および②一時的な国有化を図る一時国有化ツール（temporary public ownership tool）が規定されている[72]。破綻処理の要件を満たす金融機関のうち、以下のいずれかの要件を満たす金融機関に対するラスト・リゾートとして位置づけられている[73]。

① 破綻処理ツールの適用は金融システムへの深刻な負の影響を回避するために十分ではないと判断されるとき

② 中央銀行による非常時流動性支援（extraordinary liquidity assistance）がすでに実行されている場合であって、破綻処理ツールを適用することが公益の保護に十分ではないと判断されるとき

③ 一時国有化ツールに関して、公的資本支援ツールがすでに実行されている場合であって破綻処理ツールを適用することが公益の保護に十分ではないと判断されるとき

ただし、非常時公的金融支援として政府金融安定化ツールを適用する場合には、株主、その他の持分商品の保有者、資本商品およびその他の適格債務

71　Directive (EU) 2017/2399 art. 1(2).
72　Directive 2014/59/EU art. 56.
73　Directive 2014/59/EU art. 56(4).

の保有者に対する元本削減またはエクイティ転換を通じて、金融機関の総負債（自己資本を含む）の少なくとも8％に相当する額までの損失吸収および資本再構築が実行されることが条件となっている[74]。また、EU競争法に基づく国家補助ルール（State Aid Rule）の枠組みのもと、競争政策当局としての欧州委員会の事前および最終的な承認を得ることも必要となる。

　したがって、システミック・リスクの顕在化を防ぐための例外的な措置として公的資本増強や一時国有化を通じて金融機関をベイルアウトする場合であっても、一定水準までは事前に株主および債権者の損失負担が求められることとなっており、トゥー・ビッグ・トゥ・フェイル（TBTF）のモラルハザードの抑制を図る仕組みとなっている。

第2節 ┃ 破綻処理計画の策定プロセス

 SRBの役割

　銀行同盟の破綻処理当局であるSRBはSRMのもと、ECB、参加国の監督当局および破綻処理当局と協議のうえ、金融機関の破綻処理計画を決定・承認する役割を担っている[75]。一方、銀行同盟の非参加国では、当該国の破綻処理当局が金融機関の破綻処理計画を策定することになる。本節では、SRMにおける破綻処理計画の策定プロセス（resolution planning）について、SRBが策定した文書から確認する[76]。SRBによる破綻処理計画の策定プロセ

74　Directive 2014/59/EU art. 37⑽. 同時にEUの競争政策における国家補助ルールに従うことが求められる。
75　Regulation（EU）806/2014 art. 8.
76　SRB（2016a）.

図3－5　破綻処理計画の策定プロセス

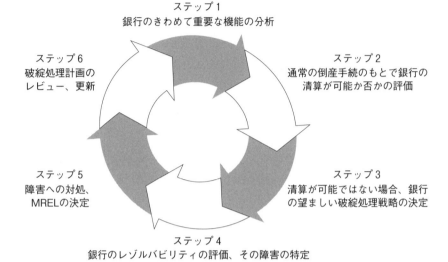

ステップ1
銀行のきわめて重要な機能の分析

ステップ6
破綻処理計画の
レビュー、更新

ステップ2
通常の倒産手続のもとで銀行の
清算が可能か否かの評価

ステップ5
障害への対処、
MRELの決定

ステップ3
清算が可能ではない場合、銀行
の望ましい破綻処理戦略の決定

ステップ4
銀行のレゾルバビリティの評価、その障害の特定

（出所）　SRB（2016a）より筆者作成

スは、いわばPDCAサイクルのような継続的プロセスである（図3－5）。

2 破綻処理計画の策定プロセス

(1) 計画策定における論点

　SRBは、破綻処理計画の策定プロセスに関して、①戦略的な事業分析、②望ましい破綻処理戦略、③破綻処理における金融およびオペレーションの継続性、④情報およびコミュニケーションに関する措置、⑤レゾルバビリティ・アセスメント、⑥破綻処理計画に関する銀行の意見表明という項目について具体的な論点をあげて整理している。

(2) 戦略的な事業分析

破綻処理計画の策定の際に行われる戦略的な事業分析においては、銀行の組織構造、財務状況、ビジネスモデル、きわめて重要な機能、コアなビジネスライン、内部および外部の相互依存性（interdependency）、さらにきわめて重要なシステムやインフラに関して詳細な分析が行われる。

戦略的な事業分析の最初のステップとして、法的な組織構造、所有構造、ガバナンスの分析が行われる。法的な組織構造に関しては、銀行のすべてのリーガル・エンティティおよび支店について、その法的形態、所在地、事業目的、そしてグループ内の所有構造が評価される。銀行は再建計画において重要なリーガル・エンティティ（支店を含む）[77]を特定することが求められている。また、所有構造については親会社および重要子会社の外部の実質的な所有者（株主を含む）の分析が行われ、ガバナンスに関しては銀行および重要子会社の取締役会、執行役員会、各種委員会とともに、組織構造およびシェアード・サービスの分析が実施される。

次に、銀行および重要子会社の財務状況の評価が実施され、バランスシートや損益計算書に加えて、自己資本規制に関する分析も行われる。

さらに、銀行のビジネスモデルおよびビジネスラインに関する分析が行われる。銀行の収入、利益またはフランチャイズ・バリューの重要な源泉となるコアなビジネスラインに関しては、銀行が策定する再建計画のなかで特定することが求められている。また、きわめて重要な機能に関しては、その継続性の確保が破綻処理目的の1つにあげられており、それを特定することは破綻処理計画の策定プロセスにおいて重要な作業となる。銀行の機能の停止

77　具体的には、①銀行の利益またはファンディング、資産・負債、資本の重要な割合を占めている場合、②主要な商業活動を行っている場合、③主なオペレーション機能、リスク管理機能を集中的に行っている場合、④最悪シナリオのもと、銀行の存続可能性を損ねる深刻なリスクを負っている場合、⑤銀行の重大なリスクのトリガーを引くことなく処分・清算ができない場合、⑥少なくとも業務を行う1つの加盟国の金融の安定にとって重要である場合には、重要なリーガル・エンティティとして判断される。

が実体経済に不可欠なサービスの混乱につながる場合または金融の安定を損なう場合に、きわめて重要な機能として特定される。銀行は再建計画のなかできわめて重要な機能を特定しなければならない。

　さらに、銀行および重要子会社における内部および外部の財務的な、法的なまたはオペレーション上の相互依存性に関する分析は、望ましい破綻処理戦略を決定する際に、銀行の損失吸収力および分離可能性（separability）を評価するための重要な要素となる。

　具体的には、内部の財務的・法的な相互依存性として、自己資本、資産・負債、オフバランスのリスク・ポジション、デリバティブ・ポジションが含まれる[78]。また、内部のオペレーション上の相互依存性として、銀行と重要子会社の間でのビジネスラインの業務にかかわるサービスを提供する必要不可欠な内部サービス（essential internal service）と、それらのうち提供が停止した場合にきわめて重要な機能の提供に支障が生じるきわめて重要な内部サービス（critical internal service）があげられている。

　一方、外部の相互依存性に関しては、銀行のきわめて重要な機能の継続に必要不可欠なサービスと、銀行が破綻した際の波及リスクを特定することになる。外部の財務的・法的な相互依存性として、自己資本、資産・負債[79]、オフバランスのリスク・ポジション、デリバティブ・ポジション[80]があげられている。また、外部のオペレーション上の相互依存性に関しては、外部の重要なサービス・プロバイダーや重要なアウトソーシング・サービスがあげられている。

　銀行のきわめて重要な機能の継続に不可欠なITシステムや金融市場インフラ（FMI）も評価される。具体的には、銀行の主要なITシステム[81]に関し

78　その他の重要なものとして、相互保証のコミットメント、バック・トゥ・バックの取引、クロス・デフォルト条項、クロス担保契約、保証債務、損益移転契約がある。

79　特に、ベイルイン適格債務、MREL（後述）、預金保険制度の対象となる預金債務を含む。

80　特に、破綻時における解約権の実行、一括清算時における資本・流動性要件、再構築コストがあげられている。

て、ビジネスラインの業務継続に不可欠なシステムおよびアプリケーションが特定される。そのうえで、それらの業務継続に不可欠なシステムおよびアプリケーションの途絶が銀行のきわめて重要な機能の継続に深刻な障害となり、他に代替ができない場合には、それらはきわめて重要と判断される。

(3) 望ましい破綻処理戦略

銀行が破綻した場合、通常の倒産手続に基づく清算あるいはBRRD/SRMRのもとでの破綻処理手続のいずれかを適用すれば、破綻処理目的をよりよく実現できるかについて評価が行われる。BRRD/SRMRの破綻処理を適用することが最良である場合に、望ましい破綻処理戦略が策定されることになる。

最初のステップとして、通常の倒産手続のもとで銀行を清算することについて、信頼性（credibility）と実現可能性（feasibility）に関する評価が行われる。信頼性に関しては、①金融市場の機能および市場の信認、②FMI、③他の金融機関、④実体経済、特にきわめて重要な金融サービスの利用可能性への影響を考慮して判断される。通常の倒産手続のもとで清算することに信頼性があると判断されると、次に実現可能性が評価され、預金保険制度が正確に機能するために必要な情報を銀行のシステムが提供することが可能か、銀行に預金保険制度のオペレーションを支える能力があるかが評価される。通常の倒産手続のもとで銀行を清算することについて信頼性および実現可能性に欠ける場合に、望ましい破綻処理戦略が決定される。

望ましい破綻処理戦略の決定に際しては、銀行の損失吸収力と分離可能性が考慮される。損失吸収力は、損失吸収または資本再構築に利用できる自己資本および債務で構成される。銀行が常に最低限保有しなければならないべ

81　特に、①フロントオフィス・システム、②バックオフィス・システム（経営情報システム、管理システムを含む）、③データ・センター、④FMIのプラットフォームにアクセスするために必要なシステム、⑤保険対象預金の特定に必要なシステムがあげられている。

イルイン可能な自己資本および債務、すなわち次節で述べる、自己資本および適格債務に関する最低要件（MREL）と、MRELには含まれないものの破綻処理時にはベイルインされる債務等とは明確に区分される。破綻処理計画には、MRELの金額および構成が記述される。一方、戦略的な事業分析のもと、特にきわめて重要な機能、コアなビジネスライン、相互依存性をふまえて、銀行の分離可能性が分析される。その目的は、きわめて重要な機能を提供する部門であって、破綻処理の際に財務的に、法的に、オペレーション上および技術的に分離可能または分離すべき部門を特定することである。

　次のステップとして、銀行の組織構造、損失吸収力および分離可能性の分析に基づいて、一般的な破綻処理戦略として、①シングル・ポイント・オブ・エントリー（SPE）、②マルチプル・ポイント・オブ・エントリー（MPE）のいずれかが選択される。SRMにおいては、破綻処理戦略としてSPEとMPEのいずれもが想定されている[82]。望ましい破綻処理戦略は、銀行固有のショックによるシナリオのもとで銀行の損失吸収力および分離可能性に基づいて決定され、さらに、金融システムの不安定化が生じる状況のなかで銀行が破綻するシナリオのもとで検証される。

　望ましい破綻処理戦略は、財務再構築戦略（financial restructuring strategy）と事業再構築戦略（business restructuring strategy）に分かれる。財務再構築戦略とは、資本商品の元本削減・転換に関する権限およびベイルイン・ツールの適用に関して評価するものである。財務再構築戦略は、以下のステップによって策定される。

① 損失吸収力および資本再構築力、損失および資本の移管可能性（transferability）の決定……損失吸収力に関する分析に基づいて、破綻処理の適用が想定される銀行およびエンティティの損失吸収力および資本再構築力を分析する。また、リーガル・エンティティ間の損失および資本の

---

82 ユーロ圏のG-SIBsでみれば、サンタンデールはMPEである一方、それ以外はSPEである。一方、ユーロ圏のD-SIBsに関しては、いまのところSPEとMPEのいずれかは明らかではない。

移管可能性を分析

② 自己資本および債務の優先順位の決定……資本商品の元本削減・転換の権限およびベイルイン・ツールを適用する際の元本削減・転換の順位を決定する。特に例外的な環境においてベイルインの対象から除外される特例措置を考慮

③ 財務再構築の適用計画に関する詳細……資本商品の元本削減・転換の権限およびベイルイン・ツールの適用に関して、自己資本および債務の元本削減・転換の金額、NCWOのセーフガードに関連して発生するSRFによる補償の可能性に関する説明

④ 障害の特定……財務再構築戦略に対する財務的な、法的なおよびオペレーション上の障害の特定

一方、事業再構築戦略とは、事業売却ツール、ブリッジ金融機関ツール、資産分離ツールを含む、ベイルイン・ツール以外の破綻処理ツールの適用を評価するものである。事業再構築戦略は、以下のステップで策定される。

① 銀行の分離可能性の決定……きわめて重要な機能を提供し、破綻処理の際に財務的に、法的に、オペレーション上および技術的に分離できるか、または分離すべき部門の決定

② 破綻処理ツールの決定……銀行の部門にどの破綻処理ツールを適用すれば破綻処理目的の達成に最良となるかに関する決定

③ 事業再構築に関する適用計画の詳細……破綻処理ツールの選択の後、どのように破綻処理ツールを適用するかに関する計画の策定。特に譲渡される資産・負債、権利の詳細、財務的に、法律的におよびオペレーション上どのように譲渡するかに関する説明

④ 障害の特定……事業再構築戦略に対する財務的な、法的なおよびオペレーション上の障害の特定

⑷ 財務上およびオペレーション上の継続性

望ましい破綻処理戦略の実効的な適用の観点から、破綻処理の間および破

綻処理後の銀行のきわめて重要な機能の継続を図るため、財務上の措置やオペレーション上の措置を講じることが求められる。

　財務上の継続性に関しては、まず、破綻処理後の銀行に適用される流動性規制および市場の信認を回復させる必要性をふまえて、破綻処理の間および破綻処理後に要する流動性およびファンディングの金額およびタイミングが決定される。そのうえで、中短期に必要な流動性およびファンディングのアクセスを確保するための流動性ファンディング計画が策定される。当該計画では、銀行内部の利用可能なソースとして、最初に流動資産の売却や支出削減が考慮され、次に民間セクターにおける流動性ソースやファンディング・ソースについて、どれが、どの程度、どのような条件のもとで利用できるかについて分析される。最後に公的な流動性、ファンディングのソースについても考慮される。

　一方、オペレーション上の継続性に関しては、破綻処理の間および破綻処理後のきわめて重要な機能に不可欠なサービスを特定したうえで、オペレーションの継続性に関する計画が策定される。さらに、現金や金融取引に関する清算、決済および記録のために利用されるFMIも銀行の機能の継続にとって不可欠である。そのため、財務上、オペレーション上の継続性と同様、銀行のきわめて重要な機能の継続に不可欠なFMIのサービスを特定し、FMIのサービスへのアクセスを確保するための計画が策定される。

(5)　情報およびコミュニケーションに関する措置

　タイムリーに最新のかつ正確な情報を確保する観点から、破綻処理当局にはあらゆる必要情報を提供するオペレーション上の措置・手続、経営情報システムにかかわる措置とともに、破綻処理におけるコミュニケーション戦略や計画の策定が求められる。

　まず、銀行とSRBおよび関係する破綻処理当局との間の効果的かつタイムリーなコミュニケーションを支え、SRBおよび破綻処理当局、関係当局の間の情報交換の効果的な調和を図る情報提供を行うためのガバナンス構造の確

立が求められる。また、破綻処理計画を策定する際、SRBや各国の破綻処理当局に対してタイムリーかつ最新の正確な情報を提供できる銀行の経営情報システムは不可欠なものとして位置づけられている。

　そして、破綻処理スキームを適用する際には、SRB、関係する破綻処理当局、欧州委員会、監督当局という多くの当局が関係することに加えて、銀行の顧客、預金者、従業員および経営者といった多くのステークホルダーに影響を与えることになる。そのため、破綻処理計画の一環として包括的なコミュニケーション計画の策定が求められている。

(6)　レゾルバビリティ・アセスメントの結果

　SRBおよび関係する監督当局は、レゾルバビリティ・アセスメントを通じて銀行の破綻処理戦略の実現可能性および信頼性を評価し、通常の倒産手続を適用した清算またはBRRD/SRMRに基づく破綻処理を行う際に障害があるか否かを判断する。重大な障害があると判断された場合には、SRBおよび破綻処理当局は、監督当局と協議しながら重大な障害を分析し、それを除去するために必要な措置の勧告を銀行に発出する。銀行は、勧告を受けた後4カ月以内に重大な障害を除去するための措置をSRBに提案しなければならない。

　また、破綻処理計画の策定プロセスのなかで、銀行が常に十分な損失吸収力および資本再構築力を確保することを目的として、SRBによって銀行に要求されるMREL（後述）の所要水準がケース・バイ・ケースで個々に設定される。

(7)　破綻処理計画に関する銀行の意見表明

　BRRD/SRMRは、銀行が必要に応じて破綻処理計画に関する意見を破綻処理計画のなかで表明することを認めている。そこで、破綻処理計画が正式に承認された後、破綻処理計画の主要な要素に関するサマリーにおいて銀行は意見を述べることとなる。

第3節 | ゴーンコンサーン・ベースの損失吸収力

1 TLACとEU独自のMREL

(1) TLACとMRELの関係

　ゴーンコンサーン・ベースの損失吸収力の確保を目的とする国際基準とし
てFSBによるTLACがあるが、EUではTLACに加えてBRRD/SRMRにおい
てMRELが規定されている。MRELとTLACとは、銀行の破綻時の損失吸収
力や資本再構築力を確保するという規制目的においては一致しているが、
TLACがG-SIBsのみを対象としているのに対して、MRELはBRRD/SRMR
が適用されるすべての金融機関（銀行を含む）を対象とする。また、TLAC
はグローバルなシステム上重要な銀行（G-SIBs）に一律の最低基準を定める
一方、MRELは破綻処理当局が個々の金融機関について所要水準を決定す
るという違いもある。

(2) TLACの域内適用

　EUにおけるTLACは、2019年5月に成立した銀行パッケージ[83]（Banking
Package）のうち、第2次資本要求規則（Capital Requirements Regulation
2019；CRR2）のなかで規定されている[84]。CRR2は、G-SIBs[85]を対象に

83　銀行パッケージは、第5次資本要求指令（Capital Requirements Directive 2019；
　　CRD5）、第2次資本要求規則（Capital Requirements Regulation 2019；CRR2）、第2
　　次銀行再建・破綻処理指令（Bank Recovery and Resolution Directive 2019；BRRD2）
　　および第2次単一破綻処理メカニズム規則（Single Resolution Mechanism Regulation
　　2019；SRMR2）で構成される。
84　Regulation（EU）2019/876.

TLACを適用するものであり、CRR2に規定されたTLACの規制内容は、FSBのTLAC基準におおむね準拠したものとなっている[86]。

　具体的には、リスク・アセット比18％、レバレッジ・エクスポージャー比6.75％という最低基準を求めている[87]。TLACが直接的に要求される対象は、破綻処理措置が適用されるレゾリューション・エンティティとして特定されたG-SIBsまたはG-SIBsグループの一部を構成する金融機関である。

　また、非EU加盟国のG-SIBsに関しては、EU域内の重要子会社であってそれ自身はレゾリューション・エンティティではない金融機関は、リスク・アセット比18％に対して90％、レバレッジ・エクスポージャー比6.75％に対して90％に相当するTLACが求められる[88]。これは、FSBのTLAC基準において、レゾリューション・エンティティに該当しない海外子会社のうち重要子会社に適用される内部TLACに対応するものである。TLAC基準は内部TLACを外部TLACの75％から90％の範囲のなかで所要水準を設定することを求めており、CRR2は当該範囲の上限を要求している。

　TLAC基準を受けてCRR2は、TLACに対応する適格債務項目（eligible liabilities items）に含まれるものとして適格債務商品（eligible liabilities instruments）の要件を規定している[89]（表3 - 4）。CRR2に定められた適格債務商品に関する要件は、金融機関による期限前のコールや償還、買戻しまたは早期返済のインセンティブが含まれないことなど、FSBのTLAC基準が定める

85　EU法は、G-SIBsをglobal systemically important institutions（G-SIIs）と表し、D-SIBsをother systemically important institutions（O-SIIs）と表記している。

86　CRR2ではTLACの語は使われておらず、requirements for own funds and eligible liabilities for G-SIIsと記されている。

87　Regulation（EU）575/2013 art. 92a. なお、CRR2は、TLAC基準を受けて2021年12月31日までの間、外部TLACの最低基準についてリスク・アセット比16％、レバレッジ・エクスポージャー比6％とする経過措置を設けている。Regulation（EU）575/2013 art. 494.

88　Regulation（EU）575/2013 art. 92b.

89　Regulation（EU）575/2013 art. 72a and 72b. なお、適格債務には、適格債務商品に加えて、自己資本規制におけるTier2要件を満たさなくなった残存期間 1 年以上のTier2資本商品も含まれる。

表3－4　CRR2におけるTLAC適格要件

要件
(a)　金融機関が直接的に発行・調達し、完全に払込みずみであること
(b)　(i)当該金融機関または同一のレゾリューション・グループに含まれるエンティティ、(ii)金融機関が直接支配するか、または議決権もしくは資本の20％超によって金融機関が直接的、間接的に持分に参加している会社によって購入されていないこと
(c)　債務の所有権の購入がレゾリューション・エンティティによって直接、間接にファンディングされていないこと
(d)　金融商品の要件として債務の元本に係る権利が除外債務に対して完全に劣後していること。当該劣後要件は、以下の状況において満たされていると認められる
(i)　金融商品に係る契約要件が、通常の倒産手続において、金融商品の元本に係る権利について除外債務から生じる権利よりも下位に置くことを明記していること
(ii)　金融商品に係る法律が、通常の倒産手続において、金融商品の元本に係る権利について除外債務から生じる権利よりも下位に置くことを明記していること
(iii)　適格債務商品と同順位または劣後する除外債務をバランスシートに保有していないレゾリューション・エンティティから金融商品が発行されていること
(e)　金融機関またはその子会社、それらの親会社、それらに密接に関係する会社による担保、保証、その他の権利の優先順位を引き上げる措置がないこと
(f)　破綻処理において損失吸収力を損なう相殺、ネッティングの契約のもとに置かれていないこと
(g)　一定の場合を除いて、債務に関する要件においては、金融機関による期限前の元本のコール、償還、買戻しまたは早期返済のインセンティブを含んでいないこと
(h)　一定の場合を除いて、満期以前に保有者が償還を受けることができないようになっていること
(i)　債務がコール・オプションを含む早期償還オプションを含む場合、一定の場合を除き、オプションは発行者の指示によってのみ行使可能であること
(j)　一定の要件を満たし、監督当局による事前承認のもとでのみ、コール、償還、買戻しまたは早期返済すること
(k)　債務に関する要件において、金融機関の倒産または清算の場合を除いて、レゾリューション・エンティティによって債務がコール、償還、買戻しまた

は早期返済されることを明示的または暗黙的に示さないこと、また金融機関
はそのような表明をしないこと
⑴　債務に関する要件において、レゾリューション・エンティティの倒産また
　は清算の場合を除いて、保有者に将来の金利または元本の支払スケジュール
　を早める権利を与えていないこと
⒨　債務に関する金利または配当の支払水準は、レゾリューション・エンティ
　ティまたは親会社の信用状態によって変更されないこと
⒩　2021年6月28日以降に発行される金融商品については、契約書類、該当す
　る場合には発行時目論見書において、BRRDの規定に基づいて元本削減およ
　び転換が行われる可能性を明示すること

（出所）　CRR2より筆者作成

適格要件をふまえたうえで、いくつかの要件を追加している。また、適格債
務商品の要件とは別の条文のなかで、残存期間が1年以上のものをTLAC適
格と定めている[90]。
　CRR2は、FSBのTLAC基準が求める適格債務の劣後性要件に関しては、
適格債務商品に係る適格要件（表3−4中の⑷）において、①契約劣後、②
法定劣後、③構造劣後の3つの選択肢を定めており、いずれかが選択される
ことになる。
　また、CRR2は適格債務商品の適格要件（表3−4中の⒩）において、2021
年6月28日以降に発行される適格債務商品については、契約書類や目論見書
にBRRDに基づいて元本削減または転換が行われる可能性を記載することを
求めている。すなわち、今後、発行される適格債務商品は、EUのG-SIBsが
どの劣後性要件を選択したとしても契約書類等に元本削減や転換が行われる
可能性が明記され、当該商品がTLACに対応するものであることについて投
資家への注意喚起が行われることになる。
　なお、CRR2はTLAC基準に沿った特例措置として、劣後性要件を除く適
格要件のすべてを満たす債務であって最も順位の低い除外債務とパリパスの

90　Regulation（EU）575/2013 art. 72c.

債務については、適格債務に含めても訴訟または損害賠償請求の重大なリスクを生じることがない場合に限って、リスク・アセット比3.5%を超えない範囲で適格債務商品として認める措置を講じている[91]。

　一方、CRR2はTLACの対象から除かれる除外債務について、FSBのTLAC基準をふまえたうえでいくつかの債務を追加して規定している[92]（表3－5）。たとえば、インターバンクの取引や清算・決済にかかわる短期債務、あるいはITサービスや金融機関のオペレーションにかかわる商業上の債権なども除外債務に含まれており、それらの債務には元本削減・転換の権限が適用されることがないように手当されている。

⑶　MRELの適用

　MRELは、FSBのTLAC基準の最終化前に成立したBRRDに規定されたことから、G-SIBsのみに適用されるTLACと、GSIBsを含むさまざまな金融機関に適用されるMRELとの間で規制の枠組みが異なっていた。そこで、2019年5月の銀行パッケージのなかで第2次銀行再建・破綻処理指令（Bank Recovery and Resolution Directive 2019；BRRD2)[93]および第2次単一破綻処理メカニズム規則（Single Resolution Mechanism Regulation 2019；SRMR2)[94]（以下「BRRD2/SRMR2」という）は、2つの異なる規制に対応する場合の負担を考慮して、TLACとMRELの計測式の調和を図った[95]。

　BRRD2/SRMR2のもと、あらゆる金融機関に適用されるMRELは、金融機関の規模やビジネスモデル、ファンディング・モデル、リスク・プロファ

91　TLAC基準は、破綻処理法制に規定される例外的状況のもと、破綻処理当局がすべての除外債務について、一部または全部をベイルインの対象から除外できる法域に関しては、倒産法のもと、除外債務と同順位の債務でなければTLAC適格要件を満たす債務について、TLAC最低基準がリスク・アセット比16%の場合はリスク・アセット比2.5%まで、18%の場合は3.5%までを上限にTLACとして考慮できる措置を認めている。EUでは、契約劣後および法定劣後を採用している場合において当該措置が利用される可能性があると考えられる。
92　Regulation（EU）575/2013 art. 72a⑵.
93　Directive（EU）2019/879.
94　Regulation（EU）2019/877.

表 3 － 5 　 適格債務から除外される債務

除外債務の範囲
(a) 保険対象預金
(b) 要求払い預金、短期預金（当初満期 1 年未満）
(c) 預金保険の対象範囲を超えた部分に関する自然人および中小零細企業から受け入れた適格預金
(d) 域内金融機関の域外の支店でなければ適格預金となっていた自然人および中小零細企業から受け入れた預金
(e) カバード・ボンド等を含む担保付債務
(f) 顧客資産・資金（集団投資スキームのために保有されるものを含む）の保有から生じる債務
(g) 倒産法・民法のもとで保護されるときは、（受託者としての）破綻処理エンティティまたはその子会社と、（受益者としての）他者との間のフィデューシャリー関係から生じる債務
(h) 当初満期が 7 日未満の金融機関に対する債務（同一グループ内のエンティティに対する債務を除く）
(i) 清算・決済システム、そのオペレーター、およびその参加者に対する残存期間 7 日未満の債務
(j) 以下に対する債務
(i) 給与、年金その他固定報酬（一定の変動報酬を除く）にかかわる従業員
(ii) ITサービス、ユーティリティ、建物の賃貸、サービシング、維持を含む金融機関の日常機能、親会社のオペレーションにとって不可欠な商品・サービスが提供されている場合の商業・取引上の債権者
(iii) 税務当局、社会保障当局
(iv) 制度の発動により債務が生じる場合の預金保険制度
(k) デリバティブから生じる債務
(l) デリバティブを組み込んだ債務商品から生じる債務

（出所）　CRR 2 より筆者作成

95　BRRDに規定されたMRELの計測式の分母は総負債（自己資本を含む）であったのに対し、TLACはリスク・アセットとレバレッジ・エクスポージャーを用いて計測される。そのため、BRRD2においては、MRELをリスク・アセット比とレバレッジ・エクスポージャー比で計測するよう改定された。Directive 2014/59/EU art. 45(2), and Regulation (EU) No 804/2014 art. 12a(2).

イルに加えて、レゾルバビリティの確保に関する基準を考慮しながら、破綻処理当局が金融機関の状況に応じて個別に必要水準を決定する[96]。

その際、金融機関の破綻処理計画に定められた破綻処理措置が資本商品や適格債務の元本削減・転換を伴う場合には、MRELの必要水準としてリスク・アセット比、レバレッジ・エクスポージャー比ともに、①予想される損失が完全に損失吸収されること（＝損失吸収力）、②認可および業務遂行に必要な水準までレゾリューション・エンティティとその子会社が資本再構築されるために十分な水準を設定すること（＝資本再構築力）を確保するために十分な水準とすることを求めている[97]。そのうえでBRRD2/SRMR2は、損失吸収力および資本再構築力についてそれぞれ具体的な水準を定めている。リスク・アセット比の場合には、①損失吸収力は自己資本比率８％、すなわちバーゼルⅢのPillar1（第１の柱）と、Pillar2（第２の柱）の合計額とし、②資本再構築もPillar1とPillar2を回復する額としている。その結果、MRELの必要水準としては、（Pillar1＋Pillar2）×２という水準となる[98]。一方、レバ

---

96 BRRD2/SRMR2では、MRELの必要水準を設定する際の基準として、①破綻処理目的に応じて、ベイルイン・ツールを含むレゾリューション・エンティティに対する破綻処理ツールの適用によってレゾリューション・グループを破綻処理できるようになるために必要な程度、②ベイルイン・ツールまたは元本削減・転換の権限がレゾリューション・エンティティおよびその子会社に適用された場合、損失を吸収し、総自己資本比率またはレバレッジ比率を認可および業務遂行に必要な最低水準まで回復すべく十分な自己資本および適格債務を確保するために必要な程度、③破綻処理計画が適格債務の特定のクラスをベイルインの対象から除外したり、一部譲渡のもとで承継者に完全に譲渡することを想定している場合、レゾリューション・エンティティが損失を吸収し、総自己資本比率またはレバレッジ比率を認可および業務遂行に必要な最低水準まで回復すべく十分な自己資本および適格債務を確保するために必要な程度、④当該エンティティの規模、ビジネスモデル、ファンディング・モデルおよびリスク・プロファイル、⑤他の金融機関等またはその他の金融システムとの相互連関性によって他の金融機関等へ波及することを含め、当該エンティティの破綻が金融システムに与える負の影響の程度という基準が定められている。Directive 2014/59/EU art. 45c(1), and Regulation（EU）No 804/2014 art. 12d(1).

97 Directive 2014/59/EU art. 45c(2), and Regulation（EU）No 804/2014 art. 12d(2). 一方、金融機関の破綻処理計画が倒産手続のもとで清算することを前提とするものである場合は、損失吸収力のみで十分かどうかについて破綻処理当局が評価を行うことになる。

98 Directive 2014/59/EU art. 45c(3), and Regulation（EU）No 804/2014 art. 12d(3).

レッジ・エクスポージャー比の場合は、①損失吸収力がレバレッジ比率3％、②資本再構築力がレバレッジ比率3％で、これらを合計してレバレッジ比率6％がMRELの必要水準となる。

さらに、TLACが適用されるG-SIBsについては、上記の損失吸収力および資本再構築力の要件を満たすためにTLACの最低基準だけでは十分ではない場合、両要件を満たすために必要な水準がMRELとして追加されることとなる[99]。すなわち、リスク・アセット比の場合は、G-SIBsの（Pillar1＋Pillar2）×2という水準がTLACの最低基準である18％よりも高いときは、TLACの最低基準を超過する分がMRELとしてG-SIBsに追加的に要求される。また、G-SIBs以外の金融機関で総資産が1,000億ユーロを超える金融機関については、リスク・アセット比13.5％、レバレッジ・エクスポージャー比5％というMRELの最低水準が設けられている[100]。

一方、MRELの適格債務の要件についてBRRD2/SRMR2は、MRELとTLACの調和を図る観点からCRR2に規定されたTLACの適格債務の要件を参照しており、TLACとMRELの適格債務はおおむね同様の性質を有する債務となる[101]。ただし、MRELとTLACの適格債務とでは異なる点もある。まず、MRELの適格要件はTLACの適格要件を参照しているが、MRELでは劣後性要件のみが適格要件から外れている。また、TLACではデリバティブを組み込んだ債務商品から生じる債務は除外債務とされているが、BRRD2/SRMR2ではストラクチャード・ノートのようなデリバティブを組み込んだ債務商品から生じる債務については、一定の要件を満たす場合に限ってMRELの適格債務として算入することを認めている[102]。

ただし、BRRD2/SRMR2は、G-SIBsおよび総資産1,000億ユーロ超の金融

---

[99]　Directive 2014/59/EU art. 45d(1), and Regulation（EU）No 804/2014 art. 12e(1).

[100]　Directive 2014/59/EU art. 45c(5), and Regulation（EU）No 804/2014 art. 12d(5). なお、非G-SIBsで総資産1,000億ユーロ未満であっても破綻時にシステミック・リスクを生じる可能性があると判断される金融機関については、リスク・アセット比13.5％、レバレッジ・エクスポージャー比5％の最低水準が求められる。

[101]　Directive 2014/59/EU art. 45b(1).

機関については、MRELにおいても劣後性要件への対応を求めている。具体的には、G-SIBsおよび総資産1,000億ユーロ超のレゾリューション・エンティティは、原則として総負債（自己資本を含む）の少なくとも８％に関しては、自己資本、TLAC適格債務を意味する劣後適格商品（subordinated eligible instruments）、または一定の要件を満たす子会社発行の債務[103]によって対応することが求められている[104]。

　さらに、G-SIBsおよび総資産1,000億ユーロ超の金融機関は、自己資本と劣後適格商品の合計額が、①総負債（自己資本を含む）の８％、②（Pillar1＋Pillar2）×２＋規制資本バッファーの額のいずれか大きい額を超過していない場合には、破綻処理当局がその程度に応じて自己資本および劣後適格商品等によりMRELを満たすよう決定することができるとしている[105]。すなわち、G-SIBsおよび総資産1,000億ユーロ超の金融機関については、MRELにおいても劣後性要件を要求する裁量権が破綻処理当局に与えられたととらえることができる。

2 ユーロ圏におけるMRELの適用

　ユーロ圏参加国で構成される銀行同盟ではMRELの設定に関して、ECB

---

102 Directive 2014/59/EU art. 45b(2), and Regulation（EU）No 804/2014 art. 12c(2). 具体的には、①元本が発行時点で認識され、かつ固定されているか増加するものであって、組込デリバティブの性質に影響を受けないものであり、日次ベースで債務総額を評価することが可能であって、信用リスクがなく、売買双方向に流動的な市場があるもの、または②発行者の倒産および破綻処理の際に権利の価値を明記した契約条項があり、当初払込額を上回らないものが対象となる。

103 破綻処理戦略がMPEであって、レゾリューション・エンティティである子会社が親会社等に発行するものが該当する。

104 Directive 2014/59/EU art. 45b(4), and Regulation（EU）No 804/2014 art. 12c(4). なお、この要件の背景としてBRRDでは、システミック・リスクの顕在化など例外的な状況においては、公的資本増強を含む例外的公的金融支援が認められているが、そのためには、破綻金融機関の総負債の８％以上について損失吸収および資本再構築を実施していることが要件となっていることがあげられる。

105 Directive 2014/59/EU art. 45b(7), and Regulation（EU）No 804/2014 art. 12c(7).

が直接監督する大手銀行にはSRMの破綻処理当局であるSRBが責任を負い、それ以外の金融機関については母国の破綻処理当局が責任を負うこととなっている。SRBは、ユーロ圏の大手銀行に対するMRELの完全適用に向けてこれまで漸進的な適用を行ってきた。具体的には、2016年に主要銀行を対象に強制力のない参考MREL目標（informative MREL target）を設定し、2017年以降は個々の銀行の特性を考慮しながら、個別に水準調整を行う義務的MREL目標（binding MREL target）を設定してきた。また、MREL目標の設定に際しては、詳細な破綻処理計画の策定が必要であるため、破綻処理カレッジが設置されている銀行と破綻処理カレッジが設置されていない銀行に分けて検討が進められてきた（図3-6）。

　MRELの改正を図るBRRD2およびSRMR2を含む銀行パッケージの成立を受けて、SRBは2020年5月に新たなMRELの適用のための政策方針（以下「適用方針」という）を打ち出した[106]。MRELは従来、リスク・アセット比のみで計測されていたが、SRMR2ではレバレッジ・エクスポージャー比も要求されることになったため、今後はレバレッジ・エクスポージャー比でも計測が行われる。

　適用方針はSRMR2のもと、①損失吸収額（loss-absorption amount；LAA）と、②資本再構築額（recapitalisation amount；RCA）で構成されるMRELについて、リスク・アセット比の場合は、LAAをPillar1とPillar2の合計額とし、RCAもPillar1とPillar2の合計額と定めている[107]。一方、レバレッジ・エクスポージャー比については、LAAおよびRCAともにレバレッジ比率規制に対応する水準としている[108]。

　LAAの調整として適用方針は、通常の倒産手続を適用する金融機関については、清算手続のもとで解体する際に損失吸収力が十分であるか、LAA

---

[106]　SRB（2020）.

[107]　従来は、LAAに規制資本バッファーが含まれていたが、新たなMRELにおいては規制資本バッファーを考慮しない扱いに変更されている。

[108]　CRR2のもと、2021年6月28日からレバレッジ比率規制が適用されることとなっており、2020年の破綻処理計画の策定サイクルのなかで水準調整が行われる予定である。

図3-6 MREL設定に関するSRBの取組み

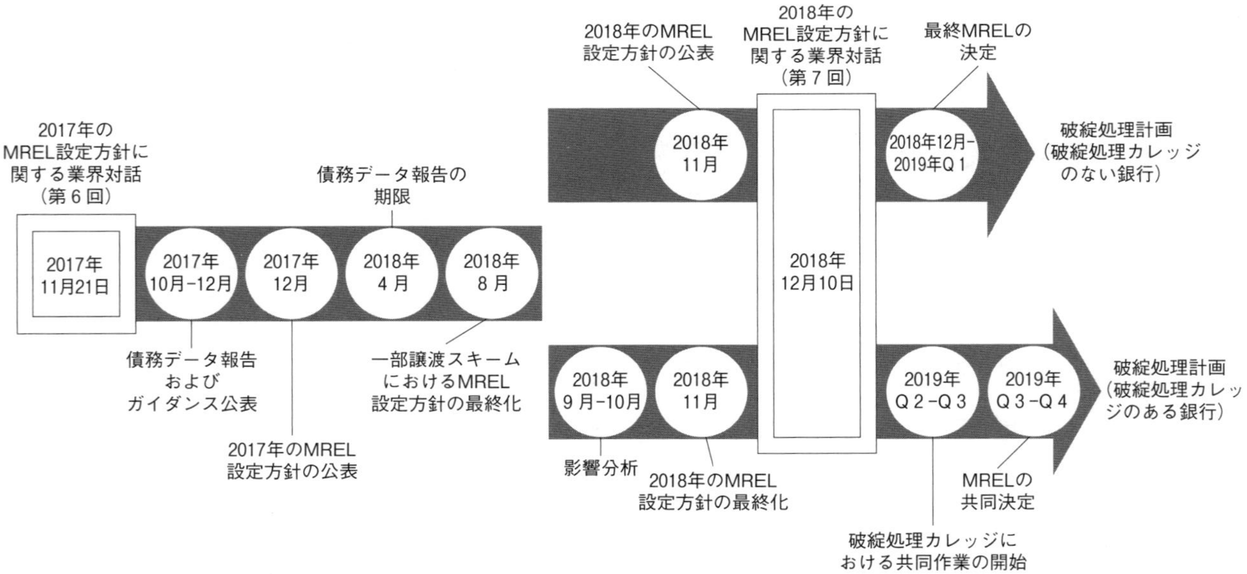

2017年の
MREL設定方針に
関する業界対話
（第6回）

2017年
11月21日

2017年
10月-12月

2017年
12月

2018年
4月

2018年
8月

債務データ報告の
期限

2018年の
MREL設定方針に
関する業界対話
（第7回）

2018年11月

2018年
12月10日

2018年12月-
2019年Q1

破綻処理計画
（破綻処理カレッジ
のない銀行）

最終MRELの
決定

2018年のMREL
設定方針の公表

2018年
9月-10月

2018年
11月

2019年
Q2-Q3

2019年
Q3-Q4

破綻処理計画
（破綻処理カレッ
ジのある銀行）

MRELの
共同決定

影響分析 2018年のMREL
設定方針の最終化

破綻処理カレッジに
おける共同作業の開始

債務データ報告
および
ガイダンス公表

2017年のMREL
設定方針の公表

一部譲渡スキーム
におけるMREL
設定方針の最終化

（出所） SRBウェブサイトより筆者作成

の水準を引き上げる必要があるかを評価する。

　一方、RCAの調整に関しては、①破綻処理の際にバランスシートが縮小する効果、②再建計画に定める再建措置の発動、③事業再構築計画における資産等の売却・処分という金融機関のバランスシートに与える効果を考慮しながら水準調整を行う。また、金融機関が破綻処理後も市場の信認を維持することを目的とする市場の信認に係るチャージ（market confidence charge；MCC）についても調整が行われる。MCCは従来、規制資本バッファーの水準から125ベーシス・ポイント（bp）を差し引いた水準が適用されてきた。適用方針では、2020年は規制資本バッファーから93.75bpを差し引いた水準とし、その後段階的に引き下げて最終的には0bp、すなわち規制資本バッファーと同額とする方針を明らかにしている[109]。さらに、金融機関の破綻処理戦略が事業譲渡ツールの適用を前提としている場合には、破綻処理の際に資本再構築を伴わないため、RCAの水準は調整される。

　G-SIBsに適用されるMRELに関しては、LAAとRCAによって水準調整されたMRELの水準がTLACの最低基準を上回る場合、その差額が追加的なTLACとして適用されることになる。

　また、従前はMRELの適格債務の要件において劣後性は要求されていなかったが、ベイルイン可能な債務とオペレーションに必要不可欠な債務、ベイルインの除外債務がある場合にはNCWOに反するリスクがあるため、SRMR2によってレゾルバビリティを向上する観点から定量的な劣後性要件が導入され、たとえば、G-SIBsおよび総資産1,000億ユーロ超の金融機関については、総負債の8％まで劣後性要件に対応することが求められている。

　この点に関してSRBは、G-SIBsにはリスク・アセット比18％に規制資本バッファーを加えた水準（レバレッジ・エクスポージャー比の場合は6.75％）まで劣後性を有する商品で対応することを要求し、その他の総資産1,000億ユーロ超の金融機関については、リスク・アセット比13.5％に規制資本バッ

---

[109]　93.75bpから62.5bp、さらに31.25bpに段階的に引き下げてから0bpにする方針である。

ファーを加えた水準（レバレッジ・エクスポージャー比の場合は5％）の劣後性要件を求めている。

　一方、BRRD2/SRMR2はMRELをグループ内のすべての金融機関に適用する方針である。そのことはグループ内で損失を移管し集約することを目的とする内部MRELが適用されることを意味する。SRBは内部MRELについて、2020年以降の破綻処理計画の策定サイクルのなかで、レゾリューション・エンティティ以外のグループ会社を対象に適用する方針を明らかにしている。

　MREL（内部MRELを含む）の適用についてSRBは、2024年1月1日をすべての金融機関に共通する完全適用の期限として設定している。そのうえでそれまでの間の目標として、金融機関は2022年1月1日までに中間的なMREL目標を達成することが求められる。

第4節 ｜ 小　括

　本章では、EU加盟国で共通の銀行等を対象とする破綻処理制度を定めるBRRDとともに、BRRDと調和が図られたユーロ圏に参加する加盟国の銀行の破綻処理制度であるSRMRを確認した。BRRD/SRMRは、FSBが策定した国際基準である主要な特性と調和を図るように設計されている。特に秩序ある破綻処理を実現するための破綻処理ツールであるベイルインについてBRRD/SRMRは、適格債務の元本削減およびエクイティ転換の権限を明確に規定している。また、クローズド・バンク・ベイルインとオープン・バンク・ベイルインの両者のスキームがBRRD/SRMRには手当されている。さらに、主要な特性に規定される早期解約条項の一時的なステイや債権者のセーフガードとしてのNCWOもBRRD/SRMRに規定されている。

　ユーロ圏の破綻処理当局として位置づけられるSRBは、銀行の望ましい破

綻処理戦略としてSPEかMPEかを選択する際には、銀行の組織構造、損失吸収力および分離可能性の分析を基に選択する方針を明らかにしている。しかしながら、SPEおよびMPEのいずれについてもSRBは具体的な破綻処理プロセスを明らかにしていない。BRRDはいずれの加盟国においても国内法化されているとはいえ、加盟国の間では法制度が異なるうえに金融機関のビジネスモデルも異なることから、共通の破綻処理プロセスを描くことがむずかしいのかもしれない。もっとも、少なくともG-SIBsの母国については、各G-SIBsの破綻処理戦略の概要を明らかにしていくことで、市場参加者が破綻処理の結果をより明確に認識することができるようになり、破綻処理の不確実性が低減すればかえって混乱を避けることにつながるのではないだろうか。

　また、EUの秩序ある破綻処理の枠組みの特徴として、ゴーンコンサーン・ベース（実質破綻時）の損失吸収力および資本再構築力についてMRELという独自の枠組みを設けていることが指摘できる。たとえば、G-SIBsについては、FSBのTLAC基準をふまえたTLACを最低基準として適用する一方で、必要に応じてMRELの枠組みを利用して金融機関固有のTLACに対する上乗せを求めるオプションを有している。ユーロ圏ではSRBのもと、MRELについてはこれまで漸進的な適用が行われてきた。G-SIBsについては実際にTLACの最低基準を上回る水準がMRELにおいて要求されるのかどうかも含めて、MRELがどのように適用されるかが注目される。

第 4 章

英国の秩序ある破綻処理の枠組み

第1節 | 英国の破綻処理の枠組み

1 金融危機を受けた対応

　グローバル金融危機以前の英国には銀行のみを対象とする破綻処理制度はなく、銀行が破綻した場合には一般事業会社と同様、1986年倒産法（Insolvency Act 1986）のもとで管理手続（administration）または管理レシーバーシップ（administration receivership）の手続[1]を適用して破綻処理する以外の選択肢はなかった。そのため、金融危機の際には、システミック・リスクを回避するために公的資金によるベイルアウトに頼らざるをえなかった。英国政府は2008年10月に、イングランド銀行（Bank of England；BOE）の特別流動性スキームを通じた2,000億ポンド以上の銀行に対する短期融資、政府が設置した250億ポンドの銀行資本再構築基金（Bank Recapitalisation Fund）による優先株式の購入を通じた銀行の資本増強、銀行間の中期的な貸出を促すための銀行間与信に対する2,500億ポンドの政府保証を含む、5,000億ポンドの銀行救済パッケージを手当することとなった[2]。

　金融危機を受けて英国は、他国に先駆けて2009年銀行法（Banking Act 2009）を策定し、金融システムの保護を図る観点から銀行を対象とする破綻

1　英国の倒産法における管理手続は、会社が債務を支払うことができない場合の主な手続であり、管財人（insolvency practitioner）には通常、経営者にかわって、会社を救済し、ビジネスを保護し、可能な限り最も良い結果を得ることが法的に求められる。管理手続が適用されると会社が行う行為は一時的に停止されるが、会社の清算はできる限り回避される。米国の連邦倒産法のチャプター11に相当する手続である。一方、管理レシーバーシップとは、不動担保権を実行するため、会社の債権者によって開始される手続であり、任命された管理レシーバーのもと、必要に応じて会社は清算される。

2　HM Treasury, "Statement by the Chancellor on financial stability," Chancellor's Statements, 8 October 2008.

処理制度を整備した。すなわち、銀行が破綻し、2000年金融サービス市場法
（Financial Services and Market Act 2000；FSMA）に定める規制要件を満たす
ことができない場合または銀行が規制要件を満たす合理的な見込みがない場
合の措置として、以下の3つの破綻処理に関する措置が設けられた。

① 銀行倒産手続（Bank Insolvency）
② 銀行管理手続（Bank Administration）
③ 特別破綻処理制度（Special Resolution Regime）

2009年銀行法に規定される銀行倒産手続および銀行管理手続は、銀行が破
綻した場合に1986年倒産法に規定される既存の倒産・管理手続を修正したも
のである。なお、英国で主に住宅ローンを提供する住宅金融組合（building
society）についても2009年銀行法のもと、銀行倒産手続および銀行管理手続
と同様の手続が手当されている[3]。

秩序ある清算（liquidation）の実現を目的とする銀行倒産手続は、1986年
倒産法の清算手続を修正したものであり、裁判所の命令のもとで実施される
手続である。銀行が破綻した場合、預金保険の機能を担う金融サービス補償
スキーム（Financial Services Compensation Scheme；FSCS）によって保護さ
れる適格預金者への支払を確実にすることをねらいとしており、FSMAの
もとで預金受入れが認められている銀行に対象を限定している。

また、銀行管理手続は、2002年企業法（Enterprise Act 2002）で修正され
た1986年倒産法における管理手続を修正したものであり、特別破綻処理制度
の措置を支援するため、銀行の事業、資産または負債の一部を民間セクター
承継者（private sector purchaser）またはブリッジバンクに移管した後に残
った清算法人の重要なサービスまたは金融機能を一定期間、継続させること
を目的として清算法人に適用される手続である[4]。

一方、特別破綻処理制度は、①英国の金融システムの安定性の保護および
改善、②英国の銀行システムの安全性に対する一般の信認の保護および改

---

3 The Building Societies (Insolvency and Special Administration) Order 2009.
4 Banking Act 2009 sec. 138.

善、③預金者の保護、④公的資金の保護、④所有権侵害の回避を目的として
システミック・リスクに対応する枠組みである。2009年銀行法では、金融シ
ステムの安定化を図る安定化オプション（stabilisation option）として、①民
間セクター承継者、②ブリッジバンク、③一時国有化（temporary public
ownership）という３つの破綻処理ツールが手当された。

　民間セクター承継者およびブリッジバンクへの譲渡は、①英国の金融シス
テムの安定性、②英国の銀行システムの安全性に対する国民の信認の維持、
③預金者の保護を通じた公衆の利益を考慮して必要な場合に実施される。民
間セクター承継者への譲渡に関しては、英国の破綻処理当局であるBOEが
破綻銀行の一部または全部の事業を民間セクターの承継者に売却することに
なる[5]。買い手への売却は、①株式その他の証券の譲渡（share transfer in-
strument）、②財産、権利および債務の一部または全部の譲渡（property
transfer instrument）を通じて実施される。また、ブリッジバンクへの譲渡
については、BOEが破綻銀行の一部または全部の事業をBOEの子会社とし
て設立されるブリッジバンクに譲渡することになる[6]。譲渡は、財産、権利
および債務の一部または全部の譲渡を通じて実施される。

　また、一時国有化については、英国の金融システムの安定に対する脅威を
解決または低減することが必要な場合に発動される[7]。具体的には、財務省
（HM Treasury）が破綻銀行を一時的に管理し、その後、財務省が指名する
者、または財務省が所有する会社が破綻銀行の管理を行うことになる。一時
国有化への移行は、株式その他の証券の譲渡を通じて実施され、銀行持株会
社にも適用できる。さらに、一時国有化においては財務省による金融支援も
可能であり、ベイルアウトもできる仕組みである。

　このように英国は、金融危機の経験をふまえて一時国有化というベイルア
ウトを含め、システミック・リスクに対応するための枠組みをいち早く整備

5　Banking Act 2009 sec. 11.
6　Banking Act 2009 sec. 12.
7　Banking Act 2009 sec. 13.

した。しかしながら、その後ベイルアウトからベイルインに政策の方向性が大きく変わることになる。

　そのきっかけの１つとなったのが、序章でも触れた2011年９月の独立銀行委員会（ICB）の報告書である[8]。ICBは、ジョン・ヴィッカーズ（John Vickers）卿を議長に、英国の銀行セクターの安定と競争を促すための銀行システム改革を図ることを目的として保守党と自由民主党の連立政権合意のもとで設置された政府の諮問委員会であり、その報告書はヴィッカーズ・レポートと呼ばれている。

　ヴィッカーズ・レポートは、英国の新たな銀行ストラクチャーとして銀行グループ内で商業銀行と投資銀行を分離するリングフェンス（Ring-fencing）を提唱するとともに、TLACの検討が行われる前から銀行破綻時の損失吸収力の確保を図るものとしてPLACの導入を提言した。PLACの議論の背景にあったのがベイルインである。ヴィッカーズ・レポートは、システム上重要な銀行に倒産手続を適用することの困難さに加えて、特定の債務に損失を負担させることがむずかしいことを指摘した。そのうえで、長期無担保債務に損失を負担させることが容易であるとの考えを示して、英国においてベイルインの導入を後押しした。

　その結果、英国では、2013年金融サービス（銀行改革）法（Financial Service（Banking Reform）Act 2013）のもと、リングフェンスや預金者優先原則の導入などとともに、EU域内共通の銀行の破綻処理の枠組みである銀行再建・破綻処理指令（BRRD）の成立に先駆けてベイルインが導入された。具体的には、同法は2009年銀行法を改正し、４つ目の安定化オプションとしてベイルイン・オプション（bail-in option）を追加した[9]。同法はまた、ノー・クレジター・ワース・オフ（NCWO）に係る規定についても2009年銀行法に導入している[10]。

8　ICB（2011）.
9　Banking Act 2009 sec. 12A.
10　Banking Act 2009 sec. 60B.

2 BRRDの国内法化

　その後2014年にEUでBRRDが成立したことを受けて、2013年金融サービス（銀行改革）法の改正に加えて、財務省による2014年銀行再建・破綻処理に関する（NO.2）省令（Bank Recovery and Resolution（No.2）Order 2014）（以下「NO.2省令」という）によってBRRDの国内法化が図られた。たとえば、ベイルイン・オプションについては、コモンエクイティTier1（CET1）、その他Tier1（AT1）、Tier2の順に損失吸収およびエクイティ転換を図り、それでも損失吸収が十分でない場合には、通常の債権の優先順位に従って適格債務の元本削減またはエクイティ転換を可能とした。また、BRRDの資産分離ツールに相当する資産管理会社（asset management vehicle）が安定化オプションに追加されている[11]。これにより破綻処理当局であるBOEは、破綻銀行やブリッジバンクの事業を資産管理会社に譲渡し、事業の価値最大化を図りながら売却・清算することが可能になる。

　さらに、デリバティブ契約を含む金融契約における早期解約条項に対する一時的なステイについては、ベイルイン・オプションを含む2009年銀行法の安定化オプションを実施した日の翌営業日の深夜までの間、破綻銀行の契約上のカウンターパーティは早期解約等の権利行使が一時停止される規定が追加されている。

　なお、BRRDの国内法化に際しては2009年銀行法の安定化オプションである一時公的管理の枠組みも維持されているが、財務省がそれを適用する際にはEUの競争政策に係る国家補助ルール（State Aid Rule）をふまえることが求められており、BRRDの非常時公的金融支援を利用する際の条件と調和が図られている[12]。すなわち、一時国有化の枠組みを適用するときには、既存株主の損失負担が求められることになる。FSBの「主要な特性（Key Attri-

---

11　Banking Act 2009 sec. 12ZA.
12　第3章1節3.(9)を参照。

butes)」では、一時国有化の費用について、国が被った損失は無担保債権者等、必要に応じてより幅広く金融システムから回収することを求めており、主要な特性の要件にも合致している。

なお、英国のEU離脱（Brexit）が実施されたが、離脱後も2009年銀行法、その他の法律文書によって英国に国内法化されたBRRDの枠組みは継続される方針である[13]。

第 2 節 　BOEの破綻処理アプローチ

1 　破綻処理の枠組み

(1)　破綻処理と倒産手続

BOEは、英国の破綻処理当局として2017年10月に破綻処理アプローチを整理した文書（以下「方針文書」という）を策定し、グローバルなシステム上重要な銀行（G-SIBs）を含む銀行の破綻処理戦略を明らかにした[14]。破綻処理当局としてのBOEは、2009年銀行法のもと、破綻処理目的（resolution objective）を実現することが求められており[15]、それらの実現を図るために破綻処理戦略を策定している（表4－1）。

BOEは方針文書のなかで、「破綻処理（resolution）」と「倒産（insolvency）」の概念を明確に分けて使っている[16]。破綻処理は銀行の破綻を管理す

---

13 The Bank Recovery and Resolution and Miscellaneous Provisions（Amendment）（EU Exit）Regulations 2018.
14 BOE（2017）. BOEは2014年にも同じタイトルの文書を公表しており、当該文書は2014年の改定版に当たる。
15 Banking Act 2009 sec. 3A-9.

表4－1　BOEの破綻処理目的

目的1　英国における銀行サービスおよびきわめて重要な機能の継続性を確保すること
目的2　英国の金融システムの安定性を保護し、強化すること
目的3　英国の金融システムの安定性に関する国民の信頼を保護し、強化すること
目的4　例外的公的金融支援への依存度を最小化することを含め、公的資金を保護すること
目的5　補償スキームで保護される預金者および投資者を保護すること
目的6　必要に応じて、顧客資産を保護すること
目的7　欧州人権条約（Convention）に関する権利に違反する財産権の侵害を回避すること

（出所）　Banking Act 2009より筆者作成

るために講じる措置であり、そのプロセスは倒産とは明確に異なるとする。BOEが金融の安定の確保に必要と判断した場合に限って破綻処理当局であるBOEが実施する破綻処理が破綻した銀行に適用されることになる。

　方針文書は、市場参加者のトゥー・ビッグ・トゥ・フェイル（TBTF）に関する認識が暗黙の政府保証につながっているとし、信頼性のある破綻処理の枠組みを構築することによってTBTFを否定することが、市場規律を働かせ、大銀行が過度のリスクをとらなくなるインセンティブを生むとし、TBTFから生じるモラルハザードを解決することを破綻処理のねらいとしてあげている。

　BOEが構想する破綻処理戦略の対象金融機関は、銀行および住宅金融組合、証券会社に相当する一部の投資サービス会社である。さらに、外国銀行の英国子会社や欧州経済領域（European Economic Area；EEA)[17]以外の国で

16　BOE（2017), p 11.
17　EEAには、EU加盟国に加えてアイスランド、リヒテンシュタイン、ノルウェーが含まれる。

設立された銀行の英国支店もBOEの破綻処理の対象となる。

　BOEの破綻処理戦略において破綻処理の開始要件は、EUのBRRDに従ったものとなっている。第1の要件は、プルーデンス監督当局である健全性規制機構（Prudential Regulatory Authority；PRA）または金融行為規制機構（Financial Conduct Authority；FCA）が金融機関を「破綻または破綻のおそれがある（FOLTF）」と認定することである[18]。金融機関がインソルベント（支払不能）となったり、支払期限の到来した債務への支払ができなくなったり、資産の価値が負債の価値を下回ったりする（債務超過）前にFOLTFのトリガーが引かれる。

　第2の要件は、破綻処理以外に金融機関のFOLTFを回避する措置が講じられる合理的見込みがないことである。FOLTFを回避する措置には、株主への配当の停止、上級管理職のボーナスの支払の停止といった金融機関の財務資源を回復するための監督上の措置が含まれる。また、金融機関の債権者との間で締結されるデット・エクイティ・スワップを含む財務リストラクチャリングや事業売却といった金融機関やその株主・債権者による措置もFOLTFを回避する措置に相当する。

　そして、第3の要件として、公益（public interest）に照らして破綻処理措置が必要であることを示す公益テストを満たすことが求められる。公益テストにおいては破綻処理目的にかなっているか否かについてPRAおよびFCAと協議のうえ、BOEが判断することになる。方針文書は、破綻処理の適用は株主の権利や財産権に影響するものであり、公益によって正当化されなければ権限を行使することはできないことから、破綻処理目的を実現するために破綻処理が必要か否かを判断することが必要であるとしている。公益テストを満たさない場合には、破綻処理が適用されることはなく、倒産手続が適

18　方針文書は、①資本・流動性規制を満たす十分なリソースがあること、②リスクを計測、モニタリング、管理する適切なリソースがあること、③フィット・アンド・プロパー（fit and proper）原則に即した経営であることを含めて銀行の認可基準を満たさない場合に、FOLTFであると判断されるとしている。

用されることとなる。

このように英国の破綻処理においては、破綻処理当局であるBOEがPRAやFCA、財務省と協議のうえ、破綻処理の適用の要否を決定することとなる[19]。方針文書は、このような破綻処理に関する一連の要件の判断に関して、関係当局による意思決定プロセスをツリーのかたちで整理している（図4－1）。

(2) 破綻処理戦略の選択

2009年銀行法に基づくBOEの破綻処理ツールとしては、①ベイルイン、②民間セクター承継者への譲渡、③ブリッジバンクへの譲渡に加えて、④資産管理会社への譲渡、そして、⑤清算法人を対象とする銀行管理手続というオプションがある。

こうしたなかで方針文書は、英国の金融機関の望ましい破綻処理戦略として、大規模から中規模の金融機関、中小金融機関に至るまで規模や事業の性質をふまえて、①ベイルイン、②一部譲渡（partial transfer）、③倒産手続という3つのオプションを示している。

① ベイルイン……規模が最も大きく複雑な金融機関の破綻処理戦略である。ベイルインを適用する基準としてBOEは、バランスシートの規模が150億から250億ポンド以上という基準を示しており、これには英国のG-SIBsおよび国内のシステム上重要な銀行（D-SIBs）が含まれ、また多くの中規模銀行も含まれる。ベイルインによって短期間で自己資本が再構築されることによって、さらに事業の買い手を探したり、オペレーションを分離したりすることが可能になる。

② 一部譲渡……公益テストを満たす規模の中小金融機関に対する破綻処理戦略である。一部譲渡の対象はバランスシートの規模が150億から250

---

19 財務省も破綻処理の開始の決定および破綻処理ツールの選択についてBOEから協議を求められる。特に、一時国有化を適用する場合は財務省にその要否を決定する権限がある。

図4－1　破綻処理における意思決定

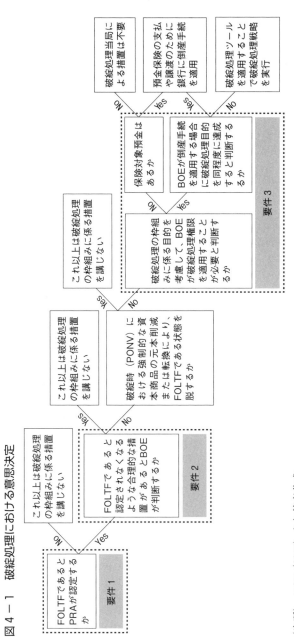

要件1

FOLTFであるとPRAが認定するか

要件2

FOLTFであるとなくなるような合理的な措置があるとBOEが判断するか

要件3

破綻処理の枠組みに係る目的を考慮して、BOEが破綻処理権限を適用することが必要と判断するか

保険対象預金はあるか

BOEが倒産手続を適用する場合に破綻処理目的に達成するど同程度に判断するるか

これ以上は破綻処理の枠組みに係る措置を講じない

これ以上は破綻処理の枠組みに係る措置を講じない

これ以上は破綻処理の枠組みに係る措置を講じない

破綻時（PONV）における強制的な資本商品の元本削減、また転換により、FOLTFである状態を脱するか

破綻処理当局による措置は不要

預金保険の支払や譲渡のために銀行に倒産手続を適用

破綻処理ツールを適用することで破綻処理戦略を実行

（出所）　BOE（2017）より筆者作成

億ポンド未満の金融機関、またはきわめて重要な機能として顧客が日々の決済や現金引出しに使う当座預金口座（transactional account）が４万から８万口座以上ある金融機関である。一部譲渡を適用する場合には、正常資産を裏付けに法的な優先順位のもとで無担保シニア債務に優先する預金（預金者優先の対象となる保険対象預金、個人および中小企業から受け入れた非保険対象預金）を民間セクター承継者またはブリッジバンクに譲渡する。

③　倒産手続……当座預金口座やきわめて重要な機能がなく、破綻処理ツールの適用が正当化できない小規模金融機関の破綻処理戦略である。倒産手続を適用する場合は、FSCSによる預金の払出しが行われるか、FSCSの基金を使って他の金融機関に預金を承継させた後に金融機関の資産は売却あるいは清算される。

⑶　倒産手続の適用

破綻金融機関が公益テストを満たさない場合は、倒産手続が適用される。金融機関が保険対象預金も顧客資産も有さない場合には、一般事業法人と同様、1986年倒産法のもとで通常の倒産手続が適用される。一方、金融機関が保険対象預金や顧客資産を有する場合には、2009年銀行法に基づく銀行倒産手続が適用される。銀行倒産手続が適用される場合、預金保険制度および投資者保護制度を提供するFSCSが、8.5万ポンドを上限に預金者保護を図り、必要に応じて５万ポンドを上限に投資者保護を図ることになる。

銀行倒産手続のもと、破綻銀行の清算人はFSCSと協働しつつ、保険対象預金を迅速に払い出したり、他の金融機関に譲渡したりすることが求められる。その際、FSCSは保険対象預金と同額までの預金債権を預金者より承継して倒産手続に参加する。FSCSは、倒産手続を適用するなかで債務の弁済や事後的に生じるコストをカバーできるよう必要に応じて金融業界から賦課金を徴収することもできる。清算人には、債権者全体にとって最善の結果が得られるように金融機関の清算を行うことが求められている。

また、EUの預金保険制度を規定する預金保険指令（DGSD）[20]のもとで保護される保険対象預金については、BRRDのもとで最優先シニア（super-preferred）の債権クラスに位置づけられる[21]。すなわち、倒産手続のなかで預

図4－2　倒産手続における債権者等の優先順位

債権者の順位	確定担保保有者（モーゲージ、確定担保、抵当権で保全された債権） ●資本市場の取引（たとえば、カバード・ボンド） ●トレーディング勘定における債権者（たとえば、担保付ポジション）	損失負担の順序
	清算人（フィーおよび支出）	
	優先債権者（通常） ●FSCS（8.5万ポンドまでの保険対象預金者の地位を承継） ●労働債権にかかわる従業員	
	優先債権者（第2位） ●8.5万ポンドを超過する個人、中小零細企業の預金者	
	浮動担保保有者	
	無担保シニア債権者 ●債券の保有者 ●トレーディング勘定の債権者（たとえば、無担保ポジション） ●マスター・ネッティング契約を有する債権者（ネット・ポジションのみ） ●物品やサービスの提供から生じる一般債務、取引債務 ●8.5万ポンドを超過する個人、中小零細企業ではない預金者 ●FSCS（投資サービス会社で投資した個人の地位を承継〈上限5万ポンド〉）	
	倒産手続後の発生利息	
	無担保劣後債権者（たとえば、劣後債の保有者）	
	株主（優先株式）	
	株主（普通株式）	

（注）　英国の金融担保契約規則（Financial Collateral Arrangement Regulation）および金融市場・決済ファイナリティ規則（Financial Markets and Insolvency（Settlement Finality）Regulations）に基づく金融担保契約または担保保証で構成される浮動担保は、優先債権者および清算人の手数料や支出よりも上位に順位づけられる。
（出所）　BOE（2017）より筆者作成

20　Directive 2014/49/EU.
21　Directive 2014/59/EU art 108.

金債権を承継するFSCSにはより高い優先順位が与えられることから、金融危機以前と比べるとFSCSはより多くのコストをカバーすることが可能になる。

　銀行の倒産手続における優先順位について方針文書は、具体的な例をあげて整理している（図4－2）。倒産手続を通じた回収額は、最上位の債権者に支払われ、余剰が生まれればその次に優先される債権者に支払われていく。債権者等の権利に比べて回収に不足が生じれば、その損失は最初に株主が負担し、完全に吸収されるまではより下位の債権者から損失負担が図られることになる。同一クラスの債権者はパリパスとして公平に扱われる。

　他方、顧客の資産や資金を受託する投資サービス会社については、公益テストを満たす場合にはBOEによって破綻処理が適用される一方、公益テストを満たさない場合には、投資サービス会社を対象とする特別管理制度（Special Administration Regime；SAR）が適用される[22]。2008年9月にリーマン・ブラザーズが破綻した際に、英国では同社の英国子会社であるリーマン・ブラザーズ・インターナショナル（ヨーロッパ）（LBIE）に対して通常の管理手続が適用された結果、清算実務においてさまざまな困難が生じた[23]。SARはそのような教訓をふまえて、投資銀行の破綻に際して迅速な顧

22　顧客資産・資金を有さない投資サービス会社については、通常の倒産手続が適用される。

23　財務省は、LBIEの清算プロセスで明らかになった問題として、①大規模できわめて複雑な金融機関における帳簿と記録の照合（特に文書にサインがなかったり、不完全または一貫していない事例）、②顧客資産か会社資産かの確認、③プライム・ブローカレッジ契約、先物契約、株式レンディング契約、ISDAマスター契約、クロス・マージンおよびネッティング契約などの契約および基本契約の効果と相互関係の解釈（これらはいくつかのフォーマットで個別に変更することが可能）、④複雑なグループ内の取決めの把握（たとえば、顧客が破綻会社とそのすべての関連会社に担保を提供し、関連会社に対する顧客の債務を保全している場合）、⑤あらゆる使用権の範囲を定め、契約に準拠していることの確認、⑥マージン・レンディング契約がある場合の顧客のネットベースの権利の算定、⑦オムニバス・アカウントにおける顧客資産・資金の不足額の決定と配分の問題を指摘する。HM Treasury, "Special administration regime for investment firms," September 2010 (available at: https://assets.publishing.service.gov.uk/government/uploads/system/uploads/attachment_data/file/81584/consult_sar_160910.pdf).

客資産・資金の返還を促すことを目的とする管理手続として、2009年銀行法に基づく規則によって2011年に導入された手続である[24]。SARにおいて清算人は、顧客資産・資金をすみやかに返還し、金融市場インフラや関係当局と常に連携を図り、債権者の最善の利益のために投資サービス会社をゴーイングコンサーンとして継続させるか、投資サービス会社を解体することが求められる[25]。

2 | 具体的な破綻処理プロセス

(1) 破綻処理の3つのフェーズ

方針文書は、破綻処理ツールを適用した破綻処理プロセスについても方針を明らかにしている。BOEは、①安定化、②リストラクチャリング、③破綻処理からの出口（exit）という3つのフェーズに分けて破綻処理プロセスを整理している。

① 安定化……きわめて重要な機能の継続性を確保し、ベイルインを通じた破綻金融機関の資本の再構築、または民間セクター承継者もしくはブリッジバンクに対する事業の一部または全部の譲渡を行う

② リストラクチャリング……必要に応じて破綻原因に対処しながら存続可能性を回復するため、金融機関（または承継したエンティティ）をリストラクチャリングし、ビジネスモデルを変更する計画を策定する

③ 破綻処理からの出口……BOEによる破綻処理を完了させ、新たな事業計画に基づいて金融機関の取締役会および経営者によるさらなるリストラクチャリングを実施する

---

24 Banking Act 2009 sec. 233 and 234.
25 FSCSにより保護される保険対象預金とともに、顧客の資産・資金の受託を行っている金融機関に倒産手続を適用する場合には、銀行倒産手続とSARを組み合わせて適用することになる。

(a) 安定化フェーズ

安定化フェーズにおいてBOEは、破綻処理ツールを適用して金融機関のきわめて重要な金融機能の継続性の確保を図ることになる。ベイルインや事業譲渡を通じて金融機関の安定化が図られることになるが、金融機関のソルベンシー（支払可能な状態）を回復するために破綻処理当局によってエクイティや劣後債、無担保債務による損失吸収を行うことが必要になる。

ベイルインでも事業譲渡においても、金融機関の流動性ソースが不足し、金融市場からの資金調達が直ちにできない場合には、破綻処理のなかでBOEが一時的に流動性を提供することがある。また、安定化フェーズの一部としてBOEは、金融機関が支払・清算・決済システムを含む金融インフラ（FMI）にアクセスできるように措置し、顧客サービスの維持を図ることになる。

方針文書は、多くの破綻処理のケースで破綻処理に重要な措置を実行するために金融市場が開いていない時間に破綻処理を行うことが重要であるとし、レゾリューション・ウィークエンドと称される週末の間に破綻処理措置を講じ、レゾリューション・ウィークエンドが明けた月曜日の朝から営業を再開する考えを明らかにしている。ただし、倒産手続のもとで清算し破綻処理を適用する必要のない小規模金融機関の場合には、必ずしも週末に措置を講じる必要はないとしている。

(b) リストラクチャリング・フェーズ

ベイルインが実施され安定化フェーズを終えた後には、破綻原因に対応し存続可能性を回復させるために、破綻金融機関にリストラクチャリングが実施される。方針文書は、リストラクチャリングの程度は金融機関の破綻の原因や結果に依拠するとしている。

ベイルイン実施後のリストラクチャリングに関しては、BOEが破綻処理管理人または破綻金融機関の取締役にリストラクチャリング計画の策定を要請する。当該計画には金融機関の破綻原因の検証とともに、金融機関の長期的な存続可能性の回復を図る措置とそのタイムテーブルを盛り込むことが求

められている。当該計画は、BOEに提出された後、PRAおよびFCAと協議のうえ、BOEがレビューすることとなっている。当該計画に対して関係当局の同意が得られれば、金融機関によって当該計画のもとでリストラクチャリングが実施される。

　リストラクチャリング計画の重要な目的の1つとして、金融機関に対する市場の信認の回復があげられる。リストラクチャリングの実施期間とその後も含めて金融機関が事業を遂行するために必要な資本を確保するためには、ベイルインを実施する際の前提となるバリュエーションにおいてリストラクチャリングのコストが考慮されていることが重要である。当該計画には、金融機関全体のフランチャイズ・バリューとともに事業を継続するビジネスラインのバリュエーションも含まれる。

(c)　破綻処理の出口フェーズ

　破綻処理からの出口について方針文書は、BOEが金融機関への直接的な関与をどのように終結させるかを特定することは破綻処理の重要な部分であるとし、エグジットの方法は、破綻処理ツールの適用を通じた介入の性質によって決まるだろうとしている。

　ベイルイン・ツールを適用して金融機関の資本再構築を実施する場合には、破綻処理当局としてのBOEの直接的な関与は、従来の債権者に対してエクイティを配分し、債権者が新たな株主になった時点で終了する。その後は、既存事業のリストラクチャリングとともに一部事業の清算や売却を含むリストラクチャリング計画が適用される。リストラクチャリングは、PRAおよびFCAの監督のもと、新たな経営者と取締役会によって実施されることになるが、BOEはその実施には相応の時間がかかることを想定している。

　また、破綻金融機関の一部または全部を民間セクター承継者に譲渡する場合には、破綻処理からの出口は明確である。これに対してブリッジバンクの利用は、金融機関に最終的に譲渡するための一時的なつなぎでなければならない。さらに、金融機関の一部または全部の事業に倒産手続が適用される場合には、預金保険によって保護される預金が完全に払い出されたときに

BOEの関与が終わることになる。

(2) 破綻処理ツールの適用

　方針文書は、ベイルイン、事業譲渡、資産管理会社という安定化フェーズにおける破綻処理ツールの適用について、より具体的な適用方法を説明している。

(a) ベイルインの実行と準備

(α) ベイルインのステージ

　英国のG-SIBsおよびD-SIBsにとって望ましい破綻処理戦略として位置づけられるベイルインは、方針文書によると次の4つのステージによって実施される。

①　破綻処理前（レゾリューション・ウィークエンドに向けた準備）

②　安定化期間（レゾリューション・ウィークエンドを含む）

③　ベイルイン後のリストラクチャリングの決定・適用

④　最終的なベイルインの条件決定および破綻処理からの出口（レゾリューション・ウィークエンドから数カ月後）

　破綻処理前のステージでは、破綻処理当局であるBOEは破綻金融機関のバリュエーションの作業を開始し、バリュエーションから得られる情報を基にベイルインの対象となる債務の範囲（たとえば、株式、劣後債および無担保シニア債務）を決定する。また、BOEは、破綻処理を管理する破綻処理管理人を任命し、経営者の更迭を含む金融機関の安定化ときわめて重要な機能の継続性の確保に必要な措置の検討を行う。

　次のステージとしてレゾリューション・ウィークエンドには、BOEは以下の事項を公表することが想定されており、市場参加者に適切な情報提供を行って金融市場の混乱を回避しようとする意図がうかがわれる。

①　金融機関に破綻処理が開始されたこと

②　破綻処理はベイルインを通じて実施され、持株会社レベルで適用される場合は主要な業務子会社のストラクチャーと機能には直ちに影響が生

じないこと

③　特定の債務についてはベイルインの影響を受けること（場合によっては、BOEの裁量のもと、特定の債務にはベイルインが適用されないこと）

④　金融機関のコアな金融機能は混乱なく継続され、FSCSにより保護される預金者および投資者は完全な保護を受けること

⑤　金融機関は月曜日の朝に事業を再開し、PRAおよびFCAによって従前と同様に規制され、従前の経営者にかわる新たな経営者に関する情報を提供すること

　また、BOEは破綻処理に関する文書（resolution instrument）を公表して、ベイルインの対象となる債務を確定させる。保険対象預金や担保で完全に保全された債務を含む一定の債務については、ベイルインを適用することができない。また、BRRDに従って、①合理的な期間内に債務をベイルインすることができない場合、②きわめて重要な機能の継続性を維持するためにベイルインを適用しないことが必要かつ合理的である場合、③幅広い混乱を回避するためにはベイルインを適用しないことが必要かつ合理的である場合、④債務をベイルインの対象とすることで価値を減失し、ベイルインの対象外とする場合に比べると他の債権者の損失負担が増す場合、という例外的な状況においては、BOEの裁量のもと、ベイルインの対象外とすることができる。

　ベイルインの具体的なオペレーションに関しては、破綻処理が開始されると金融商品の上場にかかわる当局であるFCAまたはBOEがベイルインの対象となる株式を含む金融商品の取引を停止させる。BOEはサードパーティを預託銀行（depositary bank）に任命し、破綻金融機関の株式を預託銀行に信託する。一方、ベイルインの対象となる債権者には、補償を受ける権利を表す権利証書（certificates of entitlement）が発行される。権利証書は、証書そのものが取引可能であり、ベイルイン対象の債権者が必要に応じて証書を売却することで早期に現金化する手段を残したものととらえることができる。

　その後、バリュエーションを完了させて、バリュエーションの結果をふま

えて株式への交換比率を含むベイルインの最終条件が決定されると、預託銀行に信託された株式が交換比率に応じて権利証書を有する債権者に配分される。ベイルインのメカニズムは、権利証書の発行を通じて実行されることになっている。

　BOEは、元本削減や株式転換の根拠となるバリュエーションが頑健なものとなるためには、バリュエーションに十分な時間を確保することが必要であることから、できる限りバリュエーションを行う時間を短縮する必要はあるものの、破綻処理開始からベイルインが適用される債権者に株式が配分されるまでは数カ月を要するとの認識を示している。

　(β)　バリュエーション

　破綻処理においてバリュエーションは重要である。特にベイルインにおいては、必要な損失吸収および資本再構築の水準、対象債務の範囲を含めて債務を株式に転換する条件を決定する際の根拠となる。ベイルインを適用する際のバリュエーションはBRRDに準じて、①破綻処理前、②破綻処理中、③破綻処理後の3つのタイミングで実施される[26]（図4-3）。

　破綻処理前のバリュエーションは、金融機関に破綻処理を適用することの要否を判断するバリュエーションであり、バリュエーションを実施する独立評価者をBOEが任命する。この最初に実施されるバリュエーションでは、適切な会計基準および規制のもとで策定される金融機関の財務諸表を更新し、独立に評価することが求められており、PRAが金融機関をFOLTFであると判断するときの根拠となる。

　また、破綻処理前のバリュエーションは、ベイルインを適用する債務の範囲を決定するときにも利用される。ベイルインを適用する際に必要となるバリュエーションとしては、以下の作業が含まれる。

　①　必要な元本削減、株式転換の水準の決定を目的とするゴーイングコンサーン・ベースまたはゴーンコンサーン・ベースによる資産・負債のバ

26　第3章1節3.(7)を参照。

図4-3 ベイルインを適用する際のバリュエーション

	ステージ1 破綻処理前	ステージ2 破綻処理中	ステージ3 破綻処理後
① FOLTFに係るバリュエーション 規制上のバランスシートの更新 （会計ベース）	破綻処理ツールを適用するため の条件を評価する際に参照		
② 資産・負債のバリュエーション 公正かつ保守的（継続保有価値または 処分価値ベース）	破綻処理において対処する必要 がある損失の程度に関する評価	シナリオ分析を通じて リストラクチャリング 計画策定時に参照	
③ エクイティのバリュエーション リストラクチャリングを反映させたエ クイティの時価総額の推計	金融機関の破綻処理後の価値を 提示	ベイルインが適用されるエクイティ 債権者に対する の配分について参照	NCWOに関する補償の決定
④ インソルベントの推計 倒産手続を適用したと仮定した場合の 債権者の回収総額の推計	潜在的なNCWOのリスクに 関する予備的な評価を提供	潜在的なNCWOの リスク評価の更新	NCWOに関する補償の決定

（出所）BOE（2017）より筆者作成

リュエーション

②　債権者への株式の割当ての条件を決定するための判断材料の提供を目
　　的とする破綻金融機関のエクイティの時価総額の推計

③　NCWOのセーフガードのもと、補償額を予備的に評価するための倒
　　産手続における各債権者クラスの回収可能額の推計

　次に、破綻処理中に実施されるバリュエーションについては、レゾリュー
ション・ウィークエンド後に策定されるリストラクチャリング計画の材料と
なる。また、BOEは、リストラクチャリング計画に基づいてエクイティ価
値を評価し、株式への転換条件を決定するために破綻処理中のバリュエー
ションを利用する。このようなバリュエーションは、破綻処理が行われてい
る間に適時のタイミングで更新され、各債務の株式への転換比率を含め、
BOEがベイルインの最終条件を決定するための根拠となる。

　また、破綻処理中に随時更新されるバリュエーションは、事業再構築計画
を策定する際にも利用される。それには合理的な範囲で可能な限り頑健なバ
リュエーションに基づいてBOEの最終的な決定が行われることを確保する
役割がある。

　さらに、破綻処理中に更新される資産・負債のバリュエーションは、ベイ
ルインの対象となる債務の元本削減によって吸収される損失額を決定し、破
綻処理中に更新されるエクイティや債務超過額に関するバリュエーション
は、NCWOのセーフガードにのっとって転換条件が決定されることを確保
することになる。

　そして、ベイルインの実施後においては、破綻処理の影響を受けた株主や
債権者の権利の保護を図ることを目的として、NCWOを評価するために２
つのバリュエーションが実施される。具体的には、①破綻処理対象となった
エンティティに対して破綻処理時点で倒産手続が適用されたと仮定した場合
に各クラスの債権者が得られる弁済・配当額の推計と、②破綻処理を適用し
た結果として株主や債権者が実際に得られた金額の評価である。これら２つ
のバリュエーションを行った結果、破綻処理を適用して債権者が実際に得ら

れた金額よりも倒産手続を適用したほうがより良い取扱いが受けられたと独立評価者が結論づけた場合には、債権者はNCWOのセーフガードに従って補償されることになる。

　(γ)　SPEベイルイン

　G-SIBsの破綻処理戦略には、シングル・ポイント・オブ・エントリー（SPE）とマルチプル・ポイント・オブ・エントリー（MPE）がある。BOEは方針文書において、英国でも海外でもG-SIBsは一般にグループが一元化され相互に依存しながら組織化されて運営されていることから、多くのG-SIBsにとっての適切な破綻処理戦略はSPEであるとする。ただし、少数のG-SIBsについては、主要法域においてローカル市場で運営されファンディングされる子会社や中間持株会社を通じて運営されていることから、それらのG-SIBsにはMPEが適切であるとしている[27]。

　方針文書は、英国のG-SIBsおよびD-SIBsを含む大銀行を対象にグループ内の単一のエンティティ、通常はグループ最上位の持株会社を対象にベイルインを適用するSPEベイルイン（Single Point of Entry Bail-in）を提示している（図4－4）。

　金融安定理事会（FSB）のTLACおよびEUのBRRDに規定されるMRELの要請を受けて、SPEのもと、持株会社は株式や債券を外部TLACまたは外部MRELとして市場で発行する一方、銀行子会社を含む主要な業務子会社は、内部TLACまたは内部MRELとして株式や劣後債務を持株会社に対して発行することが求められている。このような仕組みによって、持株会社が外部に発行するシニア債務に関して構造劣後が実現される。

　業務子会社で損失が発生し、その結果として破綻処理の開始要件を満たすことになる場合、まず内部MRELのトリガーが引かれることによって業務子会社から持株会社に損失が移転される。破綻処理開始後にはベイルインを通じて、まず規制資本よって損失吸収が行われる。次に、外部TLACまたは

27　具体的には、英国のG-SIBsであるHSBCが想定される。

208

図4－4　BOEのSPEベイルイン

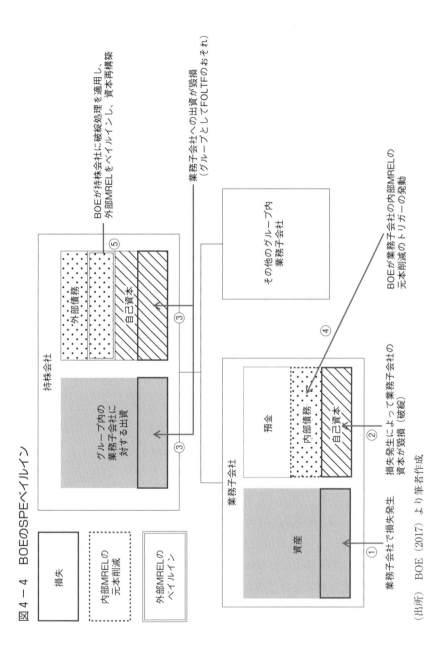

（出所）　BOE（2017）より筆者作成

外部MRELに対してベイルインが適用されることになり、損失吸収や資本再構築に必要な水準が外部TLACまたは外部MRELの水準を超えた場合には、債権者の優先順位に従ってその他の債務に対してもベイルインが適用されることになる。ベイルインは、少なくとも破綻金融機関が最低資本規制の要件を満たすようになるまで実施される。

　ベイルイン実施後に、ベイルインが適用された債権者がバリュエーションをふまえた交換比率に応じて株式を受け取ることで新たな株主が生まれ、破綻処理が行われた金融機関は再び民間の経営に戻ることになる[28]。

(b)　事業譲渡を含む破綻処理

　事業譲渡ツールに関してはいくつかの選択肢があり、破綻金融機関を民間セクター承継者に譲渡するほか、買い手に最終的に譲渡されるまでの間の準備としてブリッジバンクに一時的に譲渡することもある。民間セクター承継者に全部譲渡する際、潜在的な買い手がデューデリジェンスを行うためにより多くの時間を必要とすることもあり、そのような場合にはブリッジバンクに一時的に譲渡されることもある。買い手が現れない場合または直ちに買い手が見つかる見込みがない場合には、金融機関のきわめて重要な機能を譲渡することを優先して一部譲渡が選択される場合もある。一方、不良資産のように譲渡されない資産等については、倒産手続が適用されることもあれば、資産管理会社に売却されることもある。

　一部または全部譲渡に際して、金融の安定の観点から入札を避けたり譲渡をより迅速に行ったりする必要がなければ、通常はレゾリューション・ウィークエンドの前に入札を行って譲渡先を決定する。一部譲渡の場合は、顧客の当座預金口座にかかわる資産と負債がその他の正常資産とともに民間セクター承継者に譲渡される。また、保険対象預金に加えて、非対象預金の

28　ベイルインのオペレーションは、前述のとおり、ベイルインの対象となった債権者に権利証書が発行され、バリュエーションを実施した後に、権利証書の保有者に対して、バリュエーションをふまえた交換比率を基に預託銀行に信託された破綻金融機関の株式が配分されるというメカニズムによって行われる。

うち個人および中小企業から受け入れた適格預金を含む無担保シニア債務に優先する預金についても一部譲渡の対象に含まれる。民間セクター承継者が見つからない場合には預金へのアクセスを確保するため、ブリッジバンクが利用される。

方針文書は、破綻金融機関の一部または全部の譲渡が行われる場合には、レゾリューション・ウィークエンドの間、金融市場が開く前にBOEが以下の事項を公表することを想定している。

① 金融機関に破綻処理が開始されたこと

② 破綻処理は事業の譲渡によって実施されること（どの資産・負債が譲渡され、どの資産・負債が残存するかを含む）

③ 金融機関のコアな金融機能は混乱なく継続され、FSCSによって保護される預金者および投資者は完全な保護を受けること

④ きわめて重要な機能に該当する金融機関の事業は買い手またはブリッジバンクによって月曜日の朝にも継続され、平常時と同様、PRAおよびFCAによって監督されること

⑤ ブリッジバンクが設置される場合、新たな経営者および取締役が任命されること

なお、一部または全部譲渡が行われる場合の破綻金融機関の破綻処理コストは、仮にペイオフされたときに生じる損失額、いわゆるペイオフ・コストまでFSCSが負担することが可能である。

(c) 資産管理会社の役割

BRRDに規定される資産分離ツールに対応するものとして、BOEは資産管理会社を設置して破綻金融機関から資産・負債を移管することができる。資産分離ツールは、①通常の倒産手続を利用して資産を処分すると金融市場に負の影響をもたらす場合、②ブリッジバンクまたは譲渡される買い手の銀行が正常に機能するために必要になる場合、③弁済・配当に充てられる回収額が最大化される場合に限って利用できる。

資産分離ツールは単独で利用される破綻処理ツールではなく、ベイルイン

や事業譲渡とともに利用されることが想定されている。ベイルインを適用する際に、金融機関の安定化を終えた後に破綻原因となったビジネスラインを切り離してすみやかにリストラクチャリングを実施するために資産分離ツールを利用することがある。また、事業譲渡を適用する際に、残存するリスクを削減するべく不良資産を資産管理会社に移管するために資産分離ツールを利用することも想定されている。

3 破綻処理計画の策定プロセス

　破綻処理当局としてのBOEは、英国の金融機関の破綻処理計画を策定し、破綻処理計画をふまえて破綻処理の実行可能性を評価するレゾルバビリティ・アセスメントを実行する責任を有している。方針文書は、破綻処理計画の策定プロセスについても説明している。

　BOEは、金融機関の破綻処理戦略としてベイルイン、一部譲渡または倒産手続という3つの選択肢のなかから望ましい破綻処理戦略を決定する。破綻処理戦略の選択は、破綻処理計画の策定プロセスのなかで、PRAやFCA、関係する海外当局と協議しながらBOEが行うこととなる。金融機関は破綻処理計画の策定に関連して、財務的な、法的なおよびオペレーション上の組織構造やきわめて重要な機能に関する情報を含んだレゾリューション・パック（resolution pack）の提出が求められている。BOEは、金融機関のバランスシートの複雑性や海外オペレーションの程度をふまえて破綻処理戦略を決定した後に、望ましい破綻処理戦略に基づいて金融機関の破綻処理計画を策定する。

　また、BOEは破綻処理における障害を特定するために、金融機関のレゾルバビリティ・アセスメントを毎年実施する。方針文書は一般に破綻処理の障害になりうるものとして、以下をあげる。

　①　TLACまたはMRELのリソースの量および質、グループ内の配置
　②　破綻処理中のオペレーションの継続性（きわめて重要な機能の継続に必

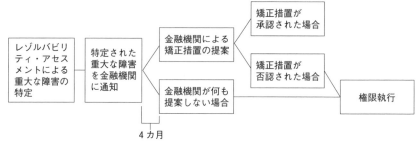

図4-5　レゾルバビリティ・アセスメント実施後のBOEによる措置

レゾルバビリティ・アセスメントによる重大な障害の特定

特定された重大な障害を金融機関に通知

金融機関による矯正措置の提案

金融機関が何も提案しない場合

矯正措置が承認された場合

矯正措置が否認された場合

権限執行

4カ月

（出所）　BOE（2017）より筆者作成

要なきわめて重要なサービス）

③　破綻処理中のFMIに対するアクセスの継続性

④　破綻処理中の金融機関における金融その他の契約の早期解約権に対するステイのクロスボーダーでの適用

⑤　破綻処理中のファンディング

⑥　バリュエーション、その他の経営情報システム

　レゾルバビリティ・アセスメントを通じて金融機関に重大なレゾルバビリティへの障害が認識された場合、BOEは金融機関に対してオペレーションまたは組織構造の変更を通じて障害を取り除くように命じる権限を有している（図4-5）。

第 3 節　英国におけるMRELの適用

1　BRRDとの調和を図る英国のMREL

　ベイルインを含む秩序ある破綻処理を実現するうえで重要な要素となるの

がゴーンコンサーン・ベースの損失吸収力の確保である。英国においては、BRRDの国内法化を図る財務省によるNO.2省令、そして欧州委員会によるMRELの規制技術基準（RTS）に関する委任規則（delegated regulation）（以下「RTS委任規則」という）[29]に基づいてG-SIBsやD-SIBsを含む金融機関を対象にするMRELが適用される。NO.2省令およびRTS委任規則をふまえて方針文書は、MRELを設定する際に考慮すべき要素として以下の基準を示している。

① 破綻処理目的にかなうよう適切な場合にはベイルイン・ツールを含む安定化オプションの適用によって金融機関を破綻処理できることを確実にする必要性

② 適切な場合には、金融機関がベイルイン・ツールを適用したときに損失を吸収し、認可要件を継続的に遵守し、かつ第4次資本要求指令（CRD4）[30]または第2次金融商品市場指令（MiFID2）[31]のもとで継続的に業務を行い、市場の信認を十分に維持するために必要な水準にまで金融機関のCET1比率を回復することを確実にする必要性

③ 破綻処理計画がBRRDのもとでベイルインの対象外となる特定の適格債務のクラスを想定している場合[32]、または特定の適格債務のクラスが一部譲渡のもとで完全に弁済される場合、金融機関が損失を吸収し、認可要件を継続的に遵守し、かつCRD4またはMiFID2のもとで継続的に業務が行えるよう必要な水準にまでCET1比率を回復することを確保するために十分なその他の適格債務を確実にする必要性

④ 金融機関の規模、ビジネスモデル、ファンディング・モデルおよびリスク・プロファイル

⑤ BRRDのもとで預金保険制度が破綻処理ファイナンスに寄与できる程

---

29 Commission Delegated Regulation（EU）2016/1450.
30 Directive 2013/36/EU.
31 Directive 2014/65/EU.
32 BRRDでは、例外的な状況として一定の条件を満たす場合にベイルインの適用対象から除外することができる。Directive 2014/59/EU art. 44(3).

度[33]

⑥　他の金融機関または金融システムとの相互連関性に起因することを含めて、他の金融機関への波及を通じて金融機関の破綻が金融システムに負の影響をもたらす程度

　BOEは、NO.2省令および欧州委員会のRTS委任規則に加えてFSBのTLAC基準[34]をふまえて、MRELの水準の設定に関する政策方針（statement of policy）を明らかにしている（以下「MREL政策方針」という）[35]。MREL政策方針はMRELのベースとして、①損失吸収額（loss absorption amount）と、②資本再構築額（recapitalisation amount）の2つの構成要素を想定している。

　具体的には、損失吸収額は破綻処理を行う際に損失をカバーする額として位置づけられる。この点に関してRTS委任規則は、損失吸収に必要な額として、①Pillar1（第1の柱）、②Pillar2（第2の柱）、および③統合バッファー要件（combined buffer requirement）[36]、すなわち資本バッファーを合計したものか、適用されるレバレッジ比率のいずれか多い額を標準的な損失吸収額として定義している[37]。

　ただし、RTS委任規則は、金融機関のビジネスモデル、ファンディング・モデルおよびリスク・プロファイルをふまえて損失吸収額が十分ではない場合または破綻処理の実現可能性の障害を取り除くために必要な場合には要求水準を高くする一方、逆にストレス・テストの結果に基づく資本賦課や

33　BRRDでは、ベイルインが適用される場合、保険対象預金に関してそれがベイルインの対象であって、通常の倒産手続のもとで優先順位が同じ債権者と同程度の損失負担が求められるときには、預金保険制度が損失負担額に対して債務を負うことになる。Directive 2014/59/EU art 109.

34　第1章3節1.を参照。

35　BOE（2018）.

36　統合バッファー要件とは、①バーゼルⅢのカウンターシクリカル・バッファー、②域内のG-SIBs（G-SIIs）に適用されるG-SIIsバッファー（＝G-SIBsサーチャージ）、③域内のD-SIBs（O-SIIs）に適用されるO-SIIsバッファー（＝D-SIBsサーチャージ）、④マクロプルーデンスに関するリスクに対応するEU独自のシステミック・リスク・バッファーを含む。

37　Commission Delegated Regulation（EU）2016/1450 art. 1(4).

マクロプルーデンス上のリスクをカバーするための追加的な資本賦課または統合バッファー要件については、破綻処理を行う際に損失吸収に適さないものは損失吸収額から除外することを認めている[38]。そこでBOEとしては、破綻処理のなかで損失吸収することが想定されていないことを理由に、資本バッファーを損失吸収額から除外している。

　一方、資本再構築額についてRTS委任規則は、望ましい破綻処理戦略を適用した後に金融機関の認可に必要な資本要件を満たすために要する額と少なくとも等しくなければならないとしており、自己資本比率におけるPillar1に加えて、金融機関に適用されるレバレッジ比率規制があげられている[39]。資本再構築額に関しては、望ましい破綻処理戦略に依拠して決定されるものであり、一部譲渡や倒産手続が適用される金融機関の場合には資本再構築額は不要となる。

2 破綻処理戦略をふまえた外部MREL

　MREL政策方針は金融機関の望ましい破綻処理戦略に応じて外部MRELを設定することとしており、ベイルイン、一部譲渡または倒産手続のいずれかの破綻処理戦略が適用されるかによって要求される外部MRELは異なることになる。

(a) ベイルインの場合

　ベイルインを望ましい破綻処理戦略とする金融機関のうち、G-SIBsと、D-SIBsを含むベイルインを破綻処理戦略とするその他の金融機関とでは、外部MRELの要求水準は異なる。具体的には次のとおりである。

　①　G-SIBsについては、以下のいずれか高い値
　　（i）　Pillar1およびPillar2Aの合計額の2倍の値（＝損失吸収額＋資本再構築額）

38　Commission Delegated Regulation（EU）2016/1450 art. 1(5)(b).
39　Commission Delegated Regulation（EU）2016/1450 art. 2(5) and (6).

（ⅱ）適用されるレバレッジ比率またはレバレッジ・エクスポージャーの6.75％（TLAC基準）のいずれか高い値

② D-SIBsおよびその他の金融機関については、以下のいずれか高い値

（ⅰ）Pillar1およびPillar2Aの合計額の2倍の値（＝損失吸収額＋資本再構築額）

（ⅱ）レバレッジ比率規制が適用されている場合、当該比率の2倍の値

　すなわち、G-SIBsやD-SIBsおよびその他の金融機関に求められるMRELの水準は、Pillar1に加えて、Pillar2の枠組みのもとで英国が独自に設定しているPillar2Aの水準に依拠している[40]。英国のPillar2は、Pillar1では捕捉されないリスクや部分的にしか捕捉されていないリスクに対して資本賦課を求めるPillar2Aと厳格なストレス・シナリオのもとでの損失吸収を目的とするPillar2B（またはPRAバッファー）があるが、上記のとおりMRELの水準に影響するのはPillar2Aである[41]。Pillar2Aには、たとえば、銀行勘定の金利リスク（interest rate risk in banking book；IRRBB）に係る資本賦課が含まれる[42]。Pillar2Aは、銀行による内部自己資本充実度評価プロセス（Internal Capital Adequacy Assessment Process；ICAAP）とPRAによる監督検証評価プロセス（Supervisory Review and Evaluation Process；SREP）によって評価・決定される。Pillar2Aの水準は個々の金融機関によって異なり、毎年見直しが行われる。

(b) 一部譲渡の場合

　望ましい破綻処理戦略が一部譲渡の金融機関については、一部譲渡が適切

---

[40] バーゼル規制は、2004年に合意されたバーゼルⅡ以降、①自己資本規制を中心に監督上の最低基準を求めるPillar1（第1の柱）、②銀行の自己管理と監督上の検証という枠組みを定めるPillar2（第2の柱）、③市場規律を促すディスクロージャーであるPillar3（第3の柱）という3つの柱で構成されている。

[41] Pillar2Aは常に遵守が求められるもの（binding）である一方、Pillar2Bはストレス時に取崩し可能（non-binding）な仕組みである。

[42] Pillar2AはIRRBBのほかに、Pillar1で捕捉されていない信用リスク、市場リスク、オペレーショナル・リスク、カウンターパーティ・リスク、与信集中リスク、年金債務リスク、グループ・リスクを対象としている。PRA, "The PRA's methodologies for setting Pillar 2 capital," Statement of Policy, January 2020.

であるとする基準として、以下の要素が考慮される。

① 金融機関の事業および資産・負債の構造が十分に簡素であり、そのためBOEの権限を利用してきわめて重要な機能を迅速に分離、譲渡できること

② 金融機関のシステムが譲渡の支援に要する情報を必要な期間内に提供できること

③ （特にきわめて重要な機能に関連する）金融機関の一部または全部の事業、資産・負債が民間セクター承継者に魅力的なものである可能性が高いこと

④ 民間セクターの潜在的な承継者の数が相応に多くなる金融機関の規模であること

BOEとしては、バランスシートの規模が150億から250億ポンド以上の金融機関の破綻処理戦略はベイルインが適当であると考えているが、上記の基準にも照らして個々の金融機関について評価する方針である。

一部譲渡が望ましい破綻処理戦略である金融機関に求められるMRELについては、ベイルインが破綻処理戦略となるD-SIBsとの比較のもとで以下の原則に基づいて設定される。

① 所要水準……外部MRELのうち資本再構築額は、金融機関のバランスシート全体を資本再構築する必要がないことをふまえて削減される。たとえば、金融機関のきわめて重要な機能を支える重要な債務が全債務のわずかな割合でしかない場合には資本再構築額は削減される。また、譲渡の結果としてPillar2Aの要素が不要となるかも考慮される。

② 劣後性……一部譲渡の破綻処理戦略のなかで倒産手続において優先権がある債務のみを譲渡することが想定されている場合には、譲渡されないすべての債務は銀行管理手続においてパリパスの取扱いを受ける。ベイルインを適用して特定の債務を適用除外にしたときに生じるNCWOに反するリスクは低減されるため、MRELにおいてはオペレーションに関連するシニア債務に対する劣後性は不要となる。

(c) 倒産手続の場合

望ましい破綻処理戦略が倒産手続である金融機関については、その判断基準として以下の要素が考慮される。

① 直接的には金融機関が提供するサービスが停止することを通じて、間接的には金融システムまたは類似の金融機関の信認に負の影響をもたらすことを通じて、金融機関の破綻が金融システムに幅広い混乱をもたらす可能性が低いこと

② 特に倒産手続のもとでは提供できないサービスへの継続的なアクセスに依存するトランザクション・バンキング、その他のきわめて重要な機能を金融機関が相当には提供していないこと。当座預金口座[43]が4万から8万口座を下回る金融機関は倒産手続が適切であると想定される

そのうえで、倒産手続を破綻処理戦略とする金融機関については、資本再構築の必要はないことから、MRELにおける資本再構築額はゼロとなり、外部MRELの所要水準は損失吸収額としてのPillar1とPillar2Aの合計額となる。

3 MRELの適格要件

英国のMRELの適格要件に関して財務省のNO.2省令は、以下の債務をMRELから除外することを定めている[44]。

① 債務が発行ずみかつ払込みずみではないこと

② 金融機関自身により所有され、または担保ないし保証されていること

③ 債務の購入が金融機関自身により直接・間接にファンディングされていること

④ 債務の残存期間が1年未満であること

---

43 BOEは、3カ月以内に9回以上の引出しが行われることを当座預金口座の要件としている。

44 No. 2 Order art. 123(4).

⑤　金融機関が保有するデリバティブ契約から生じる債務であること

⑥　金融機関の倒産手続においてその他の債権者の権利に優先する預金から生じる債務であること

⑦　債務が第三国の法律を根拠法とし、当該法のもとで債務を転換または元本削減するBOEの決定が有効であることをBOEが確認できないこと

　MRELの適格要件のうち残存期間の要件についてNO.2省令は、期限前償還のある債務の満期日は権利が行使された場合に償還を受けることができる最初の日とするとしており[45]、期限前償還を考慮した実効満期（effective maturity）で適格債務の要件をみることとなる。また、BOEは、契約上の満期前に発行者に償還インセンティブを与えて実効満期を短縮するような債務によってMREL適格債務を構成することには否定的であり、償還インセンティブの例として発行者のコール・オプションとともに、支払金利が増えるステップ・アップ金利をあげている。償還インセンティブを含む債務の場合はインセンティブが発生する日が満期日となる。

　また、デリバティブに価値が依存する債務については、MRELの適格要件を満たさない。契約上の相殺またはネッティング契約のもとに置かれる債務も適格債務としては認められない。さらに、欧州経済領域（EEA）以外の国の法律を根拠法とする債務は、BRRDの規定に基づいて契約条項およびリーガル・オピニオンのもと破綻処理のなかで損失吸収し、資本再構築コストに資することが可能なものだけがMRELとして認められる。

　FSBのTLAC基準は除外債務に対する劣後性の要件として、契約劣後、法定劣後および構造劣後の３つの選択肢を用意している。これに対してMREL政策方針は、ベイルインの適用を含むSPEが望ましい破綻処理戦略である金融機関に関しては、レゾリューション・エンティティが発行する外部MRELは構造劣後を実現する債務構造とするように求めている[46]。

　構造劣後が求められる金融機関は、レゾリューション・エンティティが発

---

[45]　No. 2 Order art. 123(5).

行するMRELが除外債務とパリパスとなることを避けるため、TLAC基準を
ふまえてレゾリューション・エンティティにおいてMRELの適格要件を満
たさない債務の合計額[47]が外部MREL合計額の5％を超過してはならないと
している。そのうえでBOE独自の方針として、MRELの適格要件を満たさ
ない債務はレゾリューション・エンティティの同じ債務クラスに属する外部
MREL合計額の10％を超過してはならないとする。

　一方、望ましい破綻処理戦略がMPEである金融機関グループの個々のレ
ゾリューション・エンティティは、外部MRELに対応するか、EEA以外の
法域においてはそれと同等の規制、すなわち外部TLACに対応しなければな
らない。BOEは、英国内のレゾリューション・エンティティの外部MREL
を設定することとなる。英国に本店があるグループについては、グループ外
の投資家のほかに、MRELの発行戦略が実行可能で信頼できる破綻処理計
画を支えるものであることが十分に保証される場合にはグループのより上位
のエンティティに対してMRELを発行することを認める考えである。また、
BOEがMPEを破綻処理戦略とする銀行グループの母国当局である場合には、
英国内のレゾリューション・エンティティのみならず、グループ全体の連結
ベースのMRELを設定する役割を担うことになる。

　英国のG-SIBsのうち、バークレイズ（Barclays）およびスタンダード・
チャータード（Standard Chartered）はSPEを望ましい破綻処理戦略として
いるが、HSBCはMPEを望ましい破綻処理戦略としている[48]。HSBCグルー
プのMPEは、グループ持株会社（HSBC Holdings）、北米持株会社（HSBC
North America Holdings）およびアジア持株会社（HSBC Asia Holdings）を具
体的なレゾリューション・エンティティとして位置づけており、BOEは

46　ただし、協同組織金融機関である住宅金融組合については、持株会社のグループ形態
　を採用することができないため、構造劣後を実現することが困難である。そこで、BOE
　は協同組織金融機関については、契約上の劣後または法定劣後を満たす債務をMREL適
　格とする方針である。
47　ただし、かつてはMREL適格債務であったものが、実効満期1年未満を切ったものに
　ついては除かれる。
48　FSB（2020b）.

HSBCグループの望ましい破綻処理戦略が引き続きMPEであることを確認している[49]。

 内部MRELの要件

　一方、MREL政策方針は、破綻処理戦略が一部譲渡およびベイルインである金融機関を対象に内部MRELを適用する方針を示している。資本規制を超えて内部MRELを要求するのは、外部MRELが適用される英国のレゾリューション・エンティティの重要子会社（material subsidiary）、または海外銀行グループの子会社であって英国においてきわめて重要な機能を担っている重要子会社である。重要子会社の範囲については、FSBのTLAC基準に従って、英国で設立された会社であってそれ自身はレゾリューション・エンティティではなく、以下の重要性の要件のうち少なくとも１つを満たす子会社であるとしている。

①　グループの連結リスク・アセットの５％以上

②　グループの総業務収入の５％以上

③　グループの連結レバレッジ・エクスポージャーの５％以上

④　グループのきわめて重要な機能を直接的にまたはその子会社を通じて提供している場合は例外的に重要性があると判断

　内部MRELは重要子会社に加えて、重要子会社を含む連結ベースでも適用されることになる。すなわち、TLAC基準と同様、重要サブグループに対しても内部MRELが要求される。他方、重要子会社の要件を満たさない子会社に対する内部MRELについては、資本規制と同じ扱いとなる。

　グループ内の内部MRELの配賦に関しては、グループ内で発生した損失が吸収され、重要子会社からレゾリューション・エンティティに対する損失の移転が可能になるよう、グループ内で十分な損失吸収力が事前配賦される

49　HSBC, "HSBC Holdings plc FY18 Results," Fixed Income Investor Presentation.

ことが求められる。この点に関してBOEは、TLAC基準と同様、仮に重要子
会社が英国のレゾリューション・エンティティであった場合に適用される外
部MRELの水準の75％から90％の範囲で内部MRELの水準調整が行われる
とし、75％を超える水準を適用するかどうかは、BOEが以下の要素をふま
えて判断するとしている。

① グループの破綻処理戦略とそれを含む破綻処理計画
② 重要子会社の支援に直ちに利用できるグループ内でコミットメントの
  ないリソース
③ 海外にある重要子会社について海外当局により適用される（内部
  TLAC等の）内部的な損失吸収力の規模

さらに、英国では2013年金融サービス（銀行改革）法によってリングフェ
ンスを含む銀行構造改革が行われている。預金が250億ポンドを超える英国
の大手銀行グループはリングフェンスの対象となり、プロップ・トレーディ
ングを含む一定の投資銀行業務を分離し、コアな金融サービスや業務につい
ては残されたリングフェンス銀行（ring-fenced body；RFB）で行うことが求
められている[50]。

BOEは、RFBが重要サブグループの一部に含まれる場合には、RFBのグ
ループ内の他のエンティティからの独立性を考慮し、重要サブグループの最
上位エンティティに対して内部MRELの上限となる90％の水準を要求する
方針である。ただし、グループ全体をみて直ちに利用できる十分なリソース
が確認できる場合には、90％未満の水準に引き下げる考えである。RFBの
重要サブグループにおける内部MRELの配賦については、重要子会社の内
部MRELの配賦のアプローチに従って設定される。

また、英国のレゾリューション・エンティティであって、子会社の数が少
なく単一の重要子会社しかないような簡素な組織構造の銀行グループの場合
には内部MRELの水準調整をせず、仮に重要子会社が英国においてレゾ

---

50 リングフェンスの対象は、英国のHSBC、ロイズ、バークレイズ、RBSに加えて、ス
  ペインのサンタンデールの英国法人（旧アビー・ナショナル）も含まれている。

リューション・エンティティであった場合に適用される外部MRELの100%の水準を適用する考えである。

　一方、MREL政策方針は、内部MRELの適格要件について、外部MRELの適格要件と同様の要件が適用されるとする。そのうえで、内部MRELに関して、①劣後性要件、②内部MRELの保有者、③契約上のトリガー、④内部MRELと外部MRELのミスマッチという点に関して追加的な要件を求めている。

　まず、ベイルインが困難な債務や、エクイティ転換によってエンティティの所有者が変更される債務を避ける必要があることから、内部MRELにも劣後性要件が求められる。外部MRELと同様、内部MRELを発行するグループ内エンティティはオペレーションにかかわる債務に対して内部MRELを劣後させなければならない。したがって、内部MRELには契約劣後または法定劣後が必要となる[51]。

　次に、内部MRELの保有者に関しては、レゾリューション・エンティティへの損失の移管および資本再構築を図るため、内部MRELの適格債務を親会社であるレゾリューション・エンティティに対して直接的に、または同じレゾリューション・グループに属するエンティティを通じて間接的に発行することが必要となる。すなわち、内部MRELの適格債務は基本的にレゾリューション・エンティティではない子会社から内部的に発行されることになる。ただし、レゾリューション・エンティティではない子会社から外部に資本商品が発行されている場合、それがCET1であれば内部MRELとして考慮される[52]。

　MREL政策方針は、内部MRELの契約上のトリガーとして、ベイルイ

51　ただし、エンティティが持株会社の場合には、他の内部MREL適格基準を満たさない負債の合計が当該エンティティの内部MREL全体の５％を超えないことを条件に、シニア債務として内部MRELを発行することが認められる場合がある。

52　一方、非CET1の場合は2022年１月以降、その分だけ高いMRELの水準を要求するとしている。これは子会社が外部に発行する非CET1についてはBRRDが内部MRELとして認めるとする一方、TLAC基準は2022年１月以降、内部TLACとして認めないとしていることを受けた対応である。

ン・オプションを含む安定化オプションを適用しなくても、またはそれを適用する前に、内部MRELの元本削減、エクイティ転換ができるようにしなければならないとする。内部MRELの適格債務のトリガーは一般に重要子会社の破綻処理当局であるBOEが、以下の場合にトリガーを引くことを決定する限りにおいて、迅速な元本削減またはCET1への転換を命じる機会を与える。

① 金融機関の財政状況または存続可能性に関連して、重要子会社の資本商品が法的または規制上の権限のもとで元本削減、エクイティ転換された場合[53]

② 重要子会社グループ内のレゾリューション・エンティティで、重要子会社の直接的なまたは間接的な親会社が、英国またはその他の地域で破綻処理手続の対象となる場合

第4節　小　括

本章では、英国の秩序ある破綻処理の枠組みを確認した。英国は、金融危機を受けて2009年銀行法を成立させ、他国に先駆けていち早く銀行を対象とする破綻処理制度を整備した。2009年銀行法には、銀行を対象とする倒産手続も手当されている。その後、EU域内の共通の破綻処理制度としてBRRDが成立したことから、2009年銀行法の改正等によってBRRDを国内法化した。EU離脱後においてもBRRDにのっとった英国の破綻処理の枠組みは維持されることになっている。

英国の破綻処理当局であるBOEは、金融機関の規模に応じて破綻処理戦

---

[53]　ただし、英国外のグループ子会社が発行した適格債務商品の場合には、BOEが通知を行ってから24時間以内に、母国当局が元本削減または転換に同意したか不同意であるかをステートメントで明らかにしなければならない。

略を分けて整理している。英国のG-SIBsおよびD-SIBsを含む総資産150億から250億ポンド以上の金融機関については、破綻処理ツールとしてベイルインを適用することを破綻処理戦略としている。英国のベイルインは、破綻金融機関の再生を図るオープン・バンク・ベイルインである。

　特に、持株会社グループの組織形態を採用する英国のG-SIBs（HSBCを除く）については、持株会社に対してベイルインを適用するSPEアプローチとしてSPEベイルインという破綻処理戦略が適用される。持株会社傘下の業務子会社において損失が発生した場合には、内部MRELのトリガーが引かれて業務子会社から持株会社に損失が移転され、破綻処理開始後にベイルイン等の適用を通じて規制資本と外部TLACによって損失吸収が行われる。損失吸収や資本再構築に必要な額が外部TLACの水準を超えた場合には、優先順位に従ってその他の債務にもベイルインが適用され、少なくとも金融機関が最低資本規制の要件を満たすようになるまでベイルインは実施される。ベイルイン実施後に、ベイルインが適用された債権者がバリュエーションを反映した交換比率に応じて株式を受け取ることで、金融機関は民間の経営に戻ることになる。

　BOEのベイルインに関して注目されるのは、その具体的なオペレーションが整理されている点である。破綻処理が開始されると破綻金融機関の株式を預託銀行に信託し、ベイルイン対象の債権者には株式によって補償される権利を表す証書が発行され、バリュエーションが完了して交換比率を含むベイルインの最終条件が決定した後に、権利証書を有する債権者に株式が配分される。権利証書は譲渡可能な扱いとなっており、債権者が必要に応じて証書を売却することで早期に現金化することを可能にしている。

·

第 5 章

日本の秩序ある破綻処理の枠組み

第 1 節 ┃ 従来の金融機関の破綻処理制度

　日本では、1971年に成立した預金保険法のなかで預金取扱金融機関の破綻処理の枠組みが整備されている。現行の預金保険法は、金融機関が破綻した際に、①当座預金や無利息型普通預金を含む決済用預金[1]の元本の全額を保護し、②普通預金（有利息型）や定期預金を含むそれ以外の一般預金については預金者１人当り元本1,000万円までとその利息を保護しており、これらの保険対象預金は付保預金と呼ばれる。そのうえで預金保険法は、預金者保護を図るために預金取扱金融機関の破綻処理の枠組みを定めている。

　預金保険法においては、①金融機関の預金等の払戻しの停止、または②金融機関の営業免許の取消し、破産手続開始の決定もしくは解散の決議が生じた場合に保険事故が発生することとなり、預金保険が発動される。具体的な預金保険のスキームとしては、まず、預金保険機構が預金者に対して保険金を支払う保険金支払（ペイオフ）方式がある。ペイオフ方式の場合には、金融機関は通常の倒産手続のもとで清算される。

　また、預金保険のスキームには資金援助方式もある。これは、救済金融機関等が合併、全部または一部の事業譲渡、付保預金移転、株式取得によって破綻金融機関の付保預金を引き継ぐ場合に、保険金支払コスト（ペイオフ・コスト）[2]を上限として救済金融機関に対して資金援助[3]を行うことで預金保護を図る仕組みである。

1　決済用預金には、決済サービスを提供し、要求払いであり、無利息であるという３つの要件を満たした当座預金、普通預金（無利息）が該当する。
2　保険金支払コストは、仮に保険金支払方式による保護を行う場合に見込まれる保険金支払額と保険金支払に要すると見込まれる費用の合計から、預金保険機構が保険金支払の結果として取得する預金等債権の倒産手続における回収見込額（破産配当見込額）を控除して計算される。
3　資金援助には、①金銭贈与、②資金貸付または預入れ、③資産買取り、④債務保証、⑤債務引受、⑥優先株式等の引受、⑦損害担保（ロス・シェアリング）がある。

資金援助方式の場合、一定の要件[4]を満たすときは、預金保険機構を含む金融整理管財人[5]が選任される。金融整理管財人は金融庁長官による金融整理管財人による業務および財産の管理を命ずる処分のもとで選任され、破綻金融機関の業務を暫定的に維持・継続する一方で、譲渡する資産等を選定し、破綻後6カ月をメドに救済金融機関等への事業譲渡を目指すことになる[6]。一方、救済金融機関が直ちに現われない場合には、預金保険機構が設立するブリッジバンクである承継銀行に対して暫定的な事業譲渡が行われる。

日本では、1990年代の不良債権問題に起因する銀行危機に対応するために1996年から預金全額保護の措置がとられていたが、2005年4月に預金全額保護の措置が完全に解除された。いわゆる「ペイオフ解禁」である。現在は、非付保預金を含む破綻銀行に対する債権は、破綻銀行が債務超過である場合にはヘアカット（債権カット）されることになる。2010年9月に破綻した日本振興銀行の破綻処理では、預金保険制度の開始以来、初めて保険金支払方式によるペイオフが実施され、付保預金は保護される一方で非付保預金や一般債権についてはヘアカットが行われた[7]。

4　具体的には、金融機関の業務の運営が著しく不適切である、または業務の廃止・解散が行われる際に業務を行っている地域もしくは分野における資金の円滑な需給および利用者の利便に大きな支障が生ずるおそれがあると判断される場合であって、①債務超過と認められる場合、②預金等の払戻しを停止するおそれがあると認められる場合、③預金等の払戻しを停止した場合、④金融機関からの申出を受けて債務超過が生ずるおそれがあると認められる場合のいずれかに該当するときである。

5　金融整理管財人は破綻金融機関を代表し、業務の執行や財産の管理・処分を行う権利は金融整理管財人に専属する。また、金融庁長官の求めに応じて破綻金融機関の業務および財産の状況に関する報告や経営に関する計画を作成し、破綻金融機関の業務の暫定的な維持・継続を図る一方、救済金融機関等への迅速な事業譲渡等を目指し、旧経営者に対する経営破綻の責任を明確にするための民事上の提訴や刑事上の告発も行う。金融整理管財人には、預金保険機構以外に弁護士や公認会計士、金融実務家が選任される。

6　預金保険機構ウェブサイト（available at: https://www.dic.go.jp/yokinsha/page_000123.html）を参照。

7　日本振興銀行の破綻処理については、遠藤伸子ほか「日本振興銀行の破綻処理－預金者保護を中心として－」（available at: https://www.dic.go.jp/content/000010209.pdf）に詳しい。

また、預金保険法は、預金取扱金融機関を対象に付保預金の保護を図り、非付保預金や一般債権のカットを伴う破綻処理手続を原則としながら、金融危機の回避を図るための例外措置として、いわゆるシステミック・リスク・エクセプションを規定している。具体的には、1990年代の銀行危機への対応を図る時限立法として1998年に制定された金融再生法および早期健全化法に規定された措置[8]をふまえて、預金保険法の2000年改正で同法102条1項に導入された金融危機対応措置である。

　金融危機対応措置とは、当該措置が講じられなければわが国または対象金融機関が業務を行っている地域の信用秩序の維持に重大な支障が生じるおそれがあると認められる場合において、内閣総理大臣を議長とする金融危機対応会議[9]の議を経て講じられるものであり、以下の3つのスキームが規定されている。

①　破綻金融機関または債務超過ではない場合

　第1号措置：預金保険機構による株式の引受け（公的資本増強）

②　破綻金融機関または債務超過の場合

　第2号措置：ペイオフ・コスト超の資金援助（預金全額保護）

③　破綻金融機関であって債務超過の場合

　第3号措置：預金保険機構の株式取得による「特別危機管理」（一時国有化）

　金融危機対応措置についてはすでに発動実績がある。2003年5月にりそなグループに関して、りそなホールディングス（持株会社）傘下のりそな銀行に第1号措置が適用されている。具体的には、預金保険機構がりそなホールディングスの普通株式および優先株式を引き受けることで同グループに対し

8　金融再生法（金融機能の再生のための緊急措置に関する法律）のもと、1998年11月に日本長期信用銀行、同年12月に日本債券信用銀行に対して特別公的管理（一時国有化）が適用された一方で、早期健全化法（金融機能の早期健全化のための緊急措置に関する法律）のもと、1998年3月以降、大手銀行および地方銀行に対して総額8.6兆円の公的資本増強が行われた。

9　金融危機対応会議には、内閣総理大臣のほかに内閣官房長官、金融担当大臣、金融庁長官、財務大臣、日本銀行総裁が含まれる。

て１兆9,600億円の公的資本増強が実施された[10]。同グループはその後、第
１号措置において策定が求められる経営健全化計画のもとで経営改善に努
め、2015年６月に公的資金を完済している。また、2003年10月には債務超過
となって預金保険機構に破綻の申出を行った足利銀行グループの足利銀行を
対象に第３号措置が適用され、預金保険機構が同行のすべての株式を取得し
て特別危機管理を開始した。同行の特別危機管理は、預金保険機構が保有す
る同行の株式を2008年７月に受皿持株会社である足利ホールディングス[11]に
譲渡して終了している。

　一方、預金取扱金融機関以外の金融機関（証券会社、保険会社を含む）の破
綻処理制度としては、銀行、証券会社および保険会社を対象として1998年に
成立した金融機関等の更生手続の特例等に関する法律（更生特例法）がある。
更生特例法は、金融機関等が破綻した場合における破産・更生・再生手続の
簡素化や迅速化を図ることを目的としている。したがって、証券会社や保険
会社については、システミック・リスクを回避しながら、迅速かつ円滑に秩
序ある破綻処理を行う枠組みは存在しなかった。

　また、日本の大手銀行は、銀行持株会社のもとで金融コングロマリットの
ビジネスモデルを展開しているが、従来の預金保険法は預金取扱金融機関で
ある銀行子会社のみを破綻処理手続の対象としており、銀行持株会社および
銀行子会社以外のグループ子会社は預金保険法の破綻処理手続の対象外であ
った[12]。たとえば、足利銀行の特別危機管理の際には、同行の銀行持株会社

10　当時の預金保険法では持株会社の株式を直接引き受けることができなかったため、預
　　金保険機構はまずりそな銀行の株式を引き受け、その後、株式交換によってりそなホー
　　ルディングスの株式に交換している。
11　野村フィナンシャル・パートナーズおよびネクスト・キャピタル・パートナーズを中
　　心に構成される企業連合により設立された。
12　金融危機対応措置のうち第１号措置（公的資本増強）に関しては、預金保険機構が銀
　　行持株会社の株式を引き受けられる規定に改正されているが、当該引受けは、銀行子会
　　社の自己資本充実を目的とする場合に限られており、さらに銀行持株会社から銀行子会
　　社に対して公的資本と同額以上の資本増強が義務づけられている。したがって、銀行子
　　会社以外のグループ子会社のために公的資本を使うことはできない仕組みとなってい
　　る。

（あしぎんフィナンシャルグループ）には特別危機管理は適用されておらず、銀行持株会社には会社更生法を適用し2005年に解散している。

　日本は1990年代の銀行危機の教訓をふまえて頑健な金融危機対応の枠組みを整備してきたが、金融システム全体の混乱を回避しながら秩序ある破綻処理を実現するための枠組みとしてとらえた場合には、証券会社や保険会社も対象に含めてシステミック・リスクを回避しながら破綻処理を行う仕組みがなく、また、持株会社で形成される金融コングロマリットに対してグループを一体的に破綻処理する枠組みが欠けていたといえる。

　その後、グローバル金融危機の経験をふまえて金融安定理事会（FSB）が金融機関の破綻処理制度の新たな国際基準として「主要な特性（Key Attributes）」を策定したことを受けて、金融庁の審議会である金融審議会において金融機関の秩序ある破綻処理の枠組みの整備に関する検討が行われ、金融審議会は2013年1月に報告書を公表した。同報告書は、リーマン・ブラザーズの破綻に端を発する国際的な金融危機のなかでシステム上重要な金融機関（SIFIs）の破綻が市場を通じて伝播し、実体経済に深刻な影響を及ぼすことになったこと、G20カンヌ・サミットにおいて主要な特性が合意されたことに加えて、米国のドッド＝フランク法、英国の2009年銀行法、さらにEUにおいて破綻処理制度（のちのBRRD）の整備が進められていることをふまえて、市場等を通じて伝播するような危機に対して、金融機関の秩序ある破綻処理に関する枠組みを整備する必要があるとした[13]。

　そのうえで同報告書は、銀行、保険会社、証券会社、金融持株会社を含む金融業全体を対象としうる枠組みとして、内閣総理大臣を議長とする金融危機対応会議の議決を経て、預金保険機構の監視等のもと、預金保険機構が流動性を供給し、必要に応じて資本増強や資金援助を実施することによって、システム上重要な市場取引の履行を図ることを目的とする破綻処理スキームの導入を勧告した。

13　金融審議会（2013）、9～10頁。

その後、金融庁は金融審議会の報告書をふまえて、預金保険法に126条の2という条文を新設し、「金融システムの安定を図るための金融機関等の資産および負債の秩序ある処理に関する措置」（以下「秩序ある処理」という）として、新たな破綻処理スキームの導入を含む金融商品取引法等の一部を改正する法律案を国会に提出し、同法は2013年6月に成立・公布された。

第2節 | 新たな秩序ある処理の枠組み

1 対象範囲および発動要件

　改正預金保険法で導入された秩序ある処理は、リーマン・ブラザーズの破綻に端を発する金融危機の経験をふまえて金融市場における急速な信認の低下、破綻時における混乱、実体経済への影響を回避し、金融システムの強靱性を保持することを目的とした金融市場および金融業全体に対するセーフティネットとして位置づけられている[14]。

　すなわち、預金保険法の新たな破綻処理スキームは、不良債権の発生によって銀行のバランスシートが毀損して破綻に至るという伝統的な銀行危機というよりも、金融市場を通じてグローバルに伝播する市場型のシステミック・リスクに備える枠組みであって、そのため、従来の預金保険法が対象としていなかった証券会社や保険会社に加えて金融コングロマリットにも対応する包括的な枠組みとなっている。

　秩序ある処理の対象範囲については、金融審議会の報告書が金融業全体（預金取扱金融機関、保険会社、金融商品取引業者、金融持株会社等）とするこ

14　金融審議会（2013）、10頁。

とが適当であるとしていたことをふまえて、秩序ある処理の対象となる金融機関等は幅広く定義されている。具体的には、銀行を含む預金取扱金融機関に加えて、銀行持株会社、銀行や銀行持株会社の子法人等が含まれ[15]、銀行持株会社グループ全体を秩序ある処理の対象にすることもできる[16]。また、保険会社および保険持株会社、それらの子会社等も金融機関等に該当し、証券会社[17]および指定親会社[18]、それらの子会社等も金融機関等に含まれる。保険会社や証券会社についてもグループ単位で秩序ある処理を実行することが可能である。

　秩序ある処理は、金融機関等に当該措置が講じられなければわが国の金融市場その他の金融システムの著しい混乱が生じると内閣総理大臣が認めた場合に発動される措置であり、金融危機対応会議の議を経てその必要性が認定されること（特定認定）によって発動される。特定認定を受けた金融機関等に債務超過もしくは債務超過のおそれがある場合または支払停止もしくは支払停止のおそれがある場合には、特定第2号措置が適用され、特定認定を受けた金融機関等がそれらの要件に該当しない場合には特定第1号措置が適用される。

　FSBの主要な特性や海外の秩序ある破綻処理制度との親和性が相対的に高いのは、ベイルインの適用を伴いうる特定第2号措置である。一方、特定第1号措置は金融機関等への流動性供給によって市場型システミック・リスクへの対応を図るという日本独自のスキームである。特定第2号措置が清算を伴うゴーンコンサーン、あるいはクローズド・バンクの措置であるのに対して、特定第1号措置は金融機関等が業務を継続するゴーイングコンサーン、

15　信用金庫、信用金庫連合会およびそれらの子法人等、信用協同組合、信用協同組合連合会およびそれらの子法人等、外国銀行支店も含まれる。
16　預金保険法126条の2第2項。
17　具体的には、第一種金融商品取引業のうち有価証券関連業に該当するものと規定されている。預金保険法126条の2第2項3号。
18　総資産1兆円以上の第一種金融商品取引業の親会社のうち内閣総理大臣に指定されたものとして、グループ持株会社である大和証券グループ本社および野村ホールディングスが該当する。

あるいはオープン・バンクの措置でもある。

2 秩序ある処理のスキーム

(1) 特定第1号措置

　特定第1号措置は、金融機関等が市場取引の縮小・解消を図りつつ、預金保険機構が流動性を供給し、全債務の約定どおりの履行を確保することを通じて市場の安定を図る措置として位置づけられている[19]。その際、預金保険機構が当該措置からの出口に向けて優先株式等の引受け、資産の売却、事業の譲渡を行うことが可能である。

　具体的には、特定第1号措置が適用される際、金融機関等は預金保険機構による特別監視のもとに置かれ[20]、業務の遂行、財産の管理・処分について預金保険機構によって監視される（図5-1）。特定第1号措置のもとでは、わが国の金融システムの著しい混乱が生じるおそれを回避することを目的として、預金保険機構は金融機関等に流動性の供与、債務保証の提供を行うことができる[21]。

　また、特定第1号措置においては、金融機関等の自己資本の充実そのほか財務内容の改善を図ることを目的として、預金保険機構が優先株式、劣後債、劣後ローン、優先株式以外の株式を含む特定株式等を引き受けることができる[22]。金融危機対応措置として預金保険法102条1項に定める第1号措置では、当初から公的資本増強を行うことが前提となっているが、特定第1号措置においては、預金保険機構による特別監視からの出口を探るべく自力再建または第三者支援、事業再構築を行うなかで、必要な場合に資本増強を

19　金融審議会（2013）、11頁。
20　預金保険法126条の3第1項。
21　預金保険法126条の19第1項。
22　預金保険法126条の22第1項。なお、特定株式等の引受けが行われた場合には、金融機関等に対して経営健全化計画の策定が求められる。

図5-1 特定第1号措置のスキーム

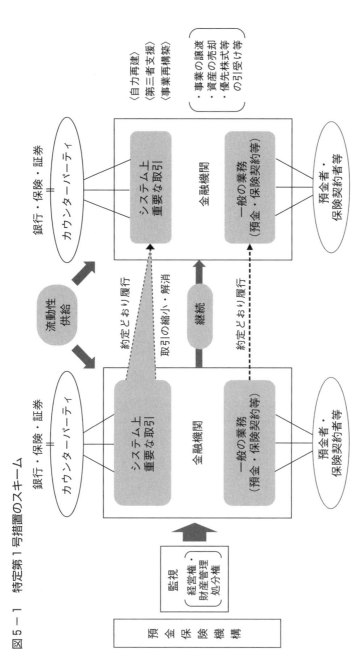

（出所）金融庁「金融商品取引法等の一部を改正する法律（平成25年法律第45号）に係る説明資料」より筆者作成

実施することが想定されている。

(2) 特定第2号措置

特定第2号措置については、金融機関等が債務超過等の場合において金融システムの安定を図るために不可欠な債務等を承継金融機関に迅速に引き継ぎ、その際に資金援助を行うことによって当該債務等を履行させる一方、その他の債務等は基本的に清算する措置として位置づけられている[23]。その際、金融機関等の債権者にも負担を求めるため、預金保険法に新たに導入されたベイルインが発動されることが想定されている。

特定第2号措置においても金融機関等は預金保険機構の特別監視のもとに置かれる。そのうえで、内閣総理大臣が、①金融機関等の業務の運営が著しく不適切である場合、②金融機関等の業務または債務について業務の全部の廃止または解散が行われるとわが国の金融システムの著しい混乱を生じるおそれがある場合には、特別監視が停止され、預金保険機構による業務および財産の管理を命ずる処分（特定管理を命ずる処分）が行われる。特定管理においては、前述の金融整理管財人と同様の権限を有する預金保険機構が破綻処理手続を担うことになる[24]。

特定第2号措置は、金融システムの安定を図るために不可欠な債務等を受皿金融機関に承継し、受皿金融機関が見つからない場合にはブリッジ金融機関として預金保険機構が設立する特定承継金融機関等[25]に対して特定事業譲受け等[26]として事業の譲受けや債務等の引受けを行って業務や債務を承継させる。その一方で、預金や保険契約については、預金保険制度や保険会社のセーフティネットである保険契約者保護制度を使ってそれらを保護する手続

23　金融審議会（2013）、11頁。
24　特定管理を命ずる処分があった場合には、預金保険機構は金融機関等を代表し、業務執行、財産管理・処分を行う権限が預金保険機構に専属することになる。
25　特定承継金融機関等は総称であり、金融機関等の業態に応じて、特定承継銀行、特定承継保険会社、特定承継金融商品取引業者、特定承継会社が設立される。
26　預金保険法126条の34。

図5-2 特定第2号措置のスキーム

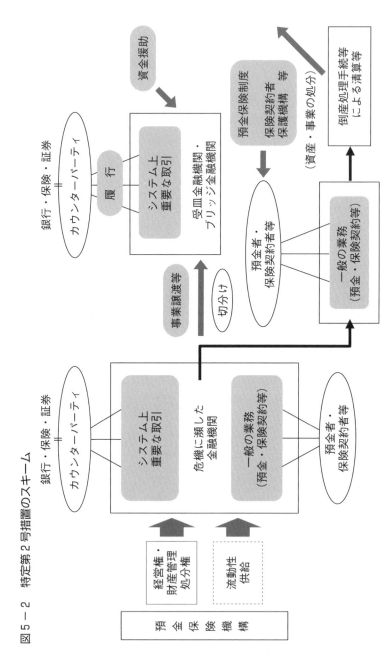

（出所）金融庁「金融商品取引法等の一部を改正する法律（平成25年法律第45号）に係る説明資料」より筆者作成

を進め、残余の資産や事業については倒産手続のもとで清算を図ることになる（図5‐2）。すなわち、特定第2号措置は受皿金融機関やブリッジ金融機関にシステム上重要な取引を承継する一方、既存のセーフティネットによる預金や保険商品の保護を図りながら、承継されずに残った法人を清算する破綻処理スキームである。

特定第2号措置においては、破綻金融機関等と他の金融機関等との合併を含む特定合併等[27]が行われる場合には、特定合併等を支援するために預金保険機構が特定資金援助[28]を行うことができる。なお、特定資金援助については、破綻金融機関等の財務の状況に照らして特定合併等が行われるために必要な範囲までとされており、ペイオフ・コストまでとする通常の資金援助とは異なり、具体的な上限は設けられていない。

また、市場の混乱を回避する観点から、特定第2号措置が適用された場合にも預金保険機構が流動性を供与できる仕組みが整えられている。具体的には、特定管理を命ずる処分を受けた金融機関等または破産・更生・再生手続の開始決定を受けた金融機関等に対して、債務不履行によってわが国の金融システムの著しい混乱を生じるおそれがあると認められる種類の債務の弁済のために必要があると認められる場合には、預金保険機構は資金の貸付を行うことができる[29]。

なお、破産・更生・再生手続の開始決定を受けた金融機関等に対して貸付が行われた場合には、裁判所は債務不履行によってわが国の金融システムの著しい混乱を生じるおそれがあると認められる種類の債務の弁済等を許可す

27　特定合併等には、破綻金融機関等と他の金融機関等との合併のほかに、破綻金融機関等の事業の他の金融機関等への譲渡、破綻金融機関等の債務の他の金融機関等による全部または一部の引受け、破綻金融機関等の株式の他の金融機関等による取得、破綻金融機関等を当事者とする吸収分割・新設合併を通じた権利義務の全部または一部の承継が含まれる。預金保険法126条の28第2項。

28　特定資金援助には、①金銭贈与、②資金貸付、預入れ、③資産買取り、④債務保証、⑤債務引受、⑥特定優先株式等の引受け等、⑦損害担保が含まれる。預金保険法126条の28第1項。

29　預金保険法127条の2第1項。

ることができるとしており、市場の混乱を回避する観点から破産法や会社更
生法、民事再生法における倒産手続の例外として、システム上重要な債務に
ついて裁判所の判断のもとで弁済を認める特別な措置を手当している[30]。

　さらに、特定管理を命ずる処分を受けた金融機関等については、その保有
する貸付債権その他の資産の減少を防ぐことを目的として破産・更生・再生
手続開始の申立てが行われた後であっても預金保険機構が資金を貸し付ける
ことが可能であり、破綻処理中のファイナンスも手当されている[31]。

(3)　特定認定に係る費用負担

　秩序ある処理については、預金保険法102条に定める金融危機対応措置と
同様、預金保険料で積み立てられた責任準備金を含む預金保険機構の一般勘
定とは別に、危機対応勘定において区分経理される。危機対応勘定では預金
保険料のような事前積立は行われていないため、特定第2号措置を含む特定
認定が行われた金融機関等に係る危機対応業務の実施によって費用が発生し
た場合には、金融機関等は特定負担金を納付することが定められている[32]。
なお、金融危機対応措置を適用した結果として費用が発生した場合には、預
金取扱金融機関から事後的に負担金が徴収されることになっている[33]。すな
わち、危機対応勘定でカバーできない費用が発生した場合には、金融業界に
事後的に費用負担が求められることになる。

　ただし、特定負担金のみで危機対応業務で生じた費用をまかなうとしたな
らば、わが国の金融市場その他の金融システムの著しい混乱が生じるおそれ
があると認められる場合に限って、金融危機対応業務と同様に政府は当該業
務に要する費用の一部を補助することができると規定しており、特定第1号

30　預金保険法127条の4第1項。
31　預金保険法128条の2第1項。
32　預金保険法126条の39。特定負担金の額は、各金融機関等における前年度末の負債の
　　合計額を12で除して1カ月分を算定し、特定負担金の納付日を含む当該年度の月数を乗
　　じて計算した額に一定の負担率を乗じて算定する。
33　預金保険法122条。

措置および特定第2号措置を適用した場合にも、ラスト・リゾート（最後の手段）として政府が費用の一部を負担することが可能である[34]。

3 主要な特性との調和を図る措置

(1) ベイルイン

改正預金保険法のもと、主要な特性に定められ、SIFIsの秩序ある破綻処理を実現するための主たるツールとして位置づけられるベイルインが導入された。ベイルインは、秩序ある処理のうち特定第2号措置、金融危機対応措置のうち第2号措置および第3号措置が適用される場合に預金保険法に規定されたベイルインが適用できる[35]。

具体的には、特定第2号措置においては、特定認定が行われることを条件に金融機関等に取得されるまたは債務が消滅する、①優先株式（剰余金の配当および財産権の分配について優先的内容を有する株式）、②劣後債（元利金の支払について劣後的内容を有する特約が付された社債）、および③劣後ローン（元利金の支払について劣後的内容を有する特約が付された金銭の消費貸借）の発行等を金融機関等が行っている場合において、特定認定を行う際に内閣総理大臣が自己資本その他これに相当するものにおける取扱いを決定することを定めている[36]。

一方、第2号措置および第3号措置においては、102条1項に係る認定が行われることを条件に金融機関に取得されるまたは債務が消滅する、①優先株式、②劣後債、および③劣後ローンの発行等を金融機関が行っている場合に、102条1項に係る認定を行う際に内閣総理大臣が自己資本その他これに相当するものにおける取扱いを決定するものと定められている[37]。

---

34 預金保険法125条。
35 預金保険法施行規則29条の2の2、35条の2。
36 預金保険法126条の2第4項。

すなわち、自己資本比率に算入できる優先株式、劣後債および劣後ローンを対象としており、バーゼルⅢ適格要件に基づいて実質破綻時（PONV）[38]に当局の判断のもとで元本削減または普通株式への転換を義務づける契約条項、いわゆるPONV条項を具備することが求められるその他Tier1（AT1）およびTier2が対象である。預金保険法のベイルインは、優先株式、劣後債および劣後ローンを発行する金融機関等にPONV条項に基づいてそれらが取得されるまたは消滅することで実施される。

　すなわち、預金保険法上のベイルインは契約条項に基づいて実行される契約ベイルインであり、普通株式やAT1およびTier2以外の債務には適用されない[39]。AT1およびTier2以外の普通株式や自己資本に含まれない債務は預金保険法のベイルイン以外の方法によって、具体的には倒産法を適用して金融機関等の清算を進めるなかで損失吸収を行うこととなる。実際に、次節で確認する望ましい破綻処理戦略においては、TLAC債を含む債務は倒産手続のもとで損失吸収を図る方針が示されている。

　また、ベイルイン権限についてFSBの主要な特性は、清算手続における優先順位のもと、①エクイティ、無担保債務を損失吸収に必要な程度まで元本削減する権限と、②無担保債務の全部または一部をエクイティに転換する権限として定めているが、預金保険法のベイルインは、内閣総理大臣が自己資本における取扱いを決定するとだけ規定されており、特にエクイティ転換の権限が与えられているか否かが明らかではない。この点に関しては、第7章で議論するとおり、FSBが日本のベイルインについて「非適用」と判断して

37　預金保険法102条3項。
38　自己資本告示では、元本の削減もしくは普通株式への転換または公的機関による資金の援助その他これに類する措置が講ぜられなければ発行者が存続できないと認められる場合をPONVとしている。
39　金融審議会の審議においては、行政手続の枠組みのみで債権のヘアカット（債権者の権利変更）を行うことについて憲法上の制約（財産権）があることが議論されており、そのような背景もあって預金保険法に規定されるベイルインは契約ベイルインとなったと推察される。金融審議会「金融システム安定等に資する銀行規制等の在り方に関するワーキング・グループ」（第5回）議事録（available at: https://www.fsa.go.jp/singi/singi_kinyu/ginkou_wg/gijiroku/20120910.html）。

いる背景となっている。

　なお、預金保険法のベイルインの対象範囲が限定されていることもあり、預金保険法においては主要な特性に規定されるノー・クレジター・ワース・オフ（NCWO）のセーフガードに相当するような規定は設けられていない。

(2)　早期解約権の一時的なステイ

　主要な特性は、デリバティブ契約を含む金融契約に関する早期解約条項の発動を一時的に停止（ステイ）する権限を当局が有するべきとしている。そこで、改正預金保険法においては、金融危機対応措置および秩序ある処理が適用される場合に早期解約権のステイができる規定となっている[40]。

　まず、ステイの対象となる契約は、金融危機対応措置に関する同法102条1項に係る認定および秩序ある処理に関する特定認定の関連措置等[41]が講じられたことを理由として契約の終了または解除、契約を解約する権利の発生、期限の利益の喪失、一括清算法上の一括清算を含む特定解除等の効力が生ずることを約定しているものであって、金融市場その他の金融システムと関連性を有する取引のうち取引所の相場その他の市場の相場がある商品に係る取引またはこれに準ずる取引である。

　そのうえで、内閣総理大臣は金融危機対応会議の議を経て、わが国の金融システムの著しい混乱が生ずるおそれを回避するために必要な範囲において、事業の譲渡その他のわが国の金融システムの著しい混乱が生ずるおそれを回避するために必要な措置が講じられるために必要な期間中は、特定解除等の効力を有しないこととする決定を行うことができると規定されている。主要な特性は、ステイの期間について2営業日以内という具体的な期間を例示しており、米国のドッド＝フランク法やEUのBRRDにおいてもステイの期間をおおむね2営業日としている。これに対して改正預金保険法のステイ

40　預金保険法137条の3。
41　関連措置等には、102条1項に係る認定、特定認定、管理を命ずる処分、特別監視、特定管理を命ずる処分が含まれる。

については、具体的な期間が示されていない。

なお、早期解約権の一時的なステイに関連して金融庁は、店頭デリバティブ取引等について、カウンターパーティが所在する法域にかかわらずステイの決定の効力が当該契約に及ぶことを可能とする観点から、ステイの決定の効力が外国法準拠の契約に及ぶことを目的とする国際的に共通のプロトコル[42]を採択するとともに、カウンターパーティが当該プロトコルを採択していることを確認することや、取引にステイの決定の効力が及ぶことを契約書に明記することを求めている[43]。

第 3 節 ┃ TLACと望ましい破綻処理戦略

1 TLACの国内適用

(1) 外部TLACの適用

グローバルなシステム上重要な銀行（G-SIBs）を対象とする国際基準としてゴーンコンサーン・ベース、すなわち破綻時の損失吸収力および資本再構築力の維持を目的とするFSBのTLACについては、金融庁が策定する、いわゆるTLAC告示[44]に基づいて日本においても2019年3月末から開始された。日本のTLACは、FSBが2015年11月に公表したTLACに関する最終文書[45]、いわゆるTLAC基準におおむね準拠したものとなっている。

TLAC告示は、TLACが適用されるレゾリューション・エンティティを表す国内処理対象会社に関しては、国際的な破綻処理の枠組みに対応する必要

42　ISDAのステイ・プロトコルが想定される。
43　主要行等向けの総合的な監督指針Ⅲ-11-3-2。

性およびわが国の金融システムにおける業務の状況等を勘案した重要性なら
びにグループとしての望ましい破綻処理戦略に鑑みて破綻処理時に損失の集
約が必要な者として、G-SIBsに指定されている三菱UFJフィナンシャル・
グループ、みずほフィナンシャルグループおよび三井住友フィナンシャルグ
ループを指定している（表5−1）。

　また、国内のシステム上重要な銀行（D-SIBs）のうち野村ホールディング
スも国内処理対象会社に指定され、TLACが適用される。国際的には
G-SIBsに適用されるTLACをD-SIBsにも適用することについて金融庁は、
主要行等向けの総合的な監督指針（以下「監督指針」という）のなかで、
D-SIBsのうち国際的な破綻処理の枠組みに対応する必要性が高く、かつ破
綻の際にわが国の金融システムに与える影響が特に大きいと認められる金融
機関をTLACの対象とすることを明らかにしている[46]。

　TLACの対象金融機関に要求される外部TLACの最低水準に関しては、
TLAC基準に規定されている段階適用の措置をふまえて適用当初から3年間
はリスク・アセット比16％かつレバレッジ・エクスポージャー比6％の水準
が求められ、適用から4年後にはリスク・アセット比18％かつレバレッジ・
エクスポージャー比6.75％の最低水準が要求される[47]。

　なお、FSBのTLAC基準では、G-SIBsの資本再構築に対する事前のコ
ミットメントがあって一定の要件を満たす場合には、リスク・アセット比で

44　TLAC告示として、①銀行持株会社の場合は、「銀行法第52条の25の規定に基づき銀
　　行持株会社が銀行持株会社およびその子会社等の経営の健全性を判断するための基準と
　　して定める総損失吸収力および資本再構築力に係る健全性を判断するための基準であっ
　　て銀行の経営の健全性の判断のために参考となるべきもの」（平成31年金融庁告示第9
　　号）、②証券会社の場合は、「金融商品取引法第57条の17第1項の規定に基づき最終指定
　　親会社が最終指定親会社およびその子法人等の経営の健全性を判断するための基準とし
　　て定める総損失吸収力および資本再構築力に係る健全性の状況を表示する基準」（平成
　　31年金融庁告示第10号）が定められた。

45　FSB（2015).

46　主要行等向けの総合的な監督指針Ⅲ-11-6-1-2。

47　野村ホールディングスについては、2019年3月末に適用された3メガバンクよりも適
　　用開始が2年後ろ倒しになっている。

表5－1　日本におけるTLACの適用

国内処理対象会社	最低所要リスク・アセットベースTLAC比率	最低所要総エクスポージャーベースTLAC比率	主要子会社	内部TLAC水準調整係数	構造劣後性
三菱UFJフィナンシャル・グループ	2019年3月31日以降16% 2022年3月31日以降18%	2019年3月31日以降6% 2022年3月31日以降6.75%	三菱UFJ銀行	75%	あり
			三菱UFJ信託銀行	75%	
			三菱UFJモルガン・スタンレー証券	75%	
みずほフィナンシャルグループ	2019年3月31日以降16% 2022年3月31日以降18%	2019年3月31日以降6% 2022年3月31日以降6.75%	みずほ銀行	75%	あり
			みずほ信託銀行	75%	
			みずほ証券	75%	
三井住友フィナンシャルグループ	2019年3月31日以降16% 2022年3月31日以降18%	2019年3月31日以降6% 2022年3月31日以降6.75%	三井住友銀行	75%	あり
			SMBC日興証券	75%	
野村ホールディングス	2021年3月31日以降16% 2024年3月31日以降18%	2021年3月31日以降6% 2024年3月31日以降6.75%	野村證券	75%	あり
			野村フィナンシャル・プロダクツ・サービシズ	75%	

（出所）　TLAC告示より筆者作成

3.5%（当初3年間は2.5%）に相当する額を外部TLACとして考慮できる特例が認められている[48]。そこでTLAC告示では、秩序ある処理の実施にあたって預金保険機構に事前に積み立てられた資金を資本再構築に用いることができる場合として、公的資本増強を前提とした特例措置を導入している[49]。これにより対象金融機関は、リスク・アセット比3.5%（当初は2.5%）に相当する額を外部TLACとして自動的にカウントすることが認められる。

⑵ 外部TLAC適格債務の要件

　外部TLACの適格債務となるその他外部TLAC調達手段についても、FSBのTLAC基準をふまえて適格要件が定められている（表5－2）。そのうえでTLAC告示は、秩序ある処理の障害となる要因を事前に取り除くことをねらいとする規定をいくつか導入している。

　実質破綻認定時（＝PONV）における損失吸収力や資本再構築力を減殺する特約に関する要件12については、期限の利益喪失条項に関して発行者の実質破綻認定の前に期限の利益を喪失することが想定される場合には、秩序ある処理の障害となるおそれがある。そこで金融庁は、元利払いの懈怠があった場合について、合理的な治癒期間（少なくとも30日）を置いてもなお治癒されないような場合に限り失期する旨を定めることが必要としている[50]。

　また、要件9は、外国法に準拠して発行されるその他TLAC調達手段について、①外国法令のもとで実質破綻認定時の損失吸収または資本再構築のために有効であるとの法律意見を具備しているか、②秩序ある処理が適用された場合に保有者がその制限に服することに事前同意をする旨の特約があるときに限って認めるとしている。これは、次項で確認する望ましい破綻処理戦略において、特定第2号措置が適用された後の破産手続のもとでその他外部TLAC調達手段の元本削減が行われるまでの間に、保有者が法的倒産手続の

---

[48] 具体的には、特に破綻処理ファンディングのコストと一時的な破綻処理ファンディングの両方に貢献することが求められる当局による秩序ある破綻処理、特に金融機関の重要な機能の継続性を提供するための破綻処理においてG-SIBsの資本再構築に対する事前のコミットメントがある場合には、関係当局の同意のもと、実行の際にシニア債権者が損失にさらされないこと、実行額について法律で特に制限されていないことを含め実行に障害がない限りにおいて、金融機関の最低TLACとして考慮することが認められている。その場合は、当該コミットメントが金融業界からの事前徴収で負担されることが求められており、レゾリューション・エンティティの最低TLACとしてTLACリスク・アセット最低要件が16%のときはリスク・アセットの2.5%と同額、18%のときはリスク・アセットの3.5%と同額を考慮することができる。FSB（2015）, term sheet 7.

[49] TLACを受けて2019年3月に一般勘定と金融危機対応勘定の間の資金の融通が認められた。預金保険機構施行規則18条の2。

[50] TLACに関するQ&A第4条-Q6。

表5-2　その他外部TLAC（外部TLAC適格債務）の要件

適格要件
1　国内処理対象会社（以下「発行者」という）により現に発行され、かつ、発行ずみのものであること
2　残余財産の分配または倒産処理手続における債務の弁済もしくは内容の変更について、発行者の除外債務に対して劣後的内容を有するものであること。ただし、国内処理対象会社グループの構造等に鑑み、発行者の債権者が国内処理対象会社グループの他の会社の債権者よりも構造的に劣後していると認められる場合であって、契約書もしくは発行要項またはこれらの関連書類中に、発行者において当該債務がその他外部TLAC調達手段となることを意図していることおよび発行者の倒産処理手続においてその全部または一部の支払を受けることができないリスクが適切に記載されているときは、この限りでない
3　担保権により担保されておらず、かつ、発行者または当該発行者と密接な関係を有する者による保証に係る特約その他の法的または経済的に他の同順位のその他外部TLAC調達手段に対して優先的内容を有するものとするための特約が定められていないこと
4　発行者のその他Tier1資本調達手段およびTier2資本調達手段の元本の削減もしくは普通株式への転換（元本の削減等）または公的機関による資金の援助その他これに類する措置が講ぜられなければ発行者が存続できないと認められる場合において、これらの措置が講ぜられる必要があると認められるとき（以下「実質破綻認定時」という）には、発行者に対する当該その他外部TLAC調達手段に係る支払請求権を自働債権とする保有者による相殺が禁止される旨の特約が定められていること
5　ステップ・アップ金利等に係る特約その他の償還等を行う蓋然性を高める特約が定められていないこと
6　償還期限が定められている場合には、当該償還期限までの期間が1年以上であること
7　保有者による償還または買戻しに係る請求権に関する特約がある場合には、当該請求権の行使期間の初日が明確に定められており、かつ、当該初日までの期間が1年以上であること

8 償還等または買戻しを行う場合には、発行後1年を経過した日以後（発行の目的に照らして償還等または買戻しを行うことについてやむをえない事由があると認められる場合にあっては、発行後）に発行者の任意によるときに限り償還等または買戻しを行うことが可能であり、かつ、償還等または買戻しに関する次に掲げる要件のすべてを満たすものであること

  イ 償還等または買戻しに際し、償還期限が定められている場合において当該償還期限までの期間が1年以下のときを除き、外部総損失吸収力および資本再構築力の充実について、あらかじめ金融庁長官の確認を受けるものとなっていること

  ロ 償還等または買戻しについて期待を生じさせる行為を発行者が行っていないこと

  ハ その他次に掲げる要件のいずれかを満たすこと

    (1) 償還等または買戻しが行われる場合には、発行者の収益性に照らして適切と認められる条件により、当該償還等または買戻しのための外部総損失吸収力および資本再構築力の調達（当該償還等または買戻しが行われるものと同等以上の質が確保されるものに限る）が当該償還等または買戻しの時以前に行われること

    (2) 償還等または買戻しの後においても発行者が十分な水準の外部TLAC比率を維持することが見込まれること

9 外国の法令に準拠する旨の定めがある場合には、当該外国の関連法令に基づき、発行者の実質破綻認定時における損失吸収または資本再構築のために有効に用いることができることについての法律専門家の法律意見書を具備していること。ただし、発行者に係る本邦における秩序ある処理が実施された場合に、かかる秩序ある処理に伴う制限に服することについてあらかじめ保有者が同意する旨の特約があるときは、この限りでない

10 発行者または当該発行者の子法人等もしくは関連法人等により取得されておらず、かつ、取得に必要な資金が発行者により直接または間接に融通されたものでないこと

11 債券の場合には、その額面金額が1,000万円以上であること

12 その他発行者の実質破綻認定時における総損失吸収力および資本再構築力を実質的に減殺するような特約が含まれていないこと

（出所） TLAC告示より筆者作成

外で元本削減の実効性を損なうような債権回収を行うことを回避することがねらいである[51]。

　また、TLAC基準は外部TLAC適格債務の要件に加えて、除外債務に対してTLAC適格債務を劣後させるために、①契約劣後、②法定劣後、③構造劣後という3つのオプションにより対応することを求めている。これを受けてTLAC告示は要件2において、その他外部TLAC調達手段に関して残余財産の分配または倒産処理手続における債務の弁済もしくは内容の変更について発行者の除外債務に対して劣後的内容を有するものであることと規定する。そのうえで、ただし書きにおいて、対象金融機関が持株会社グループの場合には、その他外部TLAC調達手段について構造劣後が認められることとしている[52]。現在のTLACの対象金融機関はいずれも持株会社グループであることから、構造劣後性を前提としている（表5-1を参照）。

　一方、除外債務についてもTLAC基準をふまえて規定されている（表5-3）。除外債務のうち国内処理対象会社グループの業務運営に不可欠な契約に基づく債務とは、きわめて重要なシェアード・サービスやオフィス賃貸借契約、リース契約、IT関連契約を含むオペレーション上必要な債務であり、秩序ある処理を適用した後の業務継続の確保を図ることを目的としている[53]。また、破産法上の財団債権や優先的破産債権を除外債務としていることについては、次項で述べる望ましい破綻処理戦略との関係において国内処理対象会社の破産手続が円滑に進められることを目的とするものと推察される。なお、契約以外の原因で生じた債務としては、公租公課や労働債権に関する債務が含まれる[54]。

51　TLACに関するQ&A第4条-Q5。
52　構造劣後の場合は、要件2のもとで、①発行者がその他外部TLAC調達手段とすることを意図していること、②倒産処理手続において全部または一部の支払を受けることができないリスクについて契約書または発行要項等に記載することが求められる。
53　TLACに関するQ&A第4条-Q7。
54　TLACに関するQ&A第4条-Q7。

表5－3 外部TLACの除外債務

債務の種類
1 （預金保険の）支払対象一般預金等および支払対象決済用預金に係る債務
2 預金等のうち、その預金者がその払戻しをいつでも請求することができるものに係る債務
3 預金等のうち、満期の定めがあり、かつ、当初の満期が1年未満のものに係る債務
4 デリバティブ取引に係る債務またはこれに類する債務
5 契約以外の原因で生じた債務
6 国内処理対象会社グループの業務運営に不可欠な契約に基づく債務その他わが国の金融システム上重要と認められる債務
7 担保権によって担保される債権に係る債務（担保される部分に限る）
8 国内処理対象会社に破産手続開始の決定がされたとすれば破産法に規定する財団債権または優先的破産債権となるべき債権に係る債務（上記に掲げるものを除く）

（出所） TLAC告示より筆者作成

(3) 内部TLACに係る要件

　FSBのTLAC基準は、G-SIBsグループの海外子会社の損失を母国のレゾリューション・エンティティに集約するための内部TLACの対象として、自らはレゾリューション・エンティティではない子会社であって母国外で設立された子会社のうち重要性基準を満たす子会社で構成される重要サブグループを規定している。

　一方、TLAC告示は、わが国の金融システムにおける業務の状況などをふまえた重要性や国内処理対象会社グループにおける重要性を考慮して、国内の主要子会社グループについても内部TLACの対象としている。次項で述べる望ましい破綻処理戦略が主要子会社グループで生じた損失を国内処理対象会社に集約し、国内処理対象会社において損失吸収を図ることを前提として

いることが背景である。TLAC告示は、対象金融機関グループのなかで内部TLACを適用する主要子会社を具体的に指定したうえで、主要子会社に仮に外部TLACが適用されるとした場合の最低水準に対して75％に所要水準を設定している（表5－1）。ただし、国内の主要子会社グループの内部TLACの所要水準を原則として75％とする一方で、望ましい破綻処理戦略や主要子会社のシステム上の重要性、資本構成、ビジネスモデル等をふまえて事前配賦の必要性に応じて75％から90％の範囲で調整する方針としている[55]。

　内部TLACの適格債務であるその他内部TLAC調達手段については、その他外部TLAC調達手段とおおむね同様の要件がTLAC告示に定められている。ただし、その他外部TLAC調達手段とは異なる点として、その他内部TLAC調達手段に関しては日本法に準拠することが求められているほか、主要子会社の実質破綻認定時に元本削減が行われる旨の特約を具備することが求められている。これにより次項で述べる望ましい破綻処理戦略においては、主要子会社に実質破綻認定が行われて内部TLACのトリガーが引かれることで、主要子会社の損失が国内処理対象会社に集約されることになる。

　TLAC基準は、G-SIBsグループの海外子会社のうち重要サブグループに対して内部TLACを求めているが、その規制権限はホスト国にある。監督指針は、対象金融機関の海外主要子会社についてはホスト国当局の主導のもとで内部TLACの水準が決定されることを確認している。

2 望ましい破綻処理戦略（日本版SPE）

　TLACは、個々の金融機関に応じた望ましい破綻処理戦略に依拠して適用されることから、監督指針は特定第2号措置の適用を前提とする「TLACを利用した秩序ある処理等」として対象金融機関の破綻処理戦略を具体的に記述している[56]。

55　主要行等向けの総合的な監督指針Ⅲ-11-6-1-2④ロ
56　主要行等向けの総合的な監督指針Ⅲ-11-6-2。

まず、対象金融機関の主要子会社が経営悪化等により金融システム上有する重要な機能の継続が困難となった場合には、資産売却や親会社による資本増強、その他の代替的な手段（再建オプション）をとりえないという当局の判断のもと、主要子会社において内部TLACのトリガーが引かれる。その他内部TLAC調達手段の適格要件において、主要子会社の実質破綻認定時に元本削減が行われる旨の特約を具備することが求められていることの意味は、このトリガーにある。主要子会社の実質破綻認定時に内部TLACのトリガリング、すなわち元本削減または株式転換が行われることで、主要子会社の損失は国内処理対象会社に集約される。グループとして破綻処理が必要であると判断された場合には、主要子会社の営業を継続させつつ、国内処理対象会社の株主や債権者による損失吸収が行われることになる。

　監督指針は対象金融機関の望ましい破綻処理戦略を決定するにあたって、グループ内の相互連関性や相互依存性を含むグループの組織構造をふまえた破綻処理の実行可能性（レゾルバビリティ）を考慮してシングル・ポイント・オブ・エントリー（SPE）とマルチプル・ポイント・オブ・エントリー（MPE）のいずれかのアプローチを選択するものとするとしており、日本においては形式的にはSPEアプローチとMPEアプローチが並存することとなる[57]。

　もっとも、現在のTLACの対象金融機関はいずれも持株会社グループを形成しており、いずれもSPEアプローチが選択されている。SPEアプローチの場合、国内処理対象会社はグループ最上位の持株会社となる。

　SPEアプローチを適用する場合の破綻処理については、①国内主要子会社の内部TLACによる損失吸収、②内閣総理大臣による特定認定、③事業等の譲渡、④破綻持株会社の法的倒産手続というプロセスで行われる（図5－3）。いわゆる日本版SPEアプローチである。

　①　国内主要子会社の内部TLACによる損失吸収

57　主要行等向けの総合的な監督指針Ⅲ-11-6-1-2。

図5－3 日本版SPEアプローチ

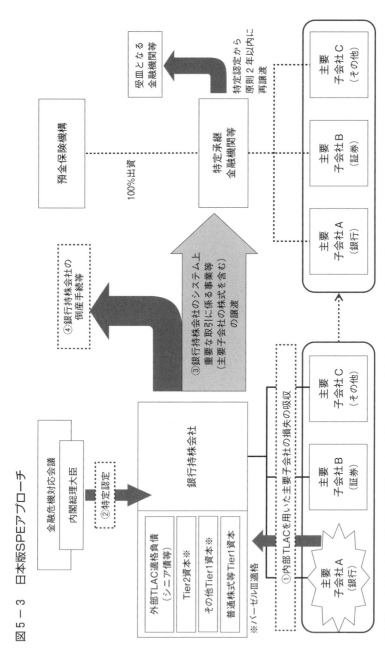

（出所）金融庁「銀行持株会社形態を採る本邦G-SIBsの秩序ある処理の一例」より筆者作成

254

国内の主要子会社の債務超過もしくは支払停止またはそれらのおそれ
があると金融庁が認めた場合[58]は、代替手段の有無および緊急性を考慮
したうえで[59]、銀行法52条の33第1項のもと、内部TLACを用いた主要
子会社の資本増強および流動性回復を含む健全性の回復に係る命令[60]を
国内処理対象会社に対して発出し（主要子会社の実質破綻認定）、主要子
会社はこれをトリガーとして内部TLACの条件に従って元本削減または
株式転換を実施する。

② 　内閣総理大臣による特定認定

　内部TLACのトリガリングが行われた後、主要子会社から損失を集約
した持株会社（国内処理対象会社）が特定第2号措置の適用要件を満た
す場合は、内閣総理大臣による金融危機対応会議の議を経て、持株会社
を対象として特定第2号措置に係る特定認定および特定管理を命ずる処
分を行う。

　特定認定および特定管理を命ずる処分の対象となった持株会社は、
バーゼルⅢの自己資本比率の適格要件を満たすAT1およびTier2につい
て、それらの条件（社債要項等）に従って、外部TLAC適格性を有する
社債等（TLAC債）を含む持株会社の他の負債に先立って元本の削減ま
たは普通株式への転換を実施する。

③ 　事業等の譲渡

58　国内処理対象会社および主要子会社から金融庁に対して、当該主要子会社に債務超過
　もしくは支払停止またはそれらのおそれがあるとの申出があった場合を含む。
59　代替手段がない場合とは、監督当局が当該主要子会社に対して銀行法26条に基づく業
　務改善命令を発出してもなお財務状況の改善が見込めず、グループ会社からの支援等に
　よる当該主要子会社の健全性の回復が困難または期待できない場合を指し、緊急性が高
　い場合とは、財務状況の急激な悪化により業務改善命令や他の代替手段を実行する時間
　的余裕がないような場合が想定されている。
60　銀行法52条の33第1項に基づく命令は、通常は業務改善命令として発出されている。
　そのため、金融庁は、当該命令においては、特定の国内主要子会社について財務危機事
　由が存在すると認める旨を記載したうえで、「内部TLACを用いた主要子会社の健全性
　の回復に係る命令」という文言を加えることで、通常の業務改善命令とは区別する方針
　である。

持株会社は、株主総会の特別決議にかわる代替許可[61]を裁判所から得たうえで、預金保険機構が設立した特定承継金融機関等に対し、持株会社が保有する主要子会社の株式を含むシステム上重要な取引に係る事業等の譲渡を実施する[62]。

その際、外部TLAC適格性を有する社債等（残存期間が1年未満のものを含む）に係る債務は、特定承継金融機関等が引き受けることなく持株会社が引き続き負担することになる。

なお、特定承継金融機関等は、持株会社に対する特定第2号措置に係る特定認定が行われてから原則として2年以内に、受皿金融機関等に対して事業等の譲渡を行うことを目指す。

④　破綻持株会社の法的倒産手続

事業等の譲渡を行った持株会社に対して預金保険機構が法的倒産手続、具体的には清算型倒産手続である破産手続開始の申立てを行うことにより持株会社は破産手続のもとで清算される。

その際、外部TLAC適格性を有する社債等の債権者を含む破綻持株会社の債権者は、破産法等に従い破産財団の範囲で配当を受けることを通じて損失吸収を行うこととなる。

なお、上記①から③のプロセスについては、市場の混乱を抑制する観点から金融機関の休業日である週末にかけて迅速に実施される方針である。預金保険機構が従前から明らかにしているいわゆる「金月処理」[63]、あるいは海外でいわれるレゾリューション・ウィークエンドである。

61　預金保険法126条の13第1項3号。
62　預金保険法126条の37。
63　一般に預金取扱金融機関の破綻処理に際しては、金融市場に与える影響を抑制する観点から、金曜日の市場取引終了後に破綻の旨が公表され、週末の間に必要な預金保険の手続を実施し、市場が開く翌月曜日からは円滑かつ確実に営業を再開し、預金者が預金にアクセスできるようになることが目指されている。

第4節 小 括

　本章では、グローバル金融危機の教訓をふまえて、市場型システミック・リスクに備えるための枠組みとして預金保険法に拡充された秩序ある処理の概要とそれにかかわる枠組みを確認した。特定第1号措置は、市場型システミック・リスクが顕在化した場合に金融機関に流動性を供給するスキームであり、諸外国にみられない日本独自の枠組みである。一方、ベイルインを伴う特定第2号措置については、FSBの主要な特性あるいは欧米の秩序ある破綻処理の枠組みとの親和性を考慮して設計されている。

　ただし、預金保険法に規定されるベイルインは、欧米で一般的な法定ベイルインとは異なり、契約ベイルインとしてバーゼルⅢ適格資本であるAT1とTier2に対象が限定されている。普通株式やTLAC適格債を含むシニア債務には同法のベイルインは適用できないことから、それらに対しては倒産手続を適用して金融機関の清算を進めるなかで損失吸収を図らなければならない。また、預金保険法のベイルインは、エクイティに転換する権限が与えられているか否かが法文からは定かではない。なお、預金保険法のベイルインの対象が限定されていることもあり、預金保険法においては債権者等のセーフガードとなるNCWOに相当する規定は設けられていない。

　また、FSBのTLAC基準をふまえてTLACが日本においても導入された。TLAC基準はG-SIBsをTLACの対象としているが、金融庁はG-SIBsに加えて、国際的な破綻処理の枠組みに対応する必要性が高くかつ破綻の際に日本の金融システムに与える影響が特に大きいと認められる金融機関についてもTLACの対象としている。また、TLAC基準において内部TLACは、外国のG-SIBsを対象として母国の親会社に損失を移転するために設定されるものであるのに対して、日本の内部TLACはTLACの対象金融機関に要求されるものであり、対象金融機関の破綻処理戦略のなかで業務子会社から持株会社

に損失を移管する役割が与えられている。

　現在のTLACの対象金融機関の破綻処理戦略はいずれも持株会社のグループ形態であることから、特定第2号措置のもとでSPEが適用される。いわゆる日本版SPEである。具体的には、対象金融機関の業務子会社で生じた損失は内部TLACを通じてグループ持株会社に移管され、その時点で持株会社に対して特定第2号措置が適用される。特定第2号措置が適用された後に、預金保険法のベイルインが発動され、持株会社が発行するAT1およびTier2の元本削減が行われる一方、業務子会社はブリッジ金融機関である特定承継金融機関等に承継され、業務が継続される。その後、持株会社には破産法が適用され、破産手続のなかで普通株式、必要に応じてTLAC債を含む債務の損失吸収が行われる。欧米の秩序ある破綻処理の枠組みとは異なり、内閣総理大臣のもとで行われる預金保険法のベイルインと裁判所による破産手続という2つの独立した手続のもとで損失吸収が行われることが大きな特徴である。

　欧米の秩序ある破綻処理の枠組みと比較した場合、日本版SPEにおいては破綻処理のバリュエーションをだれがどのように行うのか、NCWOのセーフガードのような債権者の権利の保護を図りながらどのように破綻処理を進めていくのかといった点が明らかではなく、破綻処理の不確実性を払拭する観点からは、さらなる明確化が必要であるように思われる。特に日本版SPEにおいては、TLAC債は破産手続のなかで弁済されることになるため、欧米に比べると弁済を終えるまでに相応の時間がかかることが想定される。その間、TLAC債の保有者はキャッシュ化を図ることができないことが留意すべき点として指摘できよう。

第 6 章

ベイルインの実施に関する
ケース・スタディ

バンコ・ポプラールの破綻処理

1 事実上のベイルインの実施

　スペインでは2017年 6 月に、資産規模でみて同国第 6 位のバンコ・ポプ
ラール・エスパニョール（Banco Popular Español）の破綻処理が行われた
（以下「バンコ・ポプラール」という）。同行の破綻処理は、銀行同盟（ユーロ
圏）における単一破綻処理メカニズム（SRM）のもと、銀行同盟の破綻処理
当局である単一破綻処理理事会（SRB）によって実施された初めての破綻処
理事例である。バンコ・ポプラールの破綻処理は、同国最大の銀行グループ
でありグローバルなシステム上重要な銀行（G-SIBs）であるサンタンデール
（Santander）に対してわずか 1 ユーロの価格で譲渡するスキームにより実施
された。

　サンタンデールに対する譲渡の際には、バンコ・ポプラールの規制上の自
己資本、すなわちコモンエクイティTier1（CET1）、その他Tier1（AT1）、
Tier2は、エクイティ転換と元本削減が実施された結果、ほぼ全額が毀損し
ている。EU共通の破綻処理の枠組みを定める銀行再建・破綻処理指令
（BRRD）[1]およびSRMの枠組みを規定する単一破綻処理メカニズム規則
（SRMR）[2]（以下「BRRD/SRMR」という）においては、シニア債務等の元本
削減またはエクイティ転換を図るベイルイン・ツールを適用する前に規制資
本の元本削減またはエクイティ転換を行う権限が破綻処理当局に与えられて
いる。バンコ・ポプラールの破綻処理では、ベイルイン・ツールを適用した
シニア債務の元本削減やエクイティ転換は行われていないが、規制資本はほ

1　Directive 2014/59/EU.
2　Regulation（EU）No 806/2014.

ぼ全額が毀損しており、事実上のベイルインが実施されたととらえることが
できる[3]。

　バンコ・ポプラールの破綻処理では、単一監督メカニズム（SSM）のも
と、同行の監督当局である欧州中央銀行（ECB）が2017年6月6日に、同行
が「破綻または破綻のおそれがある（FOLTF）」というBRRD/SRMRに定め
る破綻処理の開始要件に関する認定を行った後、翌7日にSRBが破綻処理ス
キームを決定し、SRBの決定のもと、スペインの破綻処理当局である銀行秩
序再建基金（Fondo de Reestructuración Ordenada Bancaria；FROB）が同日中
にサンタンデールに同行を譲渡した。破綻処理の開始から完了までわずか2
日間という短期間のうちに混乱を生じることもなく破綻処理を終えたことが
注目される。バンコ・ポプラールは、EUにおける国内のシステム上重要な
銀行（D-SIBs）に相当するその他のシステム上重要な機関（other systemical-
ly important institutions；O-SIIs）に指定されており、グローバル金融危機後
に大銀行の秩序ある破綻処理を実現した代表的な事例としてとらえることが
できる。

　SRBのエルケ・ケーニヒ（Elke König）議長はバンコ・ポプラールの破綻
処理について、「ベイルアウトから納税者資金を守るために金融危機後に破
綻処理当局に与えられた破綻処理ツールが有効であることを明らかにした」
と述べている[4]。EUの政策当局者は、迅速かつ円滑に行われたバンコ・ポプ
ラールの破綻処理について秩序ある破綻処理を成功させた事例として認識し
ている。

　本章では、金融危機以降、初めて本格的なベイルインを実現させたバン
コ・ポプラールの破綻処理を主に取り上げて、実際にベイルインを実施する
際に法律上、オペレーション上、その他の観点も含めてどのような論点があ

---

[3]　たとえば、FSBの主要な特性では、ベイルインは債務だけでなくエクイティにも適用
　　されるものとされている。
[4]　SRB, "The Single Resolution Board adopts resolution decision for Banco Popular,"
　　12 December 2017（available at: https://srb.europa.eu/en/node/315）.

りうるのかについて確認する。

2 破綻処理開始の要件に関する認定

　バンコ・ポプラールの事例は、経営不安を背景に預金が流出し流動性が逼迫して破綻したものである。銀行の破綻は一般に、不良債権の発生を原因としてバランスシートが毀損し債務超過となって破綻に至る場合と、資金繰りに行き詰まり流動性の枯渇を原因に破綻する場合とがあるが、同行の場合は後者の流動性破綻のケースである。BRRD/SRMRでは、銀行のバランスシートが債務超過に陥っていなくてもFOLTFと判断されることとなる。バンコ・ポプラールが流動性破綻に至った経緯を振り返ると、表6－1のとおりである[5]。

　経営状況が悪化していたバンコ・ポプラールは、2017年4月には財務の健全性を回復するために競合他社への売却に向けて売却プロセスを開始しており、買い手による買収オファーの期限が6月10日に設定されていた[6]。この間、監督当局であるECBは、5月2日にバンコ・ポプラールについて関係当局で構成される危機管理グループを設置しており、破綻処理当局であるSRBは、同行に対して危機管理グループに情報を提供するよう要請した。5月24日にはSRBはバリュエーションに必要な情報の提供を同行に対して求めている。

　ECBは6月2日、同行では深刻な預金流出が生じており、次週に期限が到来する債務の支払ができない可能性があり、同行の経営状態が急速に悪化していることをSRBに伝えた。ECBからの連絡を受けたSRBは、直ちに同行に対して他の金融機関への売却プロセスに関する情報提供を要請するとともに、スペインの破綻処理当局であるFROBが実施する入札手続に参加する潜在的な買い手に対してM&Aのためのデューデリジェンスに必要な情報を

5　SRB（2017）, p 6.
6　その後、同行はオファーの期限を6月末まで延長している。

表6－1　バンコ・ポプラールの流動性破綻に至る経緯

(a)	2017年2月に同行は、57億ユーロにのぼる特別引当金の計上が必要である旨を開示し、2016年度決算は34億ユーロの赤字となることを明らかにした。これを受けてDBRS（カナダの格付会社）は同行を格下げし、見通しをネガティブとした。
(b)	4月3日に同行は、内部監査について適時開示を行い、財務諸表に重大な影響を生じる可能性があることを開示。また、最高経営責任者（CEO）を1年以内に交代することを公表。これを受けて4月7日にS&Pが格下げを行った。
(c)	4月10日に同行は、無配とすること、資本基盤の弱体化や不良債権を理由として資本増強あるいはコーポレート・アクションが必要である旨を公表。これを受けてムーディーズが4月21日に格下げを行い、見通しをネガティブとした。
(d)	5月3日に同行は、2017年第1四半期決算を公表し、市場予想よりも悪化していることが明らかになった。
(e)	5月12日に同行は、バーゼルⅢの流動性規制である流動性カバレッジ比率（liquidity coverage ratio；LCR）の最低基準に抵触し、その後も最低基準が未達であることを公表。同行の業績悪化から破綻リスクや流動性リスクが差し迫っているというネガティブな報道が続いたため、預金流出が増加した。
(f)	6月6日にDBRSとムーディーズがさらなる格下げを実施した。

（出所）SRB（2017）より筆者作成

蓄積するバーチャルデータルームへのアクセスを認めることを決定した。

　6月5日に、同行から1日で30億ユーロの預金が流出したため、ECBは中央銀行であるスペイン銀行（Banco de España）の要請を受けて緊急時流動性支援（emergency liquidity assistance）を承認した。スペイン銀行は同行に流動性支援を実施したが、6月6日には、同行の取締役会が破綻のおそれがあると判断したことをECBに通知した。同行からの通知を受けたECBは、BRRD/SRMRに規定されたFOLTFの要件のうち、期日の到来する債務等について近いうちに支払不能になるとの要件に該当すると判断し、同行がFOLTFであることを認定して同行の破綻処理が始まった。

BRRD/SRMRの破綻処理の開始には、①FOLTFであることに加えて、②民間セクターの代替的な措置または監督上の措置が合理的期間内に破綻を回避する合理的な見込みがないこと、③破綻処理措置が公益にとって不可欠であることの3つの要件を満たすことが必要である[7]。仮にこれら3つの開始要件を満たさなければ、各加盟国の倒産手続のもとで金融機関は清算されることになる。

　ここで、破綻処理措置が公益にとって不可欠であるとは、(i)きわめて重要な機能の継続を確保すること、(ii)特に市場インフラを含めて波及を回避することおよび市場規律を維持することによって、金融システムへの深刻な負の影響を回避すること、(iii)非常時公的金融支援への依存の最小化を図ることにより公的資金を保護すること、(iv)預金保険制度により保護される預金者および投資者保護制度により保護される投資者を保護すること、(v)顧客資金および顧客資産を保護することという破綻処理目的[8]の実現に必要となる場合を指す。

　バンコ・ポプラールは2017年4月から自ら買い手となる金融機関を探していたが、その時点では直ちに売却交渉が成立する見込みはなかった。また、同行はシステム上重要な銀行としてO-SIIsに指定されており、預金の受入れ、中小企業向け融資、決済サービスを含む重要な機能の継続性を確保しながら同行の破綻が金融の安定に与える負の影響を避けるためには、迅速な破綻処理の実行が必要であった。

　そこでSRBは、①同行が主導する買い手への売却が見込まれず、また同行はかなりの追加的な流動性を必要としたことから、民間セクターの代替的な措置および監督上の措置によって破綻を回避できる合理的な見込みがなく、かつ②きわめて重大な機能の継続を確保し、金融の安定に対する負の影響を回避するという破綻処理目的に照らしてBRRD/SRMRに基づく破綻処理が公益にとって不可欠であると判断し、FOLTFの要件を含めて破綻処理の開

7　第3章1節3.(2)を参照。
8　第3章1節1.を参照。

始要件を満たしていると認定した。SRBはこの間、FROBとも連携し、緊密な協議を行っている。

　なお、通常の倒産手続を同行に適用することに関しては、同行の破綻処理計画の審査においてSRBは、スペインの実体経済および金融システムに負の影響を生じる可能性があることから、通常の倒産手続を適用することは信頼性に欠けるとの判断を下していた[9]。

3　破綻処理ツールの選択

　BRRD/SRMRには、①事業売却ツール、②ブリッジ金融機関ツール、③資産分離ツール、④ベイルイン・ツールという４つの破綻処理ツールが規定されている[10]。バンコ・ポプラールの破綻処理では、破綻銀行が発行する株式や持分証券、または資産、権利もしくは負債を買い手に譲渡するための破綻処理ツールである事業売却ツールが選択されている。

　バンコ・ポプラールの破綻処理に事業売却ツールが選択された理由としては、同行が破綻処理前に自ら買い手を探していたことがあげられる。同行は破綻する前の５月16日に、いくつかの買い手候補と接触していることを公表しており、買い手候補はすでに会計帳簿等のデューデリジェンスに着手していた。そこでSRBは、同行から売却プロセスに関する情報提供を受けて、FOLTFに係る認定を行う前の６月３日に同行の入札手続を開始することを決定し、入札要件をFROBに提示している。FROBは同日、秘密保持契約を締結するよう買い手候補に要請し、翌４日には買い手候補５社のうちサンタンデールとBBVAの２社との間で秘密保持契約を締結した。６月５日にはバーチャルデータルームへのアクセスが両社に認められ、両社に対して譲渡関係書類が提供されている。そして、６日にFOLTFの認定が行われた後、７日には買収オファーを提示したサンタンデールに対して同行の事業譲渡が

9　SRB (2016b), p 21.
10　第３章１節３.⑶を参照。

行われた。破綻処理が行われる前の短い期間のうちに、同行の事業譲渡に向けた準備が行われていたことが迅速な破綻処理を実現可能にさせた背景にある。

　また、バンコ・ポプラールの破綻処理では、事実上のベイルインが実施された。BRRD/SRMRは、ベイルイン・ツールを含む破綻処理ツールを適用する前に破綻処理当局が資本証券を元本削減またはエクイティ転換することを規定している[11]。すなわち、破綻処理ツールとしてベイルイン・ツールが選択されなかったとしても、規制資本については元本削減またはエクイティ転換が実施されることとなり、事実上のベイルインが適用される。一方、規制資本以外の債務を元本削減、エクイティ転換する必要がある場合にはベイルイン・ツールを適用しなければならない。すなわち、規制資本の額を超えて無担保債務の損失吸収または資本再構築を図る必要がある場合にはベイルイン・ツールが選択されることとなる。

　バンコ・ポプラールの破綻処理においては、バリュエーションの結果を受けたSRBが、同行の規制資本を元本削減またはエクイティ転換することをFROBに指示している。SRBの指示のもと、FROBは事業売却ツールを適用する前にバンコ・ポプラールの規制資本を対象として元本削減およびエクイティ転換を実施した。

　具体的には、バンコ・ポプラールの20.9億ユーロ（額面価額）の普通株式は全額が消却された（表6－2）。また、13.4億ユーロ（額面価額）のAT1は、新たなエクイティとして「ニュー・シェアⅠ」に転換された後に全額が消却されている[12]。さらに、6.8億ユーロ（額面価額）のTier2は、新たな種類のエクイティである「ニュー・シェアⅡ」に転換された後、事業売却ツールによって同行をサンタンデールに譲渡する際にTier2から転換されたニュー・シェアⅡは総額1ユーロでサンタンデールに譲渡されている[13]。一

11　第3章1節3.(3)を参照。
12　AT1は額面価額でニュー・シェアⅠに転換されており、元本1ユーロのAT1は額面1ユーロのニュー・シェアⅠに転換された。

表6−2　規制資本の元本削減、エクイティ転換

	額面金額	元本削減または転換	残余価値
普通株式	20.9億ユーロ	全額消却	0
AT1	13.4億ユーロ	ニュー・シェアＩへ転換した後に全額消却	0
Tier2	6.8億ユーロ	ニュー・シェアＩＩへ転換	譲渡価格は１ユーロ（額面金額は同価値）

（出所）　SRB（2017）より筆者作成

方、同行にはベイルイン・ツールは適用されておらず、シニア債務を含む債務の元本削減およびエクイティ転換は行われていない。

第 2 節 ｜ 破綻処理におけるバリュエーション

1 ３つのバリュエーション

　欧州銀行機構（EBA）は、BRRDの要請を受けて破綻処理のためのバリュエーションに関する規制技術基準（RTS）を策定し、そのなかで、①破綻処理の開始要件を判断するためのバリュエーション１、②破綻処理措置の選択（元本削減およびエクイティ転換の程度を含む）のためのバリュエーション２、③破綻処理実施後にノー・クレジター・ワース・オフ（NCWO）に関する評価を行うためのバリュエーション３という３種類のバリュエーションを行うことを求めている[14]。

13　Tier2についても額面価額でニュー・シェアＩＩに転換されており、元本１ユーロのTier2は額面１ユーロのニュー・シェアＩＩに転換された。

当該RTSのもと、SRBはバンコ・ポプラールの破綻処理に関して３つのバリュエーション報告書を公表しており、秘匿すべき一部の内容は非公表となっているものの、実際にどのような前提や目的でバリュエーションが実施されたかをおおむね把握できるようになっている。

　バリュエーション１報告書（Valuation 1 Report）は、バンコ・ポプラールが破綻する前日の６月５日の日付でSRBによって策定されたものである[15]。当時、同行の直近データへのアクセスは限られていたことから、バリュエーション１は2016年12月末と2017年３月末の財務諸表をベースに実施されている。SRBは財務諸表に加えて、2017年３月末の財務報告フレームワーク（Financial Reporting；FINREP）および共通報告フレームワーク（Common Reporting；COREP）のデータ[16]、ECBによる立入検査の情報、ECBの監督理事会（Supervisory Board）によるアップデート、2017年４月における同行の資本計画のアセスメントおよび信用リスクの潜在的な影響に関するECBによる説明に加えて、アナリストや格付会社のレポートを含む関連する市場データ、ECBとのミーティングといった破綻処理が行われるまでのさまざまな情報も考慮したとしている。

　バリュエーション１の主な目的は、バンコ・ポプラールがFOLTFであるか否かを認定するにあたって、以下のFOLTFの判断基準に該当しているかどうかを判断することである。

① 　金融機関が損失を被りまたは被る見込みであることを理由に自己資本の全額または重大な額を毀損することを含め、当局による認可の取消しを正当化するような認可継続の要件に抵触する場合、または近いうちに抵触すると判断される客観的な証拠がある場合

14　第３章１節３.(7)を参照。

15　SRB, "Valuation Report for the purpose of Article 20(5)(a) of Regulation (EU) No 806/2014," 5 June 2017（available at: https://srb.europa.eu/sites/srbsite/files/bpe_valuation_1.pdf）.

16　FINREPおよびCOREPは、EUにおいて2014年に導入された報告のためのフレームワークであり、銀行はそれらのフレームワークのなかで広範な情報を監督当局に提出することが求められている。

② 金融機関の資産が負債を下回る場合、または近いうちに負債を下回る
と判断される客観的な証拠がある場合

③ 金融機関が期日の到来した支払義務に応じることができない場合、ま
たは近いうちに支払義務に応じることができなくなると判断される客観
的な証拠がある場合

バリュエーション1報告書は、BRRD/SRMRに規定された暫定バリュ
エーションとして位置づけられている[17]。一部の計数が黒塗りされているた
めに具体的な評価結果を確認することはできないが、暫定バリュエーション
の結果としては、評価日時点においてバンコ・ポプラールがインソルベント
（債務超過）であるという判断を下しておらず、特に認可の取消しが正当化
される認可継続のための資本要件に同行が抵触する、または近いうちに同行
の資産が負債を下回るという証拠はないと述べている。そのうえで同報告書
の結論として、ECBがSRBに通知したとおり、バンコ・ポプラールの流動
性およびファンディングの状況がFOLTFの要件のトリガーを引いたとする。
すなわち、SRBは同行がインソルベントであることは確認できなかったが、
同行の流動性の状況からFOLTFであると判断したものである。

一方、バリュエーション2報告書（Valuation 2 Report）は、BRRD/SRMR
において独立的にバリュエーションを行う独立評価者としてSRBに任命され
たデロイト（Deloitte）が実施・策定したバリュエーションに関する報告書
であり、破綻認定日である6月6日にSRBに対して提出されたものであ
る[18]。バリュエーション2は、バンコ・ポプラールの関係文書にアクセスが
認められてからわずか12日間で実施されている。この点についてデロイト
は、バリュエーションには通常は6週間の時間を要するところ、限られた時
間のなかで実施したと述べている。また、公表情報およびSRBの内部情報[19]

---

17 第3章1節3. (7)を参照。

18 Deloitte, "Hippocrates Provisional Valuation Report; Sale of Business scenario,"
(available at: https://srb.europa.eu/sites/srbsite/files/valuation_2_report_updated_
on_30_10_2018.pdf).

に基づいてバリュエーションを行っているが、一定の情報にはアクセスできなかったとしている。さらに、時間の制約があるなかで完全なデューデリジェンスが実施できなかったことから、デロイトはバリュエーションの結果には不確実性があると注意を促している。こうしたことから、デロイトが実施したバリュエーション2についてもBRRD/SRMRに定める暫定バリュエーションとして位置づけられている。

　バリュエーション2は、EBAが策定した破綻処理のバリュエーションに関するRTSに基づいて実施されている。バリュエーション2においては、BRRD/SRMRに定める破綻処理ツールのうち事業売却ツールの適用を前提とする経済価値ベースで計測されており、バンコ・ポプラールの事業や権利、資産、負債が商業ベースで売却されることを前提に評価されている。デロイトは、入札手続を経て潜在的な買い手に対して同行のすべてが売却される場合にオファーされるであろう価値を推計したと説明している。なお、RTSでは、バリュエーション2においてさまざまな破綻処理ツールを適用したときの評価を行うことが求められているが、同行の場合は事業売却ツールの適用のみを前提とした評価が行われている。これは、同行が破綻に至る前から売却先を探すプロセスに入っており、SRBとしては事業売却ツールを適用することが実体経済にとって重要な機能を保護し、金融の安定を維持することに対して最も相応しいと判断していたことがあげられる。

　デロイトによるバリュエーション2では、①貸出および債権、②不動産、③繰延税金資産、④法的偶発債務、⑤ジョイントベンチャー、子会社および関係会社、⑥無形資産、⑦エクイティおよび債券、⑧買収に伴うシナジーその他の重要な要素という資産カテゴリーに分けて、2017年3月末の財務諸表を基準として経済価値が計測されている。たとえば、貸出・債権の資産カテゴリーに関する経済価値については、デフォルト時エクスポージャー（exposure at default；EAD）、デフォルト確率（probability of default；PD）および

19　前述のとおり、同行では破綻の数週間前から買い手候補によるデューデリジェンスが
　行われており、そのためのバーチャルデータルームが整備されていた。

表6－3　破綻時のバリュエーション（バリュエーション2）

調整項目	ベスト・ケース	ワースト・ケース	最良推計
貸出および債権	−2.7	−7.0	−3.5
不動産	−2.6	−3.4	−3.1
繰延税金資産	−2.7	−3.0	−2.7
法的偶発債務	非開示	非開示	非開示
無形資産	−2.2	−2.6	−2.2
エクイティおよび債券	−0.4	−0.5	−0.5
ジョイントベンチャー、関係会社および子会社	非開示	非開示	非開示
上記の調整に係る合計	−11.8	−20.6	−14.7
連結自己資本（2017年3月時点）	10.8	10.8	10.8
小計	−1.0	−9.8	−3.9
コスト削減	2.3	1.6	1.9
調整後エクイティ	1.3	−8.2	−2.0

（注）　単位は十億ユーロ。
（出所）　Deloitte（バリュエーション2報告書）より筆者作成

デフォルト時損失率（loss given default；LGD）を利用した期待損失アプローチに基づいて計測されている。一方、時間的な制約からデューデリジェンスが実施できなかったことから、同行の不良債権ポートフォリオについてはスペインにおける不良債権の最近の取引事例を参照した市場比較法によって評価されている。

　バリュエーション2の結果についてデロイトは、バリュエーションに不確実性があることをふまえて、バンコ・ポプラールの経済価値としてベスト・ケースで13億ユーロ、ワースト・ケースでマイナス82億ユーロといったように資産超過から債務超過に至る範囲で示しており、当該範囲のなかでの最良推計としてマイナス20億ユーロという評価を示した（表6－3）。

こうしたバリュエーション２の結果を受けて、バンコ・ポプラールの規制資本に対して事実上のベイルインが実施された。なお、ベイルイン・ツールは適用されておらず、シニア債務を含むその他の一般債務を対象とするベイルインは実施されていない。

2 NCWOとバリュエーション

　SRBは、バンコ・ポプラールをサンタンデールに譲渡して同行の破綻処理を終えた後、NCWOに関する評価を行うバリュエーション３の実施についても独立評価者であるデロイトに対して要請した。バリュエーション３の結果、倒産手続を適用した場合に比べて同行の株主および債権者が不利な取扱いを受けるとの結論が得られた場合には、株主および債権者は経済的に補償されることになる。また、バンコ・ポプラールの破綻の際に行われたバリュエーション１およびバリュエーション２は、いずれもBRRD/SRMRに定める暫定バリュエーションの位置づけであった。BRRD/SRMRは、暫定バリュエーションを行った場合にはその後に事後的確定バリュエーションを実施することを求めており[20]、バンコ・ポプラールのバリュエーション３は、事後的確定バリュエーションとしても位置づけられている。SRBの要請を受けたデロイトは、2018年３月までにバリュエーション３に関するフィールドワーク（実査）を終えて、同年６月14日にバリュエーション３報告書（Valuation 3 Report）をSRBに提出した[21]。

　バリュエーション３は、破綻認定日時点における未監査の財務諸表を基準としてバンコ・ポプラールにスペインの倒産手続を適用して同行を清算するシナリオに基づいて実施されている。スペインでは金融機関を対象とする特別な倒産手続は存在しないことから、一般の事業法人を対象とするスペイン

20　第３章１節３.(7)を参照。
21　Deloitte（2018），"Valuation of difference in treatment; Banco Popular Español"（available at: https://srb.europa.eu/sites/srbsite/files/valuation_3_report_en.pdf).

倒産法（Spanish Act 22/2003 on Insolvency）のもと、裁判所が任命する清算人が同行の資産をポートフォリオ化して、または個々に分割して売却することを想定したバリュエーションが実施されている。また、スペイン倒産法は法人単位で適用されるため、バンコ・ポプラール・グループの親銀行の清算を前提に評価が行われており、それとともに親銀行の清算が重要なグループ子会社に与える影響についても考慮されている。

　一般に清算手続においては、債権者の利益を最大限に確保する観点から、有利な価格で資産処分を図るためには清算人に与えられる清算期間の長さが重要になる。バンコ・ポプラールはスペインの大手銀行であり、その規模や複雑性から一般の清算手続よりも時間がかかる可能性がある。そこで、デロイトはバリュエーション３を実施するにあたって、同行の清算手続に要する期間について以下の３つのシナリオを想定した。

① シナリオ１：清算期間18カ月
　　スペイン倒産法における通常の清算期間（法律に規定された12カ月間に加えて、法律で認められる３カ月の延長オプションを２回行使することを想定）をふまえたシナリオ。ただし、デロイトとしては実現可能性が最も低いシナリオであると認識

② シナリオ２：清算期間３年
　　清算実務をふまえた資産の効率的な処分期間として最低３年は必要であるとの想定に立ったシナリオ。当該シナリオのもとでは、同行の貸出ポートフォリオの50％以上が返済される見込み

③ シナリオ３：清算期間７年
　　より高い回収率を実現するために処分期間がより多くかかることを想定したシナリオ。当該シナリオのもとでは、同行の貸出ポートフォリオの75％以上が返済される見込み

デロイトは、清算人がバンコ・ポプラールの資産を現金化する場合の価値を最大化したうえで債権者に割り当てる戦略を想定して、資産クラスごとに前提を置いて回収される資産価値の評価を行っている。たとえば、貸出につ

表6－4　清算手続における回収額の推計

資産	破綻認定日の正味帳簿価額	シナリオ1 (18カ月)		シナリオ2 (3年)		シナリオ3 (7年)	
		ベスト・ケース	ワースト・ケース	ベスト・ケース	ワースト・ケース	ベスト・ケース	ワースト・ケース
株、債券、デリバティブのポートフォリオ	21,543	20,410	20,392	20,410	20,392	20,410	20,392
貸出および債権	83,330	66,521	63,430	68,499	65,660	71,069	68,579
ジョイントベンチャー、関連会社および子会社	9,908	8,382	7,496	8,382	7,496	8,362	7,496
不動産	3,728	2,514	2,252	2,832	2,624	2,946	2,758
無形資産	1,198	-	-	-	-	-	-
繰延税金資産	5,692	2,334	2,334	2,334	2,334	2,334	2,334
その他資産	1,045	166	166	166	166	166	166
倒産手続による現金化総額		100,327	96,067	102,624	98,669	105,307	101,722
清算コスト		-990	-989	-1,078	-1,077	-1,193	-1,192
株主・債権者のための現金化総額		99,338	95,078	101,546	97,593	104,114	100,531

(注)　単位は百万ユーロ。
(出所)　Deloitte（バリュエーション3報告書）より筆者作成

いては、不良債権は資産の質の劣化を回避するべく可能な限り早期に売却する想定とする一方、正常債権は清算手続の間は金利・元本の返済を管理し、清算終了時に売却する前提としている。

　具体的には、不良債権ポートフォリオの売却に関しては、プライベート・エクイティ・ファンドまたはディストレス・ファンドに売却することを想定し、担保で保全された貸出であれば担保の現金化から生じるキャッシュフローに焦点を当てて価値を評価する一方、担保で保全されていない貸出の場合には過去の返済キャッシュフローをふまえて価値を評価している。正常債権については、ファンドまたは他の銀行が買い取ることを想定し、ノンバンクが取得する場合には返済スケジュールに基づくキャッシュフローを前提とした評価を、銀行が取得する場合には期待損失アプローチを基にした評価を

表6-5　破綻認定日における債権者順位と債権額

債権者順位		債権額
順位	有担保債権者	49.9
	破産財団に対する債権	1.0（18カ月）／1.1（3年）／1.2（7年）
	一般優先債権者	33.1
	無担保債権者	24.3（ベスト・ケース）／26.0（ワースト・ケース）
	うち偶発債務	1.8（ベスト・ケース）／3.4（ワースト・ケース）
	劣後債権者	10.8

(注)　1．単位は十億ユーロ。
　　　2．破産財団に対する債権には、清算人に係る手数料および費用、従業員関連の費用、契約終了にかかわる費用、オペレーションに関連する費用が含まれる。清算手続に係る期間に関する3つのシナリオのもと、諸費用が変化する前提となっている。
　　　3．一般優先債権者には、税金および公益債権、保険対象預金、個人・中小企業の非保険対象預金およびEU域外の支店で受け入れた預金、清算開始時に支払が停止される給与が含まれる。
　　　4．劣後債権者には、AT1およびTier2に加えてグループ内債務の保有者が含まれる。
(出所)　Deloitte（バリュエーション3報告書）より筆者作成

行っている。

　このように個々の資産クラスごとに異なる前提を置いたうえで、清算期間に関する前述の3つのシナリオ（シナリオ1～シナリオ3）に基づいてバンコ・ポプラールの資産の現金化を図った結果として回収額の推計が行われている（表6-4）。清算期間に関する各シナリオにおいては、ベスト・ケースとワースト・ケースが示されている。

　一般に清算手続においては、資産の現金化による回収額が弁済順位に基づいて債権者に支払われ、その残余財産が株主に支払われることになる。そこでデロイトは、バンコ・ポプラールに清算手続を適用することを想定するため、スペイン倒産法のもと、破綻認定日における株主および債権者の順位と債権額を整理している（表6-5）。

　バリュエーション3報告書はこのような推計を行ったうえで、スペイン倒

表 6 - 6　清算手続を適用した場合の損失負担の推計

債権者順位	シナリオ 1 (18カ月)		シナリオ 2 (3年)		シナリオ 3 (7年)	
	ベスト・ケース	ワースト・ケース	ベスト・ケース	ワースト・ケース	ベスト・ケース	ワースト・ケース
1　有担保債権者	-	-	-	-	-	-
2　破産財団に対する債権	-	-	-	-	-	-
3　一般優先債権者	-	-	-	-	-	-
うち税金	-	-	-	-	-	-
保険対象預金	-	-	-	-	-	-
リテール預金	-	-	-	-	-	-
4　無担保債権者	8,045	13,969	5,837	11,455	3,269	8,517
うち偶発債務	591	1,854	429	1,520	240	1,131
5　劣後債権者	10,777	10,777	10,777	10,777	10,777	10,777
うち劣後債務	2,041	2,041	2,041	2,041	2,041	2,041
金利	123	123	123	123	123	123
罰金・課徴金	1	1	1	1	1	1
グループ内債務	8,613	8,613	8,613	8,613	8,613	8,613
6　エクイティ	9,398	9,398	9,398	9,398	9,398	9,398
元本削減合計額	28,220	34,144	26,012	31,630	23,444	28,692

(注)　単位は百万ユーロ。
(出所)　Deloitte（バリュエーション 3 報告書）より筆者作成

産法に基づく清算手続をバンコ・ポプラールに適用した場合に株主や債権者
に生じうる損失負担を推計している（表 6 - 6）。具体的には、清算期間に
関する 3 つのシナリオのもと、清算人による資産の処分によって得られる回
収推計額を無担保債権者、劣後債権者、そして株主という法的順位に基づい
て割り当てて、清算手続を同行に適用した場合の株主および債権者の損失負
担額を計測している。その結果、いずれのシナリオにおいても株主のみなら

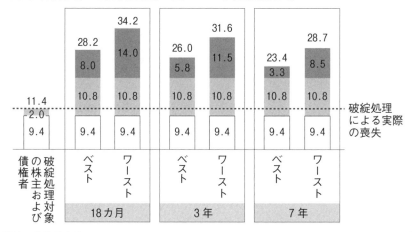

図6－1　清算手続を適用した場合との比較（NCWO原則の適用）

■無担保債権者　■劣後債権者　□エクイティ（破綻認定時）

（注）　単位は十億ユーロ。
（出所）　Deloitte（バリュエーション３報告書）より筆者作成

ず無担保債権者にも損失が生じることとなった。なお、清算手続に要する期間が18カ月、３年、７年と長くなるにつれて資産の現金化は容易になり回収率は高まることから、株主や債権者に求められる損失負担もその分だけ小さくなっている。

　最後に、清算手続をバンコ・ポプラールに適用した場合に株主および債権者に生じる損失負担額と、事業譲渡ツールを利用してサンタンデールに譲渡するスキームによって行われた同行の破綻処理における株主および債権者の実際の取扱いを比較することで、NCWOに関する評価が行われている（図6－1）。その結果、清算手続を適用したときに株主および債権者が負担する損失額は、シナリオ１からシナリオ３のいずれのシナリオにおいても事業譲渡ツールを利用して規制資本に事実上のベイルインを適用して生じた実際の損失額（114億ユーロ）を上回っている。すなわち、事業譲渡ツールを適用した実際の破綻処理は、同行に仮に清算手続を適用した場合に比べて株主および債権者にとって不利なものではないとの結論を得ている。

3 NCWOに関する債権者保護の手続

BRRD/SRMRのもとでは、通常の倒産手続を適用する場合に比べて株主および債権者の損失が大きくなる場合には、破綻処理基金や単一破綻処理基金（SRF）から株主や債権者に対して補償が支払われることとなっている[22]。

デロイトからバリュエーション3報告書の提出を受けたSRBは、バンコ・ポプラールの株主および債権者の実際の取扱いは、バンコ・ポプラールが破綻処理実施日において通常の倒産手続の対象となっていた場合の取扱いに比べて不利なものではないと結論づけていることを受けて、同行の株主および債権者に対して補償を行う必要はないとする予備的な決定を行ったことを2018年8月に通知した[23]。

SRBは補償の要否を最終的に判断するため、同行の株主および債権者に対してSRBの予備的決定に関して意見表明する権利を行使する場合には、一定の協議手続[24]に従って登録することを求め、その後2018年11月に登録を行ってその妥当性が認められた株主および債権者から書面による意見陳述を受け付けた。SRBおよび独立評価者であるデロイトは、妥当性が認められた株主および債権者から提出された2,856もの意見をレビューしながら、補償の要否を最終的に判断するための作業を進めてきた。

22　第3章1節3.(5)を参照。

23　SRB, Announcement with regard to the Notice of the Single Resolution Board of 2 August 2018 regarding its preliminary decision on whether compensation needs to be granted to the shareholders and creditors in respect of which the resolution actions concerning Banco Popular Español SA have been effected and the launching of the right to be heard process（SRB/EES/2018/132）(available at: https://eur-lex.europa. eu/legal-content/EN/TXT/PDF/?uri=CELEX:52018XX0807(01)&from=EN).

24　協議手続では、まず、株主および債権者に対して聴聞を受ける権利行使について関心がある旨を表明することが促されたうえで、聴取権を行使することに関心を示し、かつSRBによってその状況が確認された株主および対象債権者が意見を提出することができる。2018年9月14日が聴聞を受ける権利行使について関心がある旨の意思表示を行う期限となっていた。

その結果、SRBは2020年3月18日、独立評価者による破綻処理後のバリュエーションに加えて株主および債権者から提出された意見陳述を分析したうえで、破綻処理による実際の取扱いに比べて通常の倒産手続のもとではより良い取扱いを受けることはないと結論づけ、株主および債権者への補償を行わないことを最終的に決定した[25]。こうした破綻処理後の一連の手続を経てバンコ・ポプラールの破綻処理プロセスは完了した。

　このことについてSRBのケーニヒ議長は、「株主および債権者には残念なことであると思うが、破綻処理の枠組みが有効であり、納税者を損失から保護し、金融の不安定性から保護していることを証明している」とのコメントを残している[26]。バンコ・ポプラールの破綻処理は、NCWOのセーフガードを確認しながら株主および債権者の権利の保護にも配慮したうえで、秩序ある破綻処理を実現させた事例としてとらえることができる。

第3節　加盟国の手続に基づく破綻処理事例

　バンコ・ポプラールの破綻処理が行われたのと同時期にイタリアでは中堅銀行2行に対して事実上のベイルインを伴う破綻処理が行われている。両行ともに監督当局であるECB、破綻処理当局であるSRBからFOLTFであると認定されたものの、BRRD/SMRの破綻処理の開始要件を満たしていなかったことから、BRRD/SMRに基づく破綻処理ではなく、同国の中央銀行

25　SRB, Decision of the Single Resolution Board of 17 March 2020 determining whether compensation needs to be granted to the shareholders and creditors in respect of which the resolution actions concerning Banco Popular Español S.A. have been effected（SRB/EES/2020/52）（available at: https://srb.europa.eu/sites/srbsite/files/srb_ees_2020_52_final_decision_en.pdf）.

26　SRB, "SRB decides no compensation due to Banco Popular shareholders and creditors, finding that insolvency would have been more costly," 18 March 2020（available at: https://srb.europa.eu/en/node/958）.

であり破綻処理当局であるイタリア銀行（Banca d'Italia）によって破綻処理が行われた。また、両行の破綻処理においては公的資金が利用されたこともバンコ・ポプラールの破綻処理とは大きく異なる点である。

　2017年6月23日、イタリアの中堅銀行であるバンカ・ポポラーレ・ディ・ヴィチェンツァ（Banca Popolare di Vicenza）およびベネト・バンカ（Veneto Banca）が、ECBによってFOLTFと認定された。ECBの通知を受けたSRBは、破綻処理開始要件に照らしてバンカ・ポポラーレ・ディ・ヴィチェンツァおよびベネト・バンカともにFOLTFであることに加えて民間セクターの代替的措置または監督上の措置により合理的期間内に破綻を回避する合理的な見込みがないことを確認した。しかしながら、BRRD/SRMRに規定される破綻処理措置が公益に照らして不可欠であるという要件を満たさなかったため、SRBはイタリア政府に両行の破綻処理を委ねることとした。

　SRBはその判断根拠として、①両行が提供する金融機能（預金の受入れ、企業向け融資、決済サービスを含む）は許容できる方法でかつ合理的期間内にサードパーティによる代替が可能であって両行はきわめて重要な機能を提供しているとは認められないことから、BRRD/SRMRの破綻処理措置は不可欠ではないこと、②他の金融機関との相互連関性は限定的であることから両行の破綻が金融の安定に重大な影響をもたらす可能性はないこと、③イタリアの通常の倒産手続のもとでも預金者、投資者その他の顧客および顧客資金・資産に関してBRRD/SRMRに匹敵する保護が与えられることをあげている[27]。すなわち、銀行同盟のSSMのもとでECBの監督下に置かれた銀行で

27　SRB, Decision of the Single Resolution Board in Its Execution Session of 23 June 2017 concerning the assessment of the conditions for resolution in respect of Veneto Banca S.p.A., with the Legal Entity Identifier 549300W9STRUCJ2DLU64, addressed to Banca d'Italia in its capacity as National Resolution Authority (SRB/EES/2017/11), and, SRB, Decision of the Single Resolution Board in Its Execution Session of 23 June 2017 concerning the assessment of the conditions for resolution in respect of Banca Popolare di Vicenza S.p.A., with the Legal Entity Identifier V3AFM0G 2D3A6E0QWDG59, addressed to Banca d'Italia in its capacity as National Resolution Authority (SRB/EES/2017/12) (available at: https://srb.europa.eu/en/content/banca-popolare-di-vicenza-veneto-banca).

あっても、BRRD/SRMRの破綻処理の開始要件を満たさなければ、加盟国の通常の倒産手続のもとで清算されることになる[28]。

一方、両行の破綻処理を委ねられたイタリア政府およびイタリア銀行は、バンカ・ポポラーレ・ディ・ヴィチェンツァおよびベネト・バンカに通常の倒産手続を適用すれば営業地域であるベネト州の産業や社会、さらに雇用や預金者に負の影響を与えると判断し、秩序ある破綻処理を図る観点から通常の倒産手続ではなく行政上の清算手続によって破綻処理を行っている。

具体的な破綻処理スキームとしては、清算手続のなかで行われる正常な事業の承継としてバンカ・ポポラーレ・ディ・ヴィチェンツァおよびベネト・バンカの支店や従業員、正常資産や金融資産を含む資産、シニア債や預金を

図6－2　バンカ・ポポラーレ・ディ・ヴィチェンツァ、ベネト・バンカの破綻処理

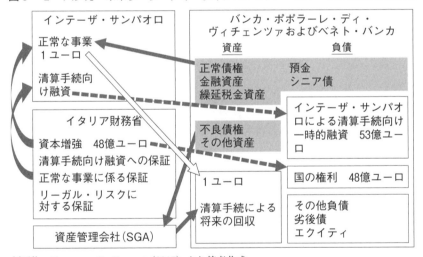

（出所）　European Parliament（2017）より筆者作成

28　BRRDは通常の倒産手続について、各国の国内法のもとで債務者の一部または全部の資産処分と清算人または管財人の任命を伴う集団倒産手続であって、金融機関に特有のものまたは自然人もしくは法人に一般的に適用されるものと定義している。BRRD　art 25(47).

含む負債を同国のインテーザ・サンパオロ（Intesa Sanpaolo）に１ユーロの価格で譲渡している[29]（図６－２）。バンコ・ポプラールの破綻処理で採用されたBRRD/SRMRに規定される事業売却ツールと同様の措置である。一方、不良債権やその他の資産については、回収最大化を目的として段階的な資産処分を図るために資産管理会社（SGA）に承継されている。これはBRRD/SRMRに規定される資産分離ツールと同様の措置が適用されたものである。そのうえで、両行の株主および劣後債権者については、清算手続のなかで元本削減が行われており、事実上のベイルインが実施されている。

バンカ・ポポラーレ・ディ・ヴィチェンツァおよびベネト・バンカの破綻処理においては、正常事業を承継したインテーザ・サンパオロに対してイタリア政府によって公的資金が使用されている。具体的には、同行が自己資本比率を維持するとともに配当政策に影響を与えないため、従業員や支店のリストラクチャリング・コストをカバーするために47.85億ユーロの公的資金による資本増強が実施された[30]。また、清算手続におけるファイナンスのために最大120億ユーロの政府保証が同行に与えられている[31]。なお、イタリア財務省は公的資金の供与に対してバンカ・ポポラーレ・ディ・ヴィチェンツァおよびベネト・バンカから48億ユーロの清算配当を得る権利を得ており、SGAに承継された不良債権やその他資産からの回収が財務省に対する配当に充当されることになる。なお、イタリア銀行は、不良債権ポートフォリオと清算法人に対する清算手続への参加から最大で116億ユーロの回収が可能であると予測しており、公的資本増強を含むコストはある程度はカバーできると見込んでいる。

第３章で確認したとおり、BRRD/SRMRにおいては公的資金の利用は厳

---

29 European Parliament（2017）.
30 自己資本比率および配当政策を維持するためのコストとして35億ユーロ、従業員の一時解雇および支店閉鎖に係るコストとして12.85億ユーロを含む。
31 政府保証の内訳としては、①清算手続に必要となる一時的なファイナンスのための53億ユーロ（最大63億ユーロ）の保証、②正常事業に関連した40億ユーロの保証、③リーガル・リスクに対応するための15億ユーロの保証が含まれる。

格に制限されている。一方、BRRD/SRMRの破綻処理を適用しない場合、すなわちソルベントな銀行に対する公的資金の利用に関しては、EUの競争法上のルールである国家補助ルール（State Aid Rule）に従って対応することになる。国家補助ルールはすべての産業を対象とするものであるが、銀行セクターに関しては金融危機の際に公的資金を投入して銀行をベイルアウトしたことが加盟国の財政を脆弱化させる懸念をもたらしたことをふまえて、2013年8月に欧州委員会が銀行通達（Banking Communication）を発出し（以下「2013年銀行通達」という）、投資家の責任分担（burden-sharing）を強化する新たなルールを導入した[32]。

　2013年銀行通達は、投資家に適切な責任分担が求められることを前提として加盟国の支援を認めるという条件のもとで、銀行の再建を支援するために国家補助を提供するより前に株主および劣後債権者による負担（contribution）を図る措置を講じることを加盟国に求めている。特に過小資本の状況に対応する場合の適切な責任分担として、エクイティに損失を生じさせた後に、ハイブリッド資本と劣後債務の保有者については資本不足を最大限縮小させるため、CET1への転換または元本削減による負担が求められる。なお、2013年銀行通達は保険対象預金、非対象預金、債券その他のシニア債務については責任分担を求めていない。この点は、BRRD/SRMRのもとで行われる破綻処理とは異なる。

　バンカ・ポポラーレ・ディ・ヴィチェンツァおよびベネト・バンカの破綻処理においては、両行の事業を承継したインテーザ・サンパオロに公的資金が利用されており、国家補助ルールに従う必要がある。そのため、両行の破綻処理においては2013年銀行通達の求めを受けて、清算手続のなかで両行の株主および劣後債権者を対象に元本削減が実施されている。国家補助ルール

32　European Commission, Communication from the Commission on the application, from 1 August 2013, of State aid rules to support measures in favour of banks in the context of the financial crisis（2013/C216/01）（available at: https://eur-lex.europa.eu/legal-content/EN/TXT/PDF/?uri＝CELEX:52013XC0730(01)&from＝EN）.

においては、EUの競争政策当局である欧州委員会の承認が求められており、欧州委員会は両行の破綻処理が国家補助ルールに従っているとして両行の破綻処理スキームを承認している[33]。

　バンカ・ポポラーレ・ディ・ヴィチェンツァやベネト・バンカの破綻処理のほかにも同様の事例がある。2018年2月にはラトビアのABLVバンク、2019年8月には同じくラトビアのPNBバンカがECBからFOLTFの認定を受けているが、SRBはいずれの銀行についてもBRRD/SRMRの破綻処理の開始要件を満たさないと判断し、ラトビア政府により破綻処理されている。

第4節 小　括

　本章では、グローバル金融危機後にシステム上重要な金融機関（SIFIs）の秩序ある破綻処理を実現するための破綻処理ツールとして開発されたベイルインを初めて適用した破綻処理事例としてスペインのバンコ・ポプラールを取り上げた。バンコ・ポプラールの破綻処理は、BRRD/SRMRのもとで事業譲渡ツールを適用して同国のサンタンデールに売却することで行われた。その際、バンコ・ポプラールの規制資本に対しては元本削減およびエクイティ転換が行われており、事実上のベイルインが実施されたものととらえることができる。ただし、シニア債務を含むその他の債務に対するベイルインは行われていない。

　バンコ・ポプラールの破綻処理は、すでに同行が自ら買い手を探しており、事業売却に向けた準備がある程度進められていたこともあってきわめて

33　European Commission, "State aid: Commission approves aid for market exit of Banca Popolare di Vicenza and Veneto Banca under Italian insolvency law, involving sale of some parts to Intesa Sanpaolo," Press release, 25 June 2017 (available at: https://ec.europa.eu/commission/presscorner/detail/en/IP_17_1791).

短期間のうちに実施されている。同行の破綻処理は、大銀行の秩序ある破綻処理を実現した代表的な事例としてとらえられており、EUの政策当局者は、迅速かつ円滑に行われた同行の破綻処理を秩序ある破綻処理が実現されたものとして認識している。

　バンコ・ポプラールの秩序ある破綻処理が実現した背景には、事業売却に向けた準備が行われていたという同行が置かれていた状況に加えて、NCWOのセーフガードが果たした役割が重要であったと考えられる。NCWOのセーフガードのもと、同行の株主・債権者は通常の倒産手続を適用した場合に比べて不利にならないことが経済的に補償されていることから、破綻処理当局は迅速に破綻処理手続を進めることが可能になる。また、破綻処理におけるバリュエーションについても、破綻処理後に行われるNCWOの評価に係るバリュエーションを確定バリュエーションとすることで、破綻処理前やその最中においては迅速性を重視し暫定的なバリュエーションとすることができる。

　一方、バンカ・ポポラーレ・ディ・ヴィチェンツァおよびベネト・バンカの破綻処理は、BRRD/SRMRの破綻処理の開始要件のうちFOLTFの要件を満たすものの、BRRD/SRMRに規定する破綻処理措置が公益に照らして不可欠であるとの要件を満たさなかったことから、加盟国の破綻処理手続に委ねられた。すなわち、EUにおける銀行の破綻処理は、①きわめて重要な機能の継続の確保、②金融システムへの深刻な負の影響の回避、③公的資金の保護、④預金者および投資者の保護、⑤顧客資金・資産の保護の実現に必要となる場合という公益要件を満たすものでなければ、加盟国の破綻処理手続のもとで行われることになる。BRRD/SRMRに規定された破綻処理措置はシステミック・リスクに対応する例外的な措置であることが確認される。

　また、BRRD/SRMRにおいては、公的資金の利用に厳格な制限が設けられている。一方、BRRD/SRMRの外で実施されたバンカ・ポポラーレ・ディ・ヴィチェンツァおよびベネト・バンカの破綻処理においては、両行の正常事業を承継したインテーザ・サンパオロに対して公的資金が使用されて

いる。もっとも、EUの国家補助ルールのもとで株主および劣後債権者による損失負担が求められていることから、両行の清算手続においては株主および劣後債権者を対象に元本削減が実施されている。すなわち、BRRD/SRMRの外で行われる破綻処理であっても公的資金を使ったベイルアウトはある程度抑制される仕組みとなっている。

第 7 章

秩序ある破綻処理の枠組みの国際比較

第1節 破綻処理制度のコンバージェンス

　グローバル金融危機以降、日本、米国、EUを含む各国・地域においては、システミック・リスクを顕在化させることなく納税者負担を回避しながら、システム上重要な金融機関（SIFIs）の秩序ある破綻処理を実現するための枠組みを整備してきた。

　米国では、2010年に成立したドッド＝フランク法のなかで銀行持株会社を含むノンバンク金融会社を対象とする「秩序ある清算に係る権限（OLA）」が手当された。EUでは、域内共通の銀行グループの破綻処理の枠組みを含む「銀行再建・破綻処理指令（BRRD）」が2014年に成立しており、現在、BRRDはすべての加盟国（英国を含む）で国内法化されている。また、銀行同盟（ユーロ圏）の破綻処理の枠組みである単一破綻処理メカニズム（SRM）を規定するものとしてBRRDとの調和を図る「単一破綻処理メカニズム（SRMR）」も定められた。一方、日本では、2013年の預金保険法改正によって、銀行、保険会社および証券会社とそれらの持株会社を対象とする「金融システムの安定を図るための金融機関等の資産および負債の秩序ある処理に関する措置」（秩序ある処理）が導入された。

　一方、金融機関の破綻処理の新たな国際基準として2011年に策定された金融安定理事会（FSB）の「主要な特性（Key Attributes）」は、各国・地域が主要な特性に規定された破綻処理ツールや破綻処理権限を自法域の法制度に導入することを通じて、破綻処理制度のコンバージェンスを図ることを目標としている。そのため、G20各国は、2015年末までに自国の法制度に主要な特性を反映させるための法改正を行うことが求められていた。

　G20各国は主要な特性をふまえて、そこに定められた破綻処理のツール・権限を自国の制度に導入するよう取り組んでおり、FSBは毎年策定する破綻処理制度改革の適用に関する進捗状況報告（progress report）のなかで、

表７−１　銀行破綻処理制度の適用状況（2019年9月現在）

FSB参加法域	資産・負債の譲渡・売却に係る権限	一時的ブリッジバンク設立に係る権限	債務の元本削減・転換に係る権限（ベイルイン）	早期解約権の一時的なステイに係る権限	持株会社に係る破綻処理権限	システム上重要会社の再建計画の作成	システム上重要会社の破綻処理計画の策定	レゾルバビリティ改善のため組織構造、オペレーションの変更を命じる権限
アルゼンチン								
オーストラリア						(B)		
ブラジル		(B)	(B)					(B)
カナダ					*			
中国								
フランス								
ドイツ								
香港								
インド								
インドネシア								
イタリア								
日本		(B)	(B)	(B)				
韓国						(B)	(B)	
メキシコ								
オランダ								
ロシア			(B)		(B) *			(B)
サウジアラビア			(B)	(B)	*	(B)	(B)	(B)
シンガポール			(B)	(B)	(B)			
南アフリカ	(B)		(B)	(B)	(B)	(B)	(B)	(B)
スペイン								
スイス								
トルコ		(B)	(B)	(B)				
英国						(B)	(B)	(B)
米国								

適用（主要な特性のすべての要件を満たす一方、権限または規制が限定的状況でのみ執行できる場合）
部分的に適用（主要な特性の要件の一部または全部を満たしていない場合）
非適用
適用不能

(A)
(B)　改革に合意（最終法化、規則の承認）しているが未施行
　　　改革実施中（政策提案の公表、政府機関内の協議文書、法律案の提出、当局による規則策定プロセス）
* 当該国においては持株会社の制度なし

（出所）FSB（2019）Annex1より筆者作成

G20各国の主要な特性の適用状況についてモニタリングを行っている。2019年9月に公表された進捗状況報告をみると、先進国では主要な特性と調和のとれた破綻処理ツール・権限の適用を終えているが、新興国においては適用に向けてさらなる対応が求められる国が多く残っていることがわかる[1]（表7−1）。FSBとしては、秩序ある破綻処理の枠組みの整備についてかなりの進捗は図られてきたものの、引き続き残るギャップに留意する必要があるとの認識を示している。

　一方、主要な特性との調和を図っている先進国の間でも、各国・地域の法制度のあり方や制度設計の思想の違いを反映して秩序ある破綻処理の枠組みの間でギャップが生じている。たとえば、主要な特性が検討される前に整備された米国のOLAは、連邦預金保険公社（FDIC）のレシーバーシップのもとで実施される預金保険対象機関の破綻処理制度をある程度ベースにして設計されており、ベイルインを規定した条文がないなど主要な特性とは異なるところがある。一方、EUのBRRDについては、FSBの主要な特性の検討と同時期に並行的に検討されたこともあって主要な特性との親和性が相対的に高い制度設計となっている。また、主要な特性をふまえて預金保険法に導入された日本の秩序ある処理は、市場型システミック・リスクに対応するための枠組みとして位置づけられたことから、システム上重要な市場取引を約定どおりに履行させることを目的とした流動性供給に重点が置かれているという特徴がある。

　次節以降では、SIFIsの秩序ある破綻処理を実現するための主たる破綻処理ツールであるベイルインを実行するに際して関連する法制度や枠組みについて、主に日米欧の間で制度の比較を行う。

1　FSB（2019), pp 24-27.

第 2 節　ベイルインの法的位置づけ、範囲

　主要な特性はベイルインについて、①存続不能となったシステム上重要な機能を提供するエンティティの資本再構築、または②存続不能となった金融機関を閉鎖する一方でシステム上重要な機能を承継したブリッジ金融機関もしくは新設エンティティに対する資本増強という2つのスキームを規定する[2]。前者が金融機関のエンティティの再生を図るオープン・バンク・ベイルイン、後者が金融機関のエンティティを閉鎖し清算するクローズド・バンク・ベイルインという位置づけである。

　EUのBRRD/SRMRは、ベイルイン・ツールを含む破綻処理ツールの適用前に規制資本を対象として元本削減またはエクイティ転換する権限を破綻処理当局に与えている。そのうえで適格債務を対象とするベイルイン・ツールとして、金融機関が業務継続できるように資本再構築するためまたはブリッジ金融機関に資本供与するために元本削減またはエクイティ転換することを規定している[3]。これらの権限をあわせて実行することで規制資本および適格債務を対象とする主要な特性の要件を満たすベイルインが実現される。なお、BRRD/SRMRでは、オープン・バンク・ベイルインとクローズド・バンク・ベイルインのいずれも手当されている。

　BRRD/SRMRはベイルイン・ツールが適用される対象金融機関を限定しておらず、破綻または破綻のおそれ（FOLTF）がある金融機関が公益要件を含む破綻処理の開始要件を満たした場合にBRRD/SRMRの破綻処理ツールが適用され、そのなかでベイルイン・ツールが選ばれる可能性がある[4]。

2　第1章1節2.(4)を参照。
3　さらにベイルイン・ツールの目的として、事業売却ツールまたは資産分離ツールを適用して譲渡された債務商品をエクイティに転換または元本削減することもあげられている。第3章1節3.(3)を参照。
4　第3章1節3.を参照。

一方、米国のドッド＝フランク法のOLAには、ベイルインを規定する条文は設けられていない。そこでFDICは、持株会社のグループ形態を採用する米国のグローバルなシステム上重要な銀行（G-SIBs）の破綻処理戦略のもと、OLAに基づいてレシーバーに任命されたFDICが業務子会社をブリッジ金融会社に移管する一方、レシーバーシップが適用される持株会社の株主・債権者に対して事実上のベイルインを適用することを構想している[5]。ベイルインはOLAのもと、レシーバーであるFDICの権限に基づいてエクイティや劣後債務、長期シニア債務を含む債務を対象にレシーバーシップにおける支払順位に従いながら、原則として同順位債権者を公平に扱いながら実施される。G-SIBsの破綻処理戦略のもとで実施される米国のベイルインは、業務子会社の業務の継続を図りながら持株会社の清算を図るクローズド・バンク・ベイルインである。

また、日本の預金保険法に規定されたベイルインは、秩序ある処理における特定第2号措置、金融危機対応措置に係る第2号措置および第3号措置が適用される場合に実施される[6]。預金保険法のベイルインは、各措置に係る認定が行われることをトリガーとし、金融機関等に取得されるまたは債務が消滅する優先株式、劣後債および劣後ローンを対象に内閣総理大臣が自己資本その他これに相当するものにおける取扱いを決定するものとなっている。すなわち、預金保険法のベイルインは、バーゼルⅢ適格要件として実質破綻認定時の損失吸収条項（PONV条項）が手当されているその他Tier1（AT1）およびTier2を対象とする契約ベイルインであり、AT1とTier2を自己資本に算入できる国際統一基準行のみが対象となる[7]。預金保険法の規定のみでは、オープン・バンク・ベイルインかクローズド・バンク・ベイルインかは明らかではないが、金融庁が構想している破綻処理戦略のなかでクローズド・バ

---

5 第2章2節1.を参照。
6 第5章2節3.(1)を参照。
7 海外営業拠点を有さない国内基準行については、AT1およびTier2の自己資本への算入が認められていないことから、預金保険法のベイルインの対象外であると解される。

ンク・ベイルインであることがわかる。

　FSBの進捗状況報告で示された主要な特性の適用状況についてみると、EU加盟国および米国については、ベイルインを含むいずれの権限も「適用（implemented）」と判定されている（表7-1を参照）。しかしながら、日本に関しては、ベイルインに関して主要な特性の一部または全部の要件を満たしていないことを意味する「非適用（not implemented）」の判断が下されている。

　同報告書は、日本の当局が破綻金融機関の機能を移管するブリッジ金融機関に対して資本増強を行い、破綻金融機関の資産・負債を分離する権限によって残余の会社を清算することでベイルインの経済的目的を実現できると説明していることに対して、主要な特性に定めるように破綻金融機関の債務を当該金融機関または承継者のエクイティに転換することで資本再構築が実現できるかは定かではないと述べており、日本のベイルインを非適用と判断した背景に触れている[8]。この点に関して主要な特性はベイルイン権限として、清算手続における優先順位に従って、①金融機関のエクイティ等、無担保・無保証債務を損失吸収に必要な程度まで元本削減する権限に加えて、②無担保・無保証債務の全部または一部を当該金融機関または破綻処理における承継者等のエクイティ等に転換する権限を定めている。FSBは、預金保険法のベイルインについて債務のエクイティ転換を図る権限が不明確であることを指摘している。

8　FSB (2019), pp 24-27.

第 3 節 ┃ 破綻処理戦略の比較

1 SPEとMPEの選択

　G-SIBsの秩序ある破綻処理の実現を図る観点から母国当局が決定する望ましい破綻処理戦略として、シングル・ポイント・オブ・エントリー（SPE）とマルチプル・ポイント・オブ・エントリー（MPE）の選択は重要である[9]。SPEかMPEかの選択は、秩序ある破綻処理の枠組みに加えて個々のG-SIBsの組織構造、ビジネスモデルおよびオペレーションの性格に依拠している。SPEは、一般にグループ内で流動性やトレーディング、ヘッジ、リスク等を集中化して管理することなど高度に統合された方法でオペレーションを行っている金融機関に適している。一方、MPEは、それぞれ自己資本を有し別々にファンディングを行う相対的に独立した子会社（またはサブ連結グループ）で構成される分散型の組織構造であって、国・地域のビジネスラインに沿って財務的、法的およびオペレーション上分離された金融機関に適している。すなわち、SPEはグループ内で自己資本や流動性の管理が集中化されることでグループ内のポジションが積み上がるホールセール・バンキングに適しており、MPEは各地域の子会社におけるファンディングが主に預金で行われ、自己資本や流動性の管理が分散化されているためにグループ内のポジションが限定的なリテール・バンキングに有効であると考えられる[10]。

　実際にG-SIBsに関する破綻処理戦略の選択を確認すると、グローバルにリテール・バンキングを展開するサンタンデールとHSBCだけがMPEを採

9　第1章2節1.を参照。
10　Fernández de Lis（2015）.

表7－2　G-SIBsの破綻処理戦略の選択

G-SIBs	破綻処理戦略	G-SIBs	破綻処理戦略
シティグループ	SPE	BPCE	SPE
HSBC	MPE	クレディ・アグリコール	SPE
JPモルガン・チェース	SPE	INGバンク	SPE
バンク・オブ・アメリカ	SPE	みずほFG	SPE
中国銀行	n.a.	モルガン・スタンレー	SPE
バークレイズ	SPE	ロイヤル・バンク・オブ・カナダ	SPE
BNPパリバ	SPE	サンタンデール	MPE
中国建設銀行	n.a.	ソシエテ・ジェネラル	SPE
ドイチェ・バンク	SPE	スタンダード・チャータード	SPE
中国工商銀行	n.a.	ステート・ストリート	SPE
三菱UFJ FG	SPE	三井住友FG	SPE
中国農業銀行	n.a.	トロント・ドミニオン	n.a.
バンク・オブ・ニューヨーク・メロン	SPE	UBS	SPE
クレディ・スイス	SPE	ウニクレディト	SPE
ゴールドマン・サックス	SPE	ウェルズ・ファーゴ	SPE

（出所）　各社資料（年次報告、IR資料、破綻処理計画を含む）より筆者作成

用している（表7－2）。すなわち、HSBCグループのMPEでは、英国のグループ持株会社、北米持株会社および香港のアジア持株会社の3つのレゾリューション・グループに分かれる[11]。また、サンタンデールは、母国のスペインのほかに各地域において破綻処理ポイントが設定されるMPEである[12]。一方、その他の多くのG-SIBsについては、グループ最上位の親会社ま

11　第4章3節3.を参照。

たは持株会社に対して破綻処理権限を適用するSPEが選択されている。

2 日米英のSPEのスキーム

(1) スキームの比較

多くのG-SIBsにおいて採用されているSPEについては、その具体的な破綻処理戦略を公表している母国当局がある。ここでは、ベイルインの実施を伴うSPEとして、米国、英国および日本の当局が構想する破綻処理戦略を比較する。

(a) 米 国

米国のSPEは、ドッド=フランク法のOLAに基づいてFDICのレシーバーシップのもとで実行される[13]。具体的には、G-SIBsがデフォルトしていることあるいはデフォルトの危険にあることを含め、財務長官がシステミック・リスク認定を行った後にOLAの手続が開始される。G-SIBsのグループ持株会社[14]にレシーバーシップが適用される一方、業務子会社は持株会社に対して損失を移管した後にFDICが設立するブリッジ金融会社に承継される（第2章図2-1を参照）。持株会社ではレシーバーシップのもとで損失吸収が行われ、業務子会社においてはブリッジ金融会社のもとで業務を継続しながら非SIFIs化を図るリストラクチャリングが行われる。

その後、破綻処理からの出口として業務子会社を新たな承継持株会社（NewCo）に譲渡する際、レシーバーシップのもとに置かれた債権者はNewCoが発行するエクイティによって弁済される。一般に再生型倒産手続であるチャプター11では、債権者が新会社の証券発行によって弁済されるこ

---

12 破綻処理ポイントは、スペイン、ポルトガル、英国、ポーランド、米国、メキシコ、ブラジル、チリおよびアルゼンチンに設定されている。S&P Global, "Rating Direct; Banco Santander S.A.," September 19, 2019.
13 第2章2節を参照。
14 米国のG-SIBsはいずれも銀行持株会社のグループ形態である。

とがある。FDICのSPEにおいては当該手続に倣って、債権と証券を交換する手続を経て事実上のベイルインが実施される。持株会社を清算しながら、持株会社の債権者が承継会社のエクイティを引き受けるクローズド・バンク・ベイルインのスキームである。FDICは、破綻処理の開始から出口までの破綻処理に要する期間として6カ月から9カ月を想定している。

(b) 英　国

　英国のSPEは、2009年銀行法およびBRRDの国内法化を図る2014年銀行再建・破綻処理に関する（NO.2）省令のもと、破綻処理当局であるイングランド銀行（BOE）およびBOEに任命された破綻処理管理人によって実施される。英国のG-SIBsおよび国内のシステム上重要な銀行（D-SIBs）を含む大手金融機関がSPEベイルインの対象として想定されている[15]。ただし、英国のG-SIBsのうちHSBCのみは破綻処理戦略としてMPEを選択している。

　G-SIBs等の持株会社グループの業務子会社において損失が発生し、FOLTFを含めて破綻処理の開始要件を満たす場合、まず内部MRELのトリガーが引かれて業務子会社から持株会社に損失が移転される（第4章図4－4を参照）。その後、持株会社にベイルインを適用することで、最初に規制資本の損失吸収が行われ、次に債務のうち外部TLAC（または外部MREL）に対してベイルインが適用される。その際、損失吸収や資本再構築に必要な額が外部TLAC等の水準を上回る場合には、債権者の優先順位に従ってその他の一般債務にもベイルインが適用され、金融機関として最低資本規制の要件を満たすようになるまで資本再構築を図るためにベイルインが行われる。

　ベイルインはレゾリューション・ウィークエンドに実施される。破綻金融機関のバリュエーションが行われた後に、ベイルインの対象となった債権者がバリュエーションをふまえて決定される株式への交換比率に応じて株式を受け取ることになる。それによってベイルインされた債権者が金融機関の新たな株主となり、金融機関は再び民間の経営に戻ることになる。英国のSPE

15　第4章2節2.(2)を参照。

は、破綻金融機関のエンティティを資本再構築によって再生し、業務の継続を図るオープン・バンク・ベイルインである。BOEは破綻処理に要する期間として、レゾリューション・ウィークエンドから破綻処理の出口までの間を数カ月としている。

(c) 日　本

　日本のSPEは、預金保険法に規定されたベイルインに加えて、裁判所のもとで破産手続を併用しながら必要な損失吸収を図るスキームである[16]。G-SIBs（および一部のD-SIBs）[17]の持株会社の主要子会社が債務超過もしくは支払停止またはそれらのおそれがあると認められる場合、内部TLACのトリガーが引かれ、内部TLACを通じて持株会社に損失が移管されることとなる（第5章図5－3を参照）。

　持株会社が秩序ある処理のうち特定第2号措置の要件を満たす場合には、当該措置を適用したうえでバーゼルⅢ適格資本のうちAT1、Tier2を対象に預金保険法のベイルインを適用して元本削減を実施する。持株会社はその後、預金保険機構が設立した特定承継金融機関等に事業（主要子会社の株式を含む）を譲渡し、持株会社に残存する資産・負債（外部TLAC適格債務を含む）には破産手続を適用して外部TLAC適格債務については破産手続のなかで元本削減を図ることになる。日本版SPEは、持株会社を清算するクローズド・バンク・ベイルインとして整理することができる。

　内部TLACのトリガーから特定承継金融機関等への事業譲渡までは、預金保険機構のもとで週末の間に実施される方針であるが、その後は裁判所のもとで破産手続が適用されることになる。裁判所に選任された破産管財人が持株会社の財産を調査・管理したうえで処分・換価を行って外部TLAC適格債務の保有者を含む債権者が破産財団の範囲で配当を受領することを含めて、

16　第5章3節2.を参照。
17　金融庁は、D-SIBsに関しては、国際的な破綻処理の枠組みに対応する必要性が高く、かつ破綻の際にわが国の金融システムに与える影響が特に大きいと認められる金融機関をTLAC規制の対象とするとしており、現在は野村ホールディングスをTLACの対象としている。同社は持株会社グループ形態であることからSPEが適用される。

すべての破綻処理手続が終了するまでには、米国や英国のSPEと比較すると相応の時間を要する可能性がある。

(2) ベイルインの役割・機能

米国や英国のSPEにおいて実施されるベイルインは、破綻処理当局であるFDICやBOEの権限のもとで行われる法定ベイルインであり、破綻処理当局の権限のもとで債権者等の優先順位に従って損失吸収に必要な程度までエクイティおよび無担保債務(外部TLAC適格債務を含む)の元本削減を行って、無担保債務をエクイティに転換することができる。

これに対して日本のSPEにおいては、持株会社が発行するバーゼルⅢ適格資本のAT1およびTier2については、PONV条項に基づく契約ベイルインとして元本削減(および株式転換)が実行される。一方、持株会社が発行する普通株式および外部TLAC適格債務を含む無担保債務については、破産手続における配当や残余財産の分配を経て損失吸収を図ることになる。預金保険法のベイルインと破産手続とは独立した手続であり、債権者等の優先順位に基づいた損失吸収については制度上は担保されていない[18]。

また、英米のSPEと日本のSPEとでは、破綻処理のなかでベイルインが果たす役割が異なることが指摘できる。米国のSPEにおいては、ベイルインは損失吸収とともにブリッジ金融機関を承継するNewCoへの資本供与を図ること目的として行われ、英国のSPEのもとでは、損失吸収を行ったうえで既存の持株会社のソルベンシーを回復するための資本再構築を図るべくベイルインが実施される。つまり、破綻処理後には、債務がエクイティに転換された債権者が新たなエクイティの保有者、すなわち株主となる。一方、日本のSPEでは、ベイルインを通じた承継金融機関への資本供与または既存エンティティの資本再構築は予定されておらず、ベイルインはもっぱら損失吸収

---

18 たとえば、破産手続において外部TLAC適格債務を含む債務の弁済が行われた後になお破産財団に財産がある場合には、株主への配当が行われることとなるが、その際、AT1およびTier2については債務が消滅している状態にある。

を目的としているものとしてとらえることができる[19]。

第 4 節 ベイルインのオペレーションに関する論点

1 バリュエーションの実施

(1) 迅速性と正確性のトレードオフ

　破綻処理においては通常、破綻金融機関の価値を評価するためにバリュエーションを行うことが必要になる。破綻処理の際にバリュエーションをどのように実施するかは、ベイルインを成功させるための1つの鍵となると考えられる。SIFIsの秩序ある破綻処理を行うにあたっては、金融市場の混乱を避ける観点から破綻処理プロセスの迅速性が求められることから、正確かつ完全性のあるバリュエーションを事前に完了させることが困難となる状況も想定される。したがって、十分な時間をかけて正確かつ完全性のあるバリュエーションを行うことと、迅速な破綻処理を行うこととの間にトレードオフがあると考えられることから、だれがバリュエーションを行うかという点も含めバリュエーションのタイミングや頻度が重要な論点となる。

19　金融庁は、持株会社に特定第2号措置が適用された場合、バーゼルⅢ適格のAT1およびTier2について元本削減または株式転換を実施するとしているが、日本のSPEにおいて株式転換は、既存エンティティの資本再構築または承継金融機関への資本増強に使われるものとしては位置づけられていない。なお、特定合併等が行われる場合には、預金保険機構による特定優先株式等の引受け等を含む特定資金援助が可能であるが、その場合は破綻持株会社の債権者がファイナンスする資本増強とはならない。

(2) 米国のバリュエーション

　預金保険対象機関の破綻処理を数多く行ってきたFDICは、事前準備の一環としてバリュエーションを金融機関の閉鎖前に終了させる方針をとってきた。FDICは、主に流動資産と保険対象預金を民間の受皿金融機関に譲渡するP&A（ベーシックP&A）を破綻処理の基本的なスキームとしており、P&Aを実行して金融機関を閉鎖する前に、潜在的な買い手を対象とするマーケティングやバーチャルデータルームの設置、FDICによるデューデリジェンスを含む事前準備を実施している。これには金融機関の清算価値を推計するために用いられる資産バリュエーション・レビューも含まれる[20]。FDICのP&Aにおいては、バリュエーションを含む事前準備を前提とした破綻処理プロセスが構築されている。

　一方、FDICはG-SIBsを対象とするSPEでは、事後的なバリュエーションを想定している。SPEにおいては業務子会社で生じた損失をグループ持株会社に移管した後に持株会社に対してレシーバーシップが適用され、持株会社の株主・債権者による損失吸収が行われる。その間に業務子会社はブリッジ金融会社に移管され、業務継続を図りながら非SIFIs化を図るリストラクチャリングが行われる。持株会社の無担保債務はレシーバーシップに残る一方で資産はブリッジ金融会社に承継されることから、ブリッジ金融会社では資産が債務を上回るため自己資本が確保される。破綻処理の出口としてブリッジ金融会社をNewCoに承継させる際に、レシーバーシップの債権者への弁済を図る債権と証券の交換（ベイルイン）を行う前提として、独立の専門家によって持株会社およびブリッジ金融会社の損失の評価を含むバリュエーションが行われることになる。したがって、米国のSPEにおいては、金融機関を閉鎖する前にベイルインを実施するためのバリュエーションを行う必要はない。

20　FDIC（2019）, pp 8-15.

(3) BRRDにおける3つのバリュエーション

BRRD/SRMRに基づく金融機関の破綻処理においては、役割の異なる3つのバリュエーションが実施される。まず、金融機関が破綻または破綻のおそれがある（FOLTF）かどうかの破綻処理の開始要件を判断するためのバリュエーション1である。バリュエーション1は、公正かつ現実的な前提のもと、財務諸表を作成する際の会計原則や自己資本規制を含むプルーデンス規制をふまえて行われる。

バリュエーション2は破綻処理措置を選択する際に利用される。それぞれの破綻処理ツールを適用した場合のバリュエーションを算出するとともに、元本削減およびエクイティ転換の程度を算定するための根拠を提供する。バリュエーション2では、破綻処理ツールの適用を前提に評価することになるため、たとえば、事業譲渡ツールを用いて金融機関の事業を受皿金融機関に譲渡するケースでは、商業ベースで評価が行われる。

バリュエーション3は、破綻処理を実施した後にノー・クレジター・ワース・オフ（NCWO）のセーフガードにかかわる評価を行うことを目的としている。加盟国の倒産手続を適用した場合に株主および債権者が受け取る弁済額や残余財産の分配額の推計が行われ、実際に破綻処理ツールを適用して破綻処理を行う際の株主および債権者の取扱いと比較しながら、倒産手続を適用した場合に比べて実際の取扱いが不利になる場合には破綻処理基金から債権者等に補償が支払われることになる。

BRRD/SRMRのもと、事業譲渡ツールを適用してサンタンデールに譲渡されたスペインのバンコ・ポプラールの破綻処理では、実際に3つの異なるバリュエーションが行われている。預金流出が続いたために流動性に行き詰まり2017年6月に破綻したバンコ・ポプラールは、破綻以前に買い手となる金融機関を自ら探しており、売却先を選定するための作業を進めていた一方で、破綻処理当局である単一破綻処理理事会（SRB）によるバリュエーションは行われていなかった。そこでSRBは、FOLTFに関する判断を行うため

のバリュエーション１を同行の破綻直前に実施した。バリュエーション１は、直近データへのアクセスが限られていたことから、2016年12月末と2017年３月末の財務諸表をベースに実施された暫定バリュエーションであった。

　一方、バリュエーション２は独立評価者としてデロイトによって実施されたものである。本来、バリュエーション２は破綻処理ツールの選択に用いられるものとして位置づけられており、複数の破綻処理ツールの適用を前提とした評価を行うことになっているが、同行の場合はすでに売却先の選定作業を進めていたことから、事業譲渡ツールの適用を前提とした評価のみが行われている。バリュエーションには通常は６週間を要するところ、バリュエーション２はわずか12日間で実施されており、時間の制約があるなかで完全なデューデリジェンスもできなかった。そのため、バリュエーション２についても暫定バリュエーションとして位置づけられている。

　BRRD/SRMRに規定する事後的確定バリュエーションとして位置づけられるのが、NCWOの評価に関するバリュエーション３である。バリュエーション３は、サンタンデールに譲渡されて破綻処理を終えた後に独立評価者であるデロイトによって実施された。具体的には、デロイトは2018年３月にフィールドワーク（実査）を終えた後、2018年６月に報告書を提出しており、相応の時間をかけて事後的確定バリュエーションであるバリュエーション３を実施したことがうかがえる。その後、株主・債権者の意見表明に関する手続を経て、SRBは2020年３月に通常の倒産手続のもとで株主および債権者がより良い取扱いを受けることはないと結論づけて補償を行わないことを最終決定し、バンコ・ポプラールの破綻処理プロセスを終了させている。

　なお、バンコ・ポプラールの破綻処理では、バリュエーション２とバリュエーション３のいずれも独立評価者としてデロイトが担当している。SRBは、破綻処理のバリュエーションには多様な専門性を要することからバリュエーションの専門性を有する６社で構成されるパネルを2016年４月に設置しており、デロイトはそのうちの１社であった[21]。すなわち、SRBがあらかじめ専門家として選定していたパネルのメンバーから選ばれたものであ

る。

　この点に関連して英国のBOEは利益相反を防ぐ工夫をしている。BOEは
ベイルインの実施に際して、①バリュエーション1に相当する破綻処理の開
始要件を判断するための破綻処理前のバリュエーション、②バリュエーショ
ン2に相当する破綻処理中のバリュエーション、③バリュエーション3に相
当するNCWOの評価に関する破綻処理後のバリュエーションという3種類
のバリュエーションの手続を定めている。破綻処理前および破綻処理中のバ
リュエーションはBOEが独立評価者を選任する一方で、破綻処理後のバ
リュエーションについては利益相反を回避する観点から財務省が設置するパ
ネルが独立評価者を選ぶ仕組みとしている[22]。NCWOの評価にあたって、
BOEが選任したバリュエーションの評価者とは異なる評価者が選任される
制度設計となっている点は注目される。

2 迅速な処理を支えるNCWO

　秩序ある破綻処理を実現するためには金融市場の混乱を回避するべく迅速
に破綻処理を行うことが求められるが、破綻処理の迅速さを優先すればバ
リュエーションの正確さや完全性はある程度犠牲にならざるをえなくなる。
バンコ・ポプラールの破綻処理はそのことを示す事例であろう。その結果、
株主や債権者は通常の倒産手続のもとで金融機関を清算する場合に比べて不
利になる可能性も想定される。このような問題に対処するため、主要な特性
はNCWOのセーフガードを設けている。

　米国のドッド＝フランク法は、OLAを適用した場合に債権者が受け取る
最低限の支払額として清算型倒産手続であるチャプター7の手続を対象金融
会社に適用した場合に受け取る額を保証している。一方、日本の預金保険法

21　SRB, "Inquiry Committee on the financial crisis in Spain - SRB Chair Elke König's
　　speech," 30 July 2018 (available at: https://srb.europa.eu/en/node/452).
22　BOE (2017), p 36.

にはNCWOに相当する規定は設けられていない。これは預金保険法のベイルインがバーゼルⅢ適格資本であるAT1およびTier2のみを対象とする契約ベイルインであって、AT1やTier2以外の普通株式や無担保債務の損失吸収（またはエクイティ転換）を行う権限が認められていないためであろう。

　NCWOに関しては、破綻金融機関の株主および債権者のセーフガードとして位置づけられているが、さらなる意義があることが指摘されている[23]。まず、破綻処理ツールを実効的に利用することが破綻処理当局に促される点である。破綻処理当局はNCWOのもとで株主や債権者から補償を求められる可能性があることから、NCWOが破綻処理の実効性と公平性を改善することになる。

　また、破綻処理当局は、NCWOによって政府の介入を正当化するために必要な法的なチェック・アンド・バランスのもとに置かれることになる。裁判所による司法手続として行われる倒産手続とは異なり、金融機関の秩序ある破綻処理は破綻処理当局の行政権限に基づいて実施されるものであることから、裁判所による承認または司法レビューの手続は設けられていないか限定的なものでしかない。たとえば、EUのBRRD/SRMRには司法レビューの手続は設けられておらず裁判所の関与はまったくない。米国のOLAでは、破綻処理手続の開始に際して金融機関の取締役会がFDICのレシーバー任命に同意すれば司法レビューは行われず、取締役会が同意しなかったとしても24時間以内という限られた時間のなかでしか司法レビューは行われない。NCWOは破綻処理当局が有する破綻処理に関する裁量権に対して、一定の歯止めをかける役割を担っているととらえることができる。

　また、EUの文脈では、破綻処理当局による株式の元本削減、債権の元本削減またはエクイティ転換は、欧州連合基本権憲章（Charter of Fundamental Rights of the European Union）のもとで保障された財産権の侵害に当たる可能性も想定される。欧州連合基本権憲章は、公益のために損失に対して正当

23　Serière and Houwen（2016）.

な補償を支払う場合には財産権の侵害には当たらないと定めている。そこで、公益にとって必要であることを発動要件とするBRRD/SRMRの適用に際して、株主や債権者に補償を求めるNCWOは欧州連合基本権憲章に定める財産権の保障の観点から重要な原則となる。

なお、米国では、OLAの見直しを図るチャプター14の導入の議論のなかで、レシーバーシップにおける所有者の権利の変更についてはFDICではなく裁判所に委ねるべきとの議論もあり、今後のチャプター14に関する議論の行方に留意する必要がある。

さらに、通常の倒産手続に代替する破綻処理の枠組みは一般の金融インフラを保持するために公共の用に供するもの（common good）であるべきことから、通常の倒産手続に比べてより大きな損失を株主や債権者に負わせることは必ずしも公正ではないという見方もあり、NCWOの原則によって公正性が担保されることになる。

そして、NCWOは株主や債権者の損失に上限を設ける一方、無限の損失が生じるリスクが存在する場合には株主や債権者は当該リスクを適切に評価することができず、結果として金融市場においてエクイティや債務に対して投資する能力を損なうことになるという指摘もある。

このような指摘に加えて前章で確認したバンコ・ポプラールの破綻処理の事例からは、NCWOが存在することで破綻処理のオペレーションを前に進めることが可能になるという面もうかがわれる。すなわち、破綻処理後の確定的なバリュエーションとして位置づけるとともに、NCWOに関する評価を実施して債権者を保護するためのセーフガードとして補償の要否の判断を慎重に行うことで、破綻処理の迅速性が担保されることになる。

第 5 節 | 公的資金によるベイルアウト

　金融危機後の国際的な金融規制改革のなかで重要な政策課題として位置づけられたのが、納税者負担を回避するべくトゥー・ビッグ・トゥ・フェイル（TBTF）をいかに終結させるかという課題である。この点に関して主要な特性は実効的な秩序ある破綻処理制度の目的の１つとして、公的支払能力支援に依存せず、公的支払能力支援が利用できるという期待を醸成させないことをあげている。すなわち、公的資金によるベイルアウトを制限してベイルアウトに対する市場参加者の期待を醸成させないようにすることで、TBTFとそれに伴うモラルハザードの問題を解決することを目的として掲げている。この点に関して、最も厳格な仕組みを講じているのが米国である。ドッド＝フランク法は、OLAを適用する際に納税者資金を使用することを明確に禁じている[24]。

　一方、EUのBRRD/SRMRでは、加盟国経済の深刻な混乱を緩和し、金融システムの安定性を維持することを目的とする例外的な政府金融安定化ツールとして、金融機関の公的資本増強を図る公的資本支援ツールや金融機関の一時的な国有化を図る一時国有化ツールという公的資金によるベイルアウトの仕組みが認められている。しかしながら、政府金融安定化ツールを適用する場合には、株主、その他の持分商品の保有者、資本商品およびその他の適格債務の保有者によって元本削減または転換を通じて、破綻処理される金融機関の総負債（自己資本を含む）の少なくとも８％相当額まで損失吸収および資本再構築を実行することが条件となっている[25]。すなわち、株主やベイルインが適用される債権者を対象に一定の損失負担が事前に求められることから、ベイルアウトのモラルハザードを抑制することとなる。

24　第２章１節１.を参照。
25　第３章１節３.(9)を参照。

さらに、破綻処理に係るコストをファイナンスする加盟国の破綻処理基金またはユーロ圏の単一破綻処理基金（SRF）では、破綻処理コストをカバーするために十分ではないときには、金融機関から例外的な事後的負担金を徴収することを可能としており、国庫への負担が生じない仕組みとしている。

　一方、日本の預金保険法では、金融危機対応措置のなかで預金取扱金融機関が債務超過ではない場合の措置として第１号措置に基づく公的資本増強があり、秩序ある処理においては金融機関等（保険会社、証券会社、持株会社を含む）が債務超過または支払停止のおそれがない場合の措置として公的資本増強の選択肢も有する特定第１号措置が設けられている。第１号措置および特定第１号措置が適用される金融機関等については破綻した状態ではないと整理されている[26]。そのため、EUの枠組みとは異なり、既存の株主や債権者に損失負担が求められることはない。

　また、金融危機対応措置および秩序ある処理の措置を含む危機対応業務に要する費用は、預金保険機構の一般勘定とは別に危機対応勘定において区分経理される。危機対応勘定においてカバーできない費用が発生した場合には、負担金や特定負担金が金融機関等から事後的に徴収され当該費用に充てられる。ただし、政府は、負担金または特定負担金のみで危機対応業務に要する費用をまかなうとすると金融機関等の財務の状況を著しく悪化させ、システミック・リスクが生じるおそれがあると認められる場合に限って予算の範囲内で費用の一部を補助することができるとしている。納税者負担が発生することも容認されるという点において、欧米とは異なる仕組みとなっている。すなわち、TBTFのモラルハザードの問題に対処していくには、欧米以上に市場参加者の行動や認識を注意深く観察していくことが必要であろう。

26　たとえば、りそな銀行の第１号措置の適用に際しては、自己資本比率が最低基準である４％を下回り２％程度に低下し、その時点で、同行に関して預金の流出や市場性資金の調達困難といった事実は認められないものの、このような事態を放置すれば、「信用秩序の維持に極めて重大な支障が生ずるおそれがある」と認められることを理由に第１号措置を適用することが決定されており、破綻状態にあるとは判断されていない。金融危機対応会議「平成15年５月17日付諮問に対する答申」平成15年５月17日（available at: https://www.fsa.go.jp/news/newsj/14/ginkou/f-20030517-1/02_2.pdf）。

終章

秩序ある破綻処理の
枠組みの実現に向けて

グローバル金融危機を受けて、金融市場の混乱を回避してシステミック・リスクを抑制し、トゥー・ビッグ・トゥ・フェイル（TBTF）を終焉させるべく公的資金によるベイルアウトを回避して納税者負担を避けながら、システム上重要な金融機関（SIFIs）の秩序ある破綻処理を実現するための枠組みが整備されてきた。

　具体的には、金融安定理事会（FSB）はG20の枠組みのもと、SIFIsの秩序ある破綻処理を実現するための国際的な取組みとして、2011年10月に「主要な特性（Key Attributes）」を策定し、金融機関の破綻処理の新たな国際基準として位置づけた[1]。主要な特性には、SIFIsの秩序ある破綻処理を実現する代表的な破綻処理ツールとして、納税者が損失を負担するベイルアウトにかわって金融機関の株主および債権者が損失負担するベイルインが規定された。また、破綻処理において株主や債権者のセーフガードとなるノー・クレジター・ワース・オフ（NCWO）、デリバティブ契約を含む金融契約に係る早期解約権の一時的なステイ、あるいは破綻処理における金融機関のファンディングを含め、秩序ある破綻処理の実現にとって重要な措置が規定されている。主要な特性は、破綻処理制度の国際的なコンバージェンスを図る観点からG20各国がベイルインを含め主要な特性に規定された破綻処理にかかわるツールや権限を自国の法制度に導入することを促している。

　各国の秩序ある破綻処理制度をみると、米国では2010年に成立したドッド＝フランク法のなかで「秩序ある清算に係る権限（OLA）」が整備された。EUでは2014年に「銀行再建・破綻処理指令（BRRD）」が成立し、各加盟国においてBRRDの国内法化が図られている。また、欧米では秩序ある破綻処理の枠組みとして主要な特性との調和を図る破綻処理法制に加えて、破綻処理計画とその根幹となる望ましい破綻処理戦略の策定、さらに実質破綻時（PONV）あるいはゴーンコンサーン・ベースの損失吸収力および資本再構築力の確保を図るための枠組みが整備されてきた。そして、望ましい破綻処

1　FSB (2011a).

理戦略としてシングル・ポイント・オブ・エントリー（SPE）とマルチプル・ポイント・オブ・エントリー（MPE）が整理されてきたことも重要である。

　金融危機の震源となった欧米では、FSBの主要な特性に規定された国際基準に沿った措置を講じるだけでなく、秩序ある破綻処理の実現に資するための独自の措置も講じられてきた。たとえば、預金者保護に資する取組みとして米国ではすでに1993年に預金者優先の措置が導入されていたが、EUではBRRDのなかで新たに預金者優先の措置が整備された。また、BRRDにおいては、加盟国間における銀行の債権クラスの調和を図り、シニア債務による損失吸収をより容易にすることを目的として一般シニア債務に劣後する非優先シニア債務という新たなクラスが設けられている[2]。さらに、ゴーンコンサーン・ベースの損失吸収力および資本再構築力の確保を図る規制としては、グローバルなシステム上重要な銀行（G-SIBs）を対象とする国際基準であるFSBのTLACに加えて、米国では長期債務で構成されるLTDがG-SIBsに要求され、EUにおいてはあらゆる金融機関に求められるMRELの枠組みが整備されている。

　一方、日本では2013年に預金保険法が改正され、銀行、証券会社、保険会社およびそれらの持株会社を対象とする「金融システムの安定を図るための金融機関等の資産および負債の秩序ある処理に関する措置」（秩序ある処理）が導入された。また、主要な特性との調和を図る措置として、預金保険法にベイルインが規定され、早期解約権の一時的なステイも手当されている。その後、G-SIBsおよび一部の国内のシステム上重要な銀行（D-SIBs）を対象とするTLACの枠組みも整備されている。さらに、TLACの適用にあわせてTLACを利用した秩序ある破綻処理として、金融庁はSPEの破綻処理戦略を明らかにしている。このような一連の取組みを通じて、日本においても秩序ある破綻処理の枠組みが整備されてきた。

2　第3章1節3.(8)を参照。

もっとも、欧米の秩序ある破綻処理の枠組みにおいて講じられている措置、あるいはEUの大手銀行の破綻処理事例をふまえると、日本の秩序ある破綻処理の枠組みはひとまず整備されたものの、その実行可能性をさらに確保していく観点に立てば、さらなる工夫や改善を図っていくことが重要なことではないだろうか。そこで終章として、以下では日本の秩序ある破綻処理の枠組みがさらにその実行可能性を高めていくよう、将来の課題としてあえて意欲的な論点を掲げることとしたい。

　日本の秩序ある破綻処理の実行可能性を向上するためには、国際基準として合意された措置を講じることは当然のこととして、秩序ある破綻処理をどのように具体的に機能させるかというオペレーションの観点も重要である。たとえば、ベイルインに関しては、第1章で紹介したようにベイルインの実行に関するプリンシプルとしてFSBがベイルインのオペレーションに関するガイダンスを策定している[3]。たとえば、ガイダンスはベイルインに不可欠なバリュエーションについて、①破綻処理の開始要件を確認するための破綻処理前のバリュエーション、②元本削減およびエクイティ転換に関する比率を決定するためのベイルインに関連するバリュエーション、③NCWOのセーフガードに関するバリュエーションという3種類のバリュエーションに整理している。

　この点についてEUでは、FSBのガイダンスと同様、BRRDのもとで3つのバリュエーションを行うことが求められている。BRRDに基づいてベイルインが実行されたバンコ・ポプラールの破綻処理では、破綻処理当局である単一破綻処理理事会（SRB）が破綻処理前のバリュエーションを実施し、独立評価者としてのデロイトが破綻処理ツールを決定するためのバリュエーションとNCWOに係るバリュエーションを実施している[4]。また、米国の連邦預金保険公社（FDIC）が構想するG-SIBsを対象とするSPEにおいては、破綻処理の出口として業務子会社を新たな承継持株会社（NewCo）に承継す

3　FSB（2018a）.
4　第6章2節2.を参照。

る際にレシーバーシップの債権者への弁済を図るためにベイルインを行う前提として、破綻処理の開始後にバリュエーションが実施される[5]。その際、バリュエーションは独立した専門家によって行われ、ブリッジ金融会社のバリュエーションとレシーバーシップが適用された持株会社で生じた損失額が評価される。

　一方、日本のSPEにおいてはバリュエーションに関する言及はない。破産手続の開始後は裁判所に選任された破産管財人によって財産の調査が行われることになるが、破産手続の開始前に持株会社に対して特定第2号措置が適用され、預金保険法のベイルインとしてPONV条項に従ってバーゼルⅢ適格資本であるその他Tier1（AT1）、Tier2の損失吸収が行われることから、その時点でバリュエーションが実施され損失額が評価されていることが前提となる。また、預金保険法にはNCWOのセーフガードが設けられておらず、ベイルインされた債権者に対して事後的に補償を行う仕組みはないことから、バリュエーションは確定的なものである必要があると考えられる。日本のSPEにおけるバリュエーションの扱いについては、今一度論点を整理し、明確化することが求められよう。

　次に、ベイルインを実行して債務をエクイティに転換し、資本増強または資本再構築を行う場合には、ベイルインが適用された債権者に対するエクイティの受渡しを含めてどのようなオペレーションが必要になるか破綻処理戦略においてあらかじめ想定することが必要であろう。FSBによるベイルイン実行に関するガイダンスは、ベイルインの転換メカニズムを事前に特定する必要性を指摘している[6]。

　たとえば、米国のSPEでは、連邦倒産法のチャプター11のもとで行われている企業再生実務をふまえて、FDICは債権と証券の交換としてレシーバーシップが適用された債権者にNewCoのエクイティを配分することによってNewCoの資本増強を実施する[7]。一方、英国のSPEベイルインにおいては、

5　第2章2節2.(6)を参照。
6　第1章1節3.を参照。

破綻金融機関の株式が預託銀行に預託される一方、ベイルインの適用対象となった債権者に対して補償を受ける権利を表す証書が発行される。その後、破綻金融機関のバリュエーションが行われ、その結果をふまえて決定される株式の転換比率に基づいて証書を有する債権者に対して預託されていた株式が配分されることによって債権者は新たな株主となり、ベイルインを通じた金融機関の資本再構築が行われる[8]。

　これに対して日本のSPEでは、特定第2号措置が適用された後にAT1およびTier2を対象として元本削減または普通株式への転換を実施するとしているが、普通株式への転換をどのようなオペレーションに基づいて行うかについては明らかにされていない。この点については主要な特性の適用状況に関するモニタリングのなかで、FSBが日本のベイルインについて「非適用」と判断している背景にもなっている[9]。SPEにおいて普通株式への転換を必要とするのであれば、破綻処理における転換の役割やオペレーションについて具体的に検討する必要があるだろう。

　また、破綻処理からエグジットした後の金融機関のあり方をどのように想定するかも重要である。米国のSPEにおいて破綻したG-SIBsの業務子会社に関しては、ブリッジ金融会社に移管された後は業務を継続しながら策定されるリストラクチャリング計画のもとでリストラクチャリングが行われる。当該計画は、連邦倒産法を適用した破綻処理を可能にすることを目的として一定の資産、事業、子会社の売却を実施することを含んでいる。すなわち、業務子会社のシステム上の重要性を引き下げて、もはやSIFIsではなくなることを目標にリストラクチャリングが実施される。また、EUのBRRDの枠組みにおいては、ベイルイン・ツールが適用された場合には金融機関に事業再構築計画の策定が求められる。さらに、英国のSPEベイルインにおいては、リストラクチャリング計画を策定してリストラクチャリングを実施し、

7　第2章2節2.(5)を参照。
8　第4章2節2.(2)を参照。
9　第7章2節を参照。

金融機関のビジネスモデルを変更することが求められる。

　一方、日本のSPEでは、主要子会社の承継を受けた特定承継金融機関等は、原則として2年以内に受皿金融機関等に対してその事業等を譲渡することが想定されているとのみ説明され、業務子会社のリストラクチャリングに関する説明はない[10]。なお、預金保険法は特定管理を命ずる処分[11]の終了に際して、金融機関等の事業の譲渡その他のわが国の金融システムの著しい混乱が生ずるおそれを回避するために必要な措置等を講ずることによりその管理を終えるものとすると規定しており[12]、システミック・リスクを生じるようなビジネスモデルであればその変更も含まれうると解される。特定承継金融機関等に承継された主要子会社について、破綻処理後にどのような金融機関となることが想定されているのかを破綻処理戦略のなかで明らかにすることも必要であろう。

　ここまで述べてきた論点は、預金保険法を含む現行の法制度を前提としたものである。一方、より実行可能性の高い秩序ある破綻処理の枠組みへの向上を図る観点からは、預金保険法の改正を伴う論点もあげることができる。法改正に向けたハードルはかなり高いようにうかがわれるが、将来に向けたより意欲的な課題として提示することとしたい。

　まず、預金保険法のベイルインの対象範囲の拡大である。現行の預金保険法はベイルインの対象をバーゼルⅢ適格資本であるAT1およびTier2に限定しており、外部TLAC適格要件を満たすTLAC債はベイルインの対象に含まれていない。TLAC債を含む一般債務については倒産手続のもとで損失吸収を図らざるをえないことから、現行のSPEにおいては破産手続を適用して損失を吸収することが想定されている。すなわち、持株会社に特定第2号措置を適用したうえで預金保険法のベイルインを実行し、主要子会社を特定承継

10　主要行等向けの総合的な監督指針Ⅲ-11-6-2-2①ハ。

11　日本のSPEでは、特定第2号措置に係る特定認定とともに特定管理を命ずる処分も下されることになっている。第5章3節2.を参照。

12　預金保険法126条の10。

金融機関等に承継した後、預金保険機構が持株会社の破産手続の開始の申立てを行う。破産手続の開始決定後に裁判所によって選任される破産管財人のもと、持株会社の財産の処分・換価が行われ、債権者集会が開催された後にTLAC債の保有者を含め債権者等への弁済・配当が行われることになる。

　ここでの懸念は、破産手続が開始され弁済が行われるまでの間はTLAC債を含めて持株会社の債務が凍結されることにある。この点について英国では、ベイルインが適用された債権者に対して株式が配分されるまでの間は、補償を受ける権利を表す譲渡可能な証書が発行される[13]。イングランド銀行（BOE）は、破綻処理開始からベイルインの対象となった債権者に株式が配分されるまでは数カ月を要するとしており、債権者はその間に当該証書を譲渡して現金化することもできる。ベイルイン実行に関するFSBのガイダンスにおいても、債権者がポジションの解消を図ることを考慮して、取引可能な証書や暫定的な株式を発行して取引可能性を継続させることが重要であること示されている。

　このような措置が講じられている背景を考えると、日本のTLAC対象金融機関の破綻処理が差し迫った状況となり、TLAC債が破産手続のなかで凍結される蓋然性が高まれば、投資家がTLAC債を投売りするようになる可能性を含めてどのような行動をとるかが懸念される。TLAC債の保有者には、国内投資家と比べると相対的に情報劣位にある海外投資家も含まれる。日本の対象金融機関に対してSPEが適用されるおそれがある場合に、ポジションが凍結されることを懸念した投資家がTLAC債の処分を急ぐ結果としてその他の証券も含めて投売りが行われるようになれば、システミック・リスクの顕在化のトリガーを引く可能性も考えられる。投資家の混乱を抑制するためには持株会社の破産手続をより短期間で終えられるようにすることが重要であるが、司法手続のもとでどの程度の手続の短縮が可能であるかは明らかではない。したがって、預金保険法のベイルインの対象をたとえばTLAC債にま

13　第4章2節2.(2)を参照。

で拡大することで司法手続を回避しながら預金保険法のもとで金月処理を行う対象に含めることが必要ではないだろうか。また、同様の理由から普通株式についても預金保険法のベイルインの対象とすることが重要である。

　次に、NCWOのセーフガードの導入である。現行の預金保険法においてはNCWOのセーフガードは規定されていない。これは、預金保険法のベイルインがAT1とTier2にしか対応しておらず、TLAC債を含むその他の債務や普通株式については倒産手続のもとで損失吸収を図ることになることが1つの理由であると推察される。一方、NCWOのセーフガードについては、秩序ある破綻処理を進めるにあたってさまざまな意義と役割があることを前章において確認した[14]。日本のSPEにおいては預金保険法のベイルインと破産手続という異なる手続のもとで別々に損失吸収が行われることになるため、債権の優先順位に従った損失吸収が行われることを確保する観点からは、預金保険法にNCWOのセーフガードを導入するとともにベイルインされた債権者に対して必要に応じて事後的に補償を行う仕組みを導入することが考えられる。

　この点に関連して、民事再生法の再生手続にはNCWOに相当するものとして清算価値保障原則がある[15]。預金保険法においてもベイルインの対象となった債権者を対象とする清算価値保障原則のようなセーフガードを導入することは考えられないだろうか。

　たとえば、米国や英国のSPEでは、レゾリューション・ウィークエンドのなかで破綻処理当局が必要な措置を直ちに講じる一方、バリュエーションについては独立評価者が時間をかけて実施し、バリュエーションの結果をふまえてレゾリューション・ウィークエンドから数カ月後にベイルインの対象となる債権者等にエクイティが配分されて破綻処理が完了することになっている。さらに、米国のSPEの場合にはどのタイミングでNCWOに関する判断が行われるか不明であるが、英国のSPE（またはSRBの破綻処理）においては

14　第7章4節2.を参照。
15　第1章1節2.(6)を参照。

破綻処理の終了後に破綻処理当局から独立した評価者によってNCWOの評価が行われ、ベイルインされた債権者等のセーフガードとして機能することとなる。

　さらに、秩序ある破綻処理を実現するための将来に向けた課題として、欧米のように主に行政手続のなかで破綻処理を完結させることが重要であると考えらえる。現行の枠組みは、秩序ある処理という預金保険法上の手続に加えて裁判所のもとでの倒産手続を必要とする。倒産手続開始の申立てが行われた場合、行政当局には裁判所に対して意見を述べる機会は与えられているものの[16]、それぞれの手続は独立している。そのため、仮に破綻金融機関の価値について預金保険機構が採用するバリュエーションと裁判所（または管財人）の評価が異なる場合には、債権の優先順位に従った損失吸収が実現できない可能性も想定される。

　現行の日本の秩序ある処理の枠組みについて、欧米の枠組みと比較すると法的な確実性に欠ける面があるようにもうかがわれる。欧米のように行政当局の権限のみで一連の破綻処理手続を完結させることが可能であれば、秩序ある破綻処理の実現を確保する観点からはそのほうが望ましい。もっとも、行政手続のみで債権のヘアカット（債権者の権利変更）を行うことは、憲法29条に掲げる財産権の制約からむずかしいとされている。2013年の預金保険法の改正で導入されたベイルインが、欧米のような法定ベイルインではなく契約ベイルインとなったのもそのような背景がある[17]。すなわち、行政当局の権限のもとで破綻処理を完結させる仕組みを構築することに対するハードルはかなり高いといえる。

　しかしながら、システミック・リスクを抑制するための破綻処理の迅速性

16　内閣総理大臣は、特別監視のもとに置かれた金融機関等に対し破産手続開始、再生手続開始、更生手続開始等の申立てが行われた場合、裁判所に対し、当該金融機関等の資産および負債の秩序ある処理に関する措置が講じられている旨の陳述その他の当該金融機関等に関する事項の陳述をし、当該決定または命令の時期その他について意見を述べることができるとされている。預金保険法126条の15。

17　第5章2節3.(1)を参照。

とともに破綻処理の結果に対する法的安定性を確保する観点からは、たとえば、金融システムの安定化という公益に鑑みて少なくともSIFIsを対象として、法定ベイルインの導入を含めて行政当局の権限のもとで行われる破綻処理手続を適用することとし、その際には清算価値保障原則あるいは事後的な司法審査といったような債権者の保護を図るセーフガードを手当することによって、破綻処理の迅速性および法的確実性を改善する検討を行っていくことも必要ではないだろうか。

　日本では、2013年の預金保険法改正によって秩序ある処理の仕組みが整備され、2019年のTLACの導入、さらにはTLACを利用した秩序ある破綻処理としてSPEの破綻処理戦略が明らかにされ、秩序ある破綻処理の枠組みがひとまず整備されている。今後については、秩序ある破綻処理の実行可能性をさらに向上する観点から、海外の秩序ある破綻処理の仕組みや破綻処理事例をふまえつつ必要な見直しを行って、将来起こりうるシステミック・リスク、あるいは将来の金融危機に備えていく姿勢が求められよう。

参考文献

金融審議会（2013）「金融システム安定等に資する銀行規制等の見直しについて」金融システム安定等に資する銀行規制等の在り方に関するワーキング・グループ、1月25日（available at: https://www.fsa.go.jp/singi/singi_kinyu/tosin/20130128-1/01.pdf）

松尾直彦（2010）『Q&Aアメリカ金融改革法　ドッド＝フランク法のすべて』金融財政事情研究会、12月

森下哲朗（2014）「欧米における金融破綻処理法制の動向」金融庁金融研究センター『FSAリサーチレビュー』第8号、3月（available at: https://www.fsa.go.jp/frtc/nenpou/08/01.pdf）

山本慶子（2014）「金融機関の早期破綻処理のための法的一考察―破綻した金融機関の株主の権利を巡る欧米での議論を踏まえて―」日本銀行金融研究所、Discussion Paper No. 2014-J-2（available at: https://www.imes.boj.or.jp/research/papers/japanese/14-J-02.pdf）

BCBS（2010），"Report and Recommendations of the Cross-border Bank Resolution Group," March（available at: https://www.bis.org/publa/bcbs169.pdf）.

Bernanke, Ben（2017），"Why Dodd-Frank's orderly liquidation authority should be preserved," Brookings, February 28（available at: https://www.brookings.edu/blog/ben-bernanke/2017/02/28/why-dodd-franks-orderly-liquidation-authority-should-be-preserved/）.

BOE（2017），"The Bank of England's approach to resolution," October（available at: https://www.bankofengland.co.uk/-/media/boe/files/news/2017/october/the-bank-of-england-approach-to-resolution）.

BOE（2018），BOE, "The Bank of England's approach to setting a minimum requirement for own funds and eligible liabilities（MREL）," Statement of Policy, June 2018 (available at: https://www.bankofengland.co.uk/-/media/boe/files/paper/2018/statement-of-policy-boes-approach-to-setting-mrel-2018.pdf?la=en&hash=BC4499AF9CF063A3D8024BE5C050CB1F39E2EBC1).

Dowd, Kevin (1999), "Too big to Fail; Long-Term Capital Management and the Federal Reserve," 23 September (available at: https://www.cato.org/sites/cato.org/files/pubs/pdf/bp52.pdf).

EBA (2017), "Regulatory Technical Standards on valuation for the purposes of resolution and on valuation to determine difference in treatment following resolution under Directive 2014/59/EU on recovery and resolution of credit institutions and investment firms," Final Draft, 23 May (available at: https://eba.europa.eu/sites/default/documents/files/documents/10180/1853532/88566587-ff6f-4116-a08e-282eb4ea2f78/Final%20draft%20RTSs%20on%20valuation%20in%20resolution%20 (EBA-RTS-2017-05%20&%20EBA-RTS-2017-06).pdf).

European Commission (2010), "An EU Framework for Crisis Management in the Financial Sector," Communication from the Commission to the European Parliament, the Council, the European Economic and Social Committee, the Committee of the Regions and the European Central Bank, COM (2010) 579 final, 20 October.

European Commission (2015), Proposal for a Regulation of the European Parliament and of the Council amending Regulation (EU) 806/2014 in order to establish a European Deposit Insurance Scheme, Com (2015) 586 final, 24 November.

European Commission (2017), Communication to the European Parliament, the Council, the European Central Bank, the European Economic and Social Committee of the Regions, on completing the Banking Union, Com (2017) 592 final, October 11.

European Parliament (2017), "Briefing: The orderly liquidation of Veneto Banca and Banca Popolare di Vicenza," Directorate-General for Internal Policies, Economic Governance Support Unit, 25 July (available at: https://www.europarl.europa.eu/RegData/etudes/BRIE/2017/602094/IPOL_BRI%282017%29602094_EN.pdf).

FDIC (2019), "Resolution Handbook," January 15 (available at: https://www.fdic.gov/bank/historical/reshandbook/resolutions-handbook.pdf#page=7).

FDIC, and BOE (2012), "Resolving Globally Active, Systemically Important, Financial Institutions," A joint paper by the Federal Deposit Insurance Corporation and the Bank of England, 10 December (available at: https://www.fdic.gov/about/srac/2012/gsifi.pdf).

Fernández de Lis, Santiago (2015), "The multiple-point-of-entry resolution strategy for global banks," BBVA Research, 25 February (available at: https://www.bbvaresearch.com/en/publicaciones/the-multiple-point-of-entry-resolution-strategy-for-global-banks/).

FSB (2011a), "Key Attributes of Effective Resolution Regimes for Financial Institutions," October (available at: https://www.fsb.org/wp-content/uploads/r_111104cc.pdf).

FSB (2011b) FSB, "Policy Measures to Address Systemically Important Financial Institutions," 4 November 2011 (available at: https://www.fsb.org/wp-content/uploads/Policy-Measures-to-Address-Systemically-Important-Financial-Institutions.pdf).

FSB (2013a), "Recovery and Resolution Planning for Systemically Important Financial Institutions: Guidance on Developing Effective Resolution Strategies," 16 July (available at: https://www.fsb.org/wp-content/uploads/r_130716b.pdf).

FSB (2013b), "Progress and Next Steps Towards Ending 'Too-Big-To-

Fail' (TBTF)," Report of the Financial Stability Board to the G-20, 2
September (available at: https://www.fsb.org/wp-content/uploads/
r_130902.pdf).

FSB (2015), "Principles on Loss-absorbing and Recapitalization Capacity of
G-SIBs in Resolution; Total Loss-absorbing Capacity (TLAC) Term
Sheet," 9 November (available at: https://www.fsb.org/wp-content/up
loads/TLAC-Principles-and-Term-Sheet-for-publication-final.pdf).

FSB (2018a), "Principles on Bail-in Execution," 21 June (available at:
https://www.fsb.org/wp-content/uploads/P210618-1.pdf).

FSB (2018b), "FSB 2018 Resolution Report: 'Keeping the pressure up',"
Seventh Report on the Implementation of Resolution Reforms, 15 No-
vember (available at: https://www.fsb.org/wp-content/uploads/
P151118-1.pdf).

FSB (2019), "2019 Resolution Report; "Mind the Gap"," Eighth Report on
the Implementation of Resolution Reforms, 14 November (available at:
https://www.fsb.org/wp-content/uploads/P141119-3.pdf).

FSB (2020a), "Evaluation of the effects of too-big-to-fail reforms," Consul-
tation Report, 28 June (available at: https://www.fsb.org/wp-content/
uploads/P280620-1.pdf).

FSB (2020b), "2020 list of global systemically important banks (G-SIBs),"
11 November (available at: https://www.fsb.org/wp-content/uploads/
P111120.pdf).

Gelpern, Anna, and Nicolas Veron (2018), "An Effective Regime for
Non-viable Banks: US Experience and Considerations for EU Reform,"
Banking Union Scrutiny, Study Requested by the ECON committee,
July (available at: https://www.bruegel.org/wp-content/up
loads/2019107/banks.pdf).

Gordon, Jeffrey N., and Mark J. Roe (2017), "Financial Scholars Oppose

Eliminating 'Orderly Liquidation Authority' As Crisis-Avoidance Restructuring Backstop," May 23 (available at: https://corpgov.law.harvard.edu/wp-content/uploads/2017/05/Scholars-Letter-on-OLA-final-for-Congress.pdf).

HM Treasury (2009), "Risk, reward and responsibility: the financial sector and society," December.

ICB (2011), "Final Report; Recommendations," September (available at: https://webarchive.nationalarchives.gov.uk/20120827143059/http://bankingcommission.independent.gov.uk/).

IMF (2014), "How Big is the Implicit Subsidy for Banks Considered Too Important to Fail?," Global Financial Stability Report, Chapter 3, April (available at: https://www.imf.org/en/Publications/GFSR/Issues/2016/12/31/Moving-from-Liquidity-to-Growth-Driven-Markets).

Liikanen, Erkki, et al. (2012), High-level Expert Group on reforming the structure of the EU banking sector, "Final Report," 2 October (available at: https://www.pruefungsverband-banken.de/en/infobereich/downloads/Documents/Liikanen_report_en.pdf).

Serière, Victor de, and Daphne van der Houwen (2016), " 'No Creditor Worse Off' in Case of Bank Resolution: Food for Litigation?," *Journal of International Banking Law and Regulation*, Issue 7, p. 376.

SRB (2016a), "The Single Resolution Mechanism; Introduction to Resolution Planning," September (available at: https://srb.europa.eu/sites/srbsite/files/intro_resplanning.pdf).

SRB (2016b), "Banco Popular; Group Resolution Plan," Version 2016 (available at: https://srb.europa.eu/sites/srbsite/files/2016_resolution_plan_updated_29_08_2019.pdf).

SRB (2017), Decision of the Single Resolution Board in Its Execution Session of 7 June 2017 concerning the adoption of a resolution scheme in respect of Banco Popular Español, S.A., with a Legal Entity Identifier: 80H66LPTVDLM0P28XF25, Addressed to FROB, (SRB/ EES/2017/08) (available at: https://srb.europa.eu/sites/srbsite/files/ resolution_decision_updated_on_30_10_2018.pdf).

SRB (2018), "Minimum Requirement for Own Funds and Eligible Liabilities (MREL) ; 2018 SRB Policy for the first wave of resolution plans," 20 November (available at: https://srb.europa.eu/sites/srbsite/files/ srb_2018_mrel_policy_-_first_wave_of_resolution_plans.pdf).

SRB (2019), "Minimum Requirement for Own Funds and Eligible Liabilities (MREL); Addendum to the SRB 2018 MREL policy on new CRR requirements," 25 June (available at: https://srb.europa.eu/sites/srb site/files/crr_addendum_to_the_2018_srb_mrel_policy.pdf).

SRB (2020), "Minimum Requirement for Own Funds and Eligible Liabilities (MREL); SRB Policy under the Banking Package," 20 May (available at: https://srb.europa.eu/sites/srbsite/files/srb_mrel_policy_2020. pdf).

Tarullo, Daniel K. (2014), "Dodd-Frank implementation," Testimony by Mr Daniel K Tarullo, Member of the Board of Governors of the Federal Reserve System, before the Committee on Banking, Housing, and Urban Affairs, US Senate , 9 September (available at: https://www.bis. org/review/r140909c.pdf).

U.S. Treasury (2018), "Orderly Liquidation Authority and Bankruptcy Reform," Report to the President to the United States, Pursuant to the Presidential Memorandum Issued April 21, 2017, February 23 (available at: https://home.treasury.gov/sites/default/files/2018-02/OLA_ REPORT.pdf).

事項索引

330

【著者略歴】

小立　敬（こだち　けい）

野村資本市場研究所研究部　主任研究員
1997年慶應義塾大学経済学部卒業。同年4月、日本銀行に入行し、主に考査局、
信用機構室においてプルーデンス業務に従事。2003年4月から2005年3月まで
の間、金融庁に出向し、監督局総務課金融危機対応室において金融危機対応業
務に従事。2006年3月に野村資本市場研究所に入社し、2010年6月より現職。
バーゼルⅢを含むグローバル金融危機以降の国際金融規制を主な研究分野とし
ており、最近では金融危機対応、金融機関の破綻処理制度、マクロプルーデン
ス政策の調査・研究に力を入れている。主な著書等として、『金融サービス業の
ガバナンス』（共著、金融財政事情研究会、2009年）、『金融サービスのイノベー
ションと倫理』（共著、中央経済社、2011年）、「マクロプルーデンス体制の構築
に向けた取組み」（金融庁金融研究センター・ディスカッション・ペーパー、
2011年）、「シャドーバンキングの発展とそのリスクの蓄積、日本のシャドーバ
ンキング・セクター」（金融庁金融研究センター・ディスカッション・ペー
パー、2013年）等がある。

巨大銀行の破綻処理
──ベイルアウトの終わり、ベイルインの始まり

2021年3月9日　第1刷発行

著　者　小　立　　　敬
発行者　加　藤　一　浩

〒160-8520　東京都新宿区南元町19
発　行　所　一般社団法人 金融財政事情研究会
企画・制作・販売　株式会社きんざい
出 版 部　TEL 03(3355)2251　FAX 03(3357)7416
販売受付　TEL 03(3358)2891　FAX 03(3358)0037
URL https://www.kinzai.jp/

校正：株式会社友人社／印刷：株式会社太平印刷社

ISBN978-4-322-13593-0